APOLOGIA
DA POLÊMICA

Conselho Acadêmico
Ataliba Teixeira de Castilho
Carlos Eduardo Lins da Silva
Carlos Fico
Jaime Cordeiro
José Luiz Fiorin
Tania Regina de Luca

Proibida a reprodução total ou parcial em qualquer mídia
sem a autorização escrita da editora.
Os infratores estão sujeitos às penas da lei.

A Editora não é responsável pelo conteúdo deste livro.
A Autora conhece os fatos narrados, pelos quais é responsável,
assim como se responsabiliza pelos juízos emitidos.

Consulte nosso catálogo completo e últimos lançamentos em **www.editoracontexto.com.br**.

RUTH AMOSSY

APOLOGIA DA POLÊMICA

Coordenação da tradução
Mônica Magalhães Cavalcante

Apologie de la polémique © Presses Universitaires de France

Direitos para publicação no Brasil adquiridos pela
Editora Contexto (Editora Pinsky Ltda.)

Ilustração de capa
Edgar Degas, *Jeunes filles spartiates provoquant des garçons*, c. 1860
(óleo sobre tela)

Montagem de capa e diagramação
Gustavo S. Vilas Boas

Coordenação da tradução
Mônica Magalhães Cavalcante

Tradução
Rosalice Botelho Wakim Souza Pinto,
Ana Lúcia Tinoco Cabral, Valney Veras da Silva,
Mariza Angélica Paiva Brito, Antenor Teixeira de Almeida Júnior,
Clemílton Lopes Pinheiro, Evandro de Melo Catelão,
Valdinar Custódio Filho, Vanda Maria da Silva Elias

Preparação de textos
Lilian Aquino

Revisão
Hires Héglan

Dados Internacionais de Catalogação na Publicação (CIP)
Andreia de Almeida CRB-8/7889

Amossy, Ruth
Apologia da polêmica / Ruth Amossy ; coordenação da tradução:
Mônica Magalhães Cavalcante ; tradução: Rosalice Botelho
Wakim Souza Pinto ... [et al.]. – São Paulo : Contexto, 2017.
224 p.

Bibliografia
ISBN 978-85-520-0024-2
Título original: Apologie de la polémoque

1. Análise do discurso   2. Polêmica   3. Discursos e debates
4. Persuasão (Retórica)   I. Título   II. Cavalcante, Mônica
Magalhães   III. Pinto, Rosalice Botelho Wakim Souza

17-1052   CDD 401.41

Índices para catálogo sistemático:
1. Análise do discurso

2017

EDITORA CONTEXTO
Diretor editorial: *Jaime Pinsky*

Rua Dr. José Elias, 520 – Alto da Lapa
05083-030 – São Paulo – SP
PABX: (11) 3832 5838
contato@editoracontexto.com.br
www.editoracontexto.com.br

SUMÁRIO

INTRODUÇÃO 7

PRIMEIRA PARTE
REFLEXÕES TEÓRICAS

    Gerir o desacordo em democracia:
    por uma retórica do *dissenso*..17

    O que é a polêmica? Questões de definição..............................43

SEGUNDA PARTE
**AS MODALIDADES DA POLÊMICA:
O EXEMPLO DAS MULHERES NO ESPAÇO PÚBLICO**

    Discurso e interação polêmica:
    o uso da burca na França..71

    A polêmica no espaço público:
    a "exclusão das mulheres" em Israel....................................101

TERCEIRA PARTE
RAZÃO, PAIXÃO E VIOLÊNCIA: O DEBATE SOBRE OS BÔNUS E A OPÇÃO DE COMPRA DE AÇÕES

Racionalidade e/ou paixão
A opção de compra de ações em tempo de crise 137

A violência verbal: funções e limites
As "discussões inflamadas" nas conversações digitais 167

À GUISA DE CONCLUSÃO

A coexistência no *dissenso*
As funções da polêmica pública 197

Bibliografia 217
A autora 223

INTRODUÇÃO

Nos dias de hoje,[1] a polêmica tem visivelmente uma má reputação: atrai as críticas dos censores de todos os lados. Então, não é de se admirar que ninguém assuma explicitamente isso? Nas situações de profundo desacordo, cada um afirma em alto e bom som que não polemiza (são sempre os outros que têm o mau gosto de fazê-lo...). É necessário evitar a reprovação que estigmatiza um discurso dito parcial e marcado pela paixão, uma palavra violenta incapaz de contribuir para o bom desenvolvimento do debate razoável do qual se nutre a democracia. E, no entanto... em nossa época, parece que os conflitos de opinião e seus escândalos ocupam um lugar preponderante na cena política. Quanto às mídias, elas não cessam de orquestrar e de difundir polêmicas sobre uma multiplicidade de assuntos ditos de interesse público.

Basta folhear os grandes jornais da imprensa francesa para ver que as menções à polêmica pululam neles. Eis os resultados de uma breve sondagem realizada ao acaso durante o mês de setembro de 2012: no dia 20, no *Le Monde*, o título: "O estudo que reaviva a polêmica sobre os OGMs [organismos geneticamente modificados]". No dia 19, o título: "Charlie Hebdo cria polêmica ao caricaturar Maomé"; e um dia antes: "Polêmica: as turmas preparatórias vão se tornar pagas?". No dia 16 de setembro de 2012, era "Pesquisa e polêmica depois da manifestação perto da Embaixada dos Estados Unidos" (em reação ao filme *The Innocence of Muslims*). E, no *Libé* [como é conhecido o jornal *Libération*], no dia 13 de setembro de 2012, podia-se ler: "Aubry força sua saída do PS e reaviva a polêmica". Às vezes, são os jornais mesmos que, mais do que reportar uma polêmica, a iniciam e dela tomam partido. É assim a manchete agressiva de primeira página do *Libération* (no dia 10 de setembro de 2012) em relação a Bernard Arnault, a maior fortuna da França, que tinha pedido a nacionalidade belga: "Se manda, rico FDP"; a matéria lançou uma polêmica amplamente divulgada e que foi, por sua vez, objeto de comentários também... polêmicos. Eis um exemplo, vindo de Benjamin Bousquet, em *Criticize Me*: "Querendo jogar com títulos provocantes e injuriosos, o jornal *Libération* se imiscuiu numa nova e violenta polêmica esta semana: quando é que o jornalismo se torna – ou volta a ser – 'manifestante'?".

Essa situação faz refletir. Se a polêmica não apresenta nenhuma vantagem, se merece apenas ser vilipendiada e banida, por que ela invade, de forma tão persistente, o espaço público? Se ela é tão depreciada, como ocupa uma posição privilegiada nas mídias das quais se nutre a opinião? Há uma contradição flagrante entre o desdém que se atribui a ela e o lugar que lhe é conferido no espaço público: entre a condenação que a atinge em teoria e o vivo interesse que ela não para de suscitar na prática.

Evidentemente, pode-se explicar o fenômeno pela incapacidade dos cidadãos, como pessoas políticas, de seguir as regras do debate racional, ou ainda pela curiosidade insana que o público das mídias tem pelo espetáculo da violência verbal. No primeiro caso, deplora-se a degradação dos costumes e a influência nefasta das novas mídias, que suscitam uma degeneração perigosa da discussão pública e substituem o diálogo pela troca de insultos. Essas posições são frequentes tanto no discurso autorizado quanto no corrente. Nos dois casos, insiste-se no fato de que as polêmicas mostradas na televisão se assemelham a disputas que são acompanhadas porque elas divertem. Estamos na sociedade do espetáculo: as polêmicas atraem porque são lúdicas – podemos contar os ataques que acontecem nelas e apontar os vencedores – e não porque elas nos façam refletir. Da mesma forma, a manchete do jornal que anuncia uma nova polêmica propõe uma *scoop** passível de chamar a atenção do leitor, a quem os assuntos sérios nem sempre impressionam (ainda que a multiplicidade de polêmicas midiáticas minimize seu interesse, banalizando-as). Sem dúvida, nada disso é falso. Essas respostas parecem, no entanto, soluções facilitadoras que se apoiam na *doxa* do momento (a engrenagem irresistível da paixão, a tendência dos jornalistas a encorajar os baixos instintos etc.), sem investigar em profundidade a natureza dos debates conflituosos nos quais se sustenta a democracia numa sociedade plural.

A reflexão que aqui segue tenta responder às questões que a polêmica pública levanta, interrogando-se sobre seu funcionamento e suas funções no espaço democrático. Propõe a ideia de *função*, pois é difícil supor que um fenômeno tão recorrente não preencha certas funções sociais, seja qual for sua natureza e sua importância. E associa a noção de *funcionamento*, pois, para compreender o papel que a polêmica pode desempenhar, é importante ver *in loco*, isto é, em casos concretos, como a polêmica se constrói discursivamente e modela a comunicação. Ela mantém a noção de *espaço público*, pois é aí que se desdobram os debates inflamados sobre questões controversas de interesse geral. Ela se limita, enfim, à esfera *democrática*, pois é nessa esfera que as divergências de opinião podem se manifestar livremente e dar lugar a confrontos expostos aos olhos de todos. Nessa perspectiva, não se trata de sondar uma polêmica particular para melhor compreender aquilo que ela debate. O que importa, então, não é o problema social tratado pela polêmica, mas o fenômeno global que ela suscita.

É obvio que uma reflexão como esta deve se ancorar no conjunto de questões teóricas que explora as relações estabelecidas entre o espaço público, a deliberação e a democracia, tal como elas foram formuladas e exploradas por importantes pensadores (Habermas, Perelman, Mouffe...), assim como por diversos trabalhos em ciências sociais. Ao mesmo tempo, é forçoso constatar que esses trabalhos, além de muito diversos, só tratam da polêmica muito raramente, e de forma negativa. As razões dessa atitude serão analisadas mais adiante. Para retomar, entretanto, a questão de uma

---

* N.T.: Doravante, traduziremos *scoop* como "furo jornalístico", notícia dada em primeira mão.

nova posição, preferimos priorizar uma abordagem empírica e reexaminar as coisas *in loco* – a saber, em casos concretos. Mais do que nos dedicarmos a um puro exercício especulativo, nos propomos a explorar um fenômeno sociodiscursivo na sua materialidade e na sua complexidade. Não para prendê-lo num leito de Procusto,* modelando-o numa teoria prévia, mas para reconceituá-lo, graças a uma análise profunda de vários exemplos contemporâneos (mais do que uma única polêmica, que não é suficiente para conduzir o estudo à generalização). Em outras palavras, é no próprio exame das práticas polêmicas que as questões relativas às funções da polêmica no espaço público, oriundas de uma reflexão teórica fundamentada, encontram aqui uma resposta.

Esse processo supõe que, num primeiro momento, se suspenda qualquer julgamento antecipado para examinar como as coisas se passam *in loco* quando um debate particular se transforma em polêmica ou, ao menos, recorre a ela em momentos sensíveis. Uma pequena equipe se formou há alguns anos em torno deste projeto desenvolvido pela Fundação das Ciências Israelenses (ISF). Essa equipe se lançou numa empreitada de fôlego: juntar e depois analisar materiais relativos a polêmicas que tratam de assuntos bastante diversos, como o bônus e as *stock-options*** em tempos de crise financeira, o adiamento da idade da aposentadoria, o uso da burca, a imigração seletiva ou, em tempos mais antigos, a lei do divórcio de Naquet (1884). A essas questões sociais francesas, acrescentaram-se, na continuidade do trabalho, polêmicas que agitaram a sociedade israelense e que pude analisar com meus alunos na Universidade de Tel Aviv. Elas me permitiram verificar novamente minhas hipóteses sobre um *corpus* levantado em outra cultura e estender a abrangência, avaliando, ao mesmo tempo, as distâncias – empreitada levada adiante graças aos cursos que ministrei na Argentina e na Colômbia, nos quais os participantes me forneceram materiais novos. Esses encontros

---

* N.T.: Na mitologia grega, Procusto era um bandido que vivia em uma floresta e tinha em sua casa uma cama exatamente do seu tamanho. Todos os que passavam pela floresta eram presos e colocados em sua cama. Se a vítima fosse demasiadamente alta, ele amputava o excesso de comprimento para ajustá-la à cama. Se, ao contrário, a vítima fosse de pequena estatura, ela era esticada até atingir o comprimento suficiente.
** N.T.: De agora em diante, traduziremos *stock-options* como "opções de compra de ações", uma forma de remunerar gestores com contratos de opções de compra de ações da própria empresa.

enriqueceram os trabalhos de nossa equipe de pesquisa, e é principalmente de seus resultados que nasceu a presente obra.

Evidentemente, esses resultados só seriam possíveis se o analista tomasse a precaução de não se transformar, ele próprio, em polemista: ele deve estudar as controvérsias públicas sem tomar partido por uma ou outra causa. Essa observação levanta a questão, tão discutida, do engajamento do pesquisador. É bastante difícil de evitar que o analista escolha temas contemporâneos que o tocam de perto. Como não implicar-se no debate sobre a "exclusão das mulheres" do espaço público ocorrida em Israel, nos meios ultraortodoxos, quando a pesquisadora vive como uma mulher laica nesse país? Como não tomar partido no debate inflamado sobre o uso da burca quando se é defensor da laicidade na França? Nada impede, é claro, que as pessoas se pronunciem sobre temas calorosos, até mesmo que façam da análise científica um trampolim para a crítica social. Exemplos dessa abordagem não faltam, a começar pela Análise Crítica do Discurso anglo-saxônica; ela desenvolve um trabalho notável que pretende cumprir uma verdadeira missão. Para apreender como a polêmica funciona no espaço público e algumas funções que ela desempenha nele, parece-me, no entanto, recomendável ficar fora da discussão. É interessante ver a esse respeito que, para tratar da questão da neutralidade (o que chama de "neutralidade engajada"), Nathalie Heinich refere-se a seu trabalho de socióloga sobre a controvérsia em torno da arte contemporânea. Ela diz que se proibiu de tomar partido para não se tornar, ela própria, um ator que se contenta em "sustentar" os argumentos apresentados, pois "a neutralidade é frequentemente o único recurso para se compreender a lógica do outro" (Heinich, 2002, p. 124). O esforço de não tomar partido parece, em todo caso, a melhor opção para observar os debates polêmicos – seu surgimento, sua regulação, seus papéis sociais – se não se quiser promover uma causa (mesmo que seja para servir a uma boa causa), mas levar em conta o fenômeno discursivo classificado como "polêmico" e, por meio dele, poder compreender melhor o funcionamento das democracias pluralistas contemporâneas nas quais vivemos.[2]

Nesse sentido, os discursos foram abordados, na medida do possível, sem tomada de posição, por meio de uma análise fina e atenta ao particular, mas, ao mesmo tempo, desejosa de extrair traços recorrentes para construir um perfil geral do fenômeno (o que pode ser considerado como sendo relativo ao polêmico?), de revelar seus procedimentos (como isso funciona no nível discursivo e argumentativo?) e descobrir as suas funções sociais (quais papéis, construtivos ou negativos, a polêmica desempenha no espaço público?). Essas observações encontram-se, evidentemente, não só no contexto global da reflexão ancorada na natureza do debate público e na deliberação política, como também na gestão discursiva dos conflitos e na violência verbal no mundo contemporâneo.

Nos estudos que se seguem, depois de duas grandes reflexões teóricas sobre o papel do *dissenso* e sobre a definição da polêmica, a cada capítulo é possível responder a uma interrogação particular – como funciona o discurso polêmico, como se constrói uma polêmica pública, que parte desempenha nela a racionalidade, como compreender o papel e os limites da violência na polêmica. É sob o prisma desses questionamentos que os casos concretos são explorados em sua materialidade discursiva e em sua configuração argumentativa. Eles não são objeto de um estudo exaustivo: são mobilizados para esclarecer aspectos particulares da polêmica. Esses exemplos, escolhidos por nós deliberadamente, são ora discursos breves que permitem uma microanálise (capítulos 3 e 5) – porque esta mostra a própria essência do texto polêmico –, ora um *corpus* mais importante envolvendo uma multiplicidade de textos, ora ainda um debate televisivo ou um fórum de discussão da internet. Das particularidades de cada um desses casos e desses contextos, extraem-se traços gerais que esclarecem não só a natureza, mas também as funções de um fenômeno global. É o caso dos confrontos verbais sobre questões sociais que provocam a fúria no espaço público e que devem ser compreendidos tanto à luz da deliberação democrática, quanto do pluralismo e da natureza conflituosa das democracias contemporâneas.

Podemos dizer algumas palavras sobre a orientação deste estudo com o risco de antecipar a demonstração. Uma exploração atenta dos textos, desenvolvida com um método bem definido e um questionamento teórico contextualizado, levou à conclusão de que *a polêmica preenche funções sociais importantes, precisamente em razão do que é em geral criticado nela: uma gestão verbal do conflito realizada sob o modo da dissensão.*

Essa afirmação pode parecer paradoxal na medida em que a retórica se liga à busca do consenso ou, pelo menos, de um acordo sobre o razoável que permite tomar decisões comuns. Não obstante, parece que, em sociedades democráticas pluralistas, o acordo está longe de ser sempre possível. Dissensões se perpetuam apesar, ou através, dos debates públicos. Sem dúvida, as instituições democráticas regulam a vida da cidade, oferecendo modalidades de tomada de decisão. A experiência mostra bem, entretanto, que essas decisões – mesmo quando passam pela promulgação de uma lei – não põem necessariamente fim às dissensões que se exprimem no espaço público. Estas ressurgem sob diversas formas antes de ceder lugar a outros temas de desacordo. Mesmo quando acordos pontuais se estabelecem sobre pontos precisos, oriundos de uma polêmica, eles aparecem como um momento transitório no fluxo de dissensões que opõem as forças presentes. É, indubitavelmente, o conflito de opiniões que predomina no espaço democrático contemporâneo, o qual respeita a diversidade e a liberdade de pensamento e de expressão.

Nesse contexto, a polêmica – que gerencia os conflitos valendo-se do choque das opiniões contraditórias – não permite nem conduzir a um acordo, nem assegurar um modo de coexistência numa comunidade dividida entre posições e interesses divergentes. É que, na sua virulência e até nos seus excessos, ela permite que os participantes dividam o mesmo espaço sem recorrer à violência física – e isso justamente nos casos de dissensão profunda, nos quais as premissas são diferentes demais para autorizar uma partilha da razão. A polêmica preenche, por esse motivo, funções importantes que vão da possibilidade do confronto público no seio de tensões e de conflitos insolúveis à formação de comunidades de protesto e de ação pública. É pelo menos isso que, ao longo de seu percurso, esta obra se propõe a demonstrar. É nesse sentido que se pode falar de uma apologia, e não apenas de um estudo, da polêmica.

NOTAS

[1] Este trabalho faz parte de uma pesquisa global sobre o discurso polêmico na esfera democrática realizada na Fundação das Ciências Israelenses (ISF, Projeto 734/08).
[2] Sobre a questão do engajamento do pesquisador, cf. Koren (ed.), 2013.

PRIMEIRA PARTE
REFLEXÕES TEÓRICAS

GERIR O DESACORDO EM DEMOCRACIA:
por uma retórica do dissenso

> *O desafio da democracia é legitimar a dissensão,*
> *não para acabar com a polêmica, a disputa,*
> *a controvérsia e a contestação.* (Ivie, 2005, p. 277)

Na medida em que aparece como o choque – muitas vezes brutal – entre opiniões antagônicas, a polêmica pública está indissoluvelmente ligada ao desacordo. É por isso que ela compartilha o descrédito que pesa sobre nossas sociedades sob as múltiplas formas do *dissenso*.*

Termo chave para qualquer discussão sobre a polêmica, a palavra *dissenso* merece um breve esclarecimento – e isso, principalmente, porque as entradas do dicionário concernentes ao termo são poucas. Sem dúvida, "dissensão" (1160-1174) é, segundo o *Dictionnaire culturel de la langue française*, "uma divisão violenta ou profunda de sentimentos, de interesses, de convicções"; um dos seus sinônimos é "rasgamento" (p. 109). A dissensão vai além de um simples "desacordo" – termo, no entanto, da mesma raiz de *dissentire*, estar em desacordo (discordar), que se estabeleceu posteriormente em francês (1350): "dissensão" designa uma "diferença na maneira de julgar, de ver",

---

* N.T.: Estamos atribuindo ao termo *dissenso* o mesmo sentido de *dissensão*: "falta de concordância a respeito de algo".

criando "confrontos". O *Dictionnaire historique* acrescenta que é um termo "usado frequentemente num contexto psicológico, em que tem menos força" (p. 164). *Dissensão* está, então, relacionada a uma discordância, como uma profunda, até mesmo violenta, diferença de opiniões. Mas também aparece como o antônimo de consenso, em seu sentido político: o "acordo social conforme o desejo da maioria", a "opinião de uma grande maioria", como nota o *Dictionnaire historique* (p. 478). O termo assinala, portanto, o inverso do acordo social, a divisão de opiniões no espaço público.

Em nossas sociedades democráticas, que procuram o consenso, as pronunciadas e prolongadas dissensões, testemunhando a incapacidade de se unir em uma opinião comum, são vistas como a fonte de todos os males. Elas ameaçam não só perturbar a harmonia social, mas também dificultar os processos de tomadas de decisão necessários ao bom funcionamento da democracia. Isso significa que as causas da culpa que se atribuem à dissensão são de ordem prática, bem como de ordem ética e social. A utopia de relações perfeitas se basearia em um acordo sem nuvens, isto é, na possibilidade de chegar a um acordo sobre formas de ver, de julgar e de fazer. Supõe-se que a negatividade vá intervir tão logo surjam as tensões, os desgostos, a violência. A essa *doxa* compartilhada acrescentam-se as considerações práticas que orientam a vida da cidade. Como decidir que ação tomar, como gerenciar um grupo e dirigir uma política se não se consegue chegar a um posicionamento consensual? Sem dúvida, a divergência de opiniões e a discussão contraditória surgem como necessárias. Entretanto, elas são consideradas uma etapa, um estágio a ser superado. Diferentes enquadramentos discursivos e institucionais têm sido estabelecidos para assegurar este resultado: a deliberação, a negociação, a mediação, a arbitragem, a ação judicial ou ainda a promulgação de leis que resolvam as disputas. A polêmica, como choque de posições antagônicas, aparece nisso como o parente pobre, quando não é simplesmente removida da lista.

Essa obsessão com o consenso não deixou de suscitar críticas (voltaremos a isso). Em um primeiro momento, no entanto, importa lembrar os prós e os contras para bem compreender como o horror ao *dissenso* pôde deslegitimar a polêmica, malgrado o lugar preponderante que ela ocupa no espaço público.

A BUSCA DO CONSENSO
E A DESVANTAGEM DO ACORDO

O pivô da reflexão é, nesse caso, a deliberação como gestão racional dos desacordos através da troca verbal. A deliberação, como sabemos, é a peça central de uma disciplina antiga fundada na pesquisa dos meios capazes de persuadir o auditório: a retórica. Com efeito, a retórica argumentativa advinda da tradição aristotélica se apresenta como a arte de negociar as diferenças para se chegar a um acordo. Aristóteles situa o deliberativo ao lado do jurídico (a cena do tribunal) e do epidítico (o cerimonial). Para ele, a deliberação, voltada para o futuro, permite buscar o caminho a seguir nos assuntos públicos ao discutir opções alternativas disponíveis para os cidadãos da *polis*. Ela supõe, portanto, que diferentes respostas, até mesmo contraditórias, possam ser trazidas a uma questão que envolve a cidade. A pluralidade de opiniões, e de soluções propostas, é respeitada. Nesse sentido, o *dissenso* é, sem dúvida, o motor inconteste da democracia. Mas a retórica põe a necessidade de encontrar, através da interação verbal, uma resposta comum que permita ultrapassar as diferenças e chegar à decisão e à ação coletivas. É precisamente nessa busca do acordo que intervém a deliberação, que se concretiza no discurso e no debate político, tomando a política em sentido amplo: tudo que diz respeito a assuntos públicos e ao bem da comunidade.

É, portanto, para as condições necessárias à obtenção de um acordo que o retórico se inclina quando estuda as formas da persuasão. Nessa perspectiva, a deliberação deve obedecer aos ditames da razão: ela é, por definição, o trabalho do *logos*, ou seja, a fala como discurso e razão. Aqueles que deliberam sobre uma questão controversa apresentam argumentos que permitem pesar os prós e contras de cada tese, a fim de alcançar uma resposta comumente aceita. Sem dúvida, o *ethos* – a imagem de si do orador – e o *pathos* – a capacidade de despertar emoções no auditório – têm a sua contribuição, e Aristóteles lhes dá um lugar de destaque. Mas toda deliberação deve essencialmente seguir vias racionais se quiser resolver conflitos de opinião através do uso da fala.

É preciso enfatizar aqui que se trata de um uso regrado da fala. A arte de persuadir que se propõe a conduzir a um acordo (de todos, da maioria ou dos sábios, afirma Aristóteles) se desdobra em configurações que têm suas próprias normas e seu ritual. O debate assume aí formas diversas, conforme os espaços institucionais nos quais ele se desenvolve. A Antiguidade também difundia um ensinamento prático que formava oradores aptos a manejar a fala nas regras da arte e, portanto, com a consciência das exigências da cena onde eles deveriam atuar. Este é o significado de *agon*: um confronto regrado que se submete a um conjunto de restrições e que visa a uma busca comum, senão da verdade, ao menos da solução mais razoável. A regulação formal e a obediência aos decretos da razão fazem do debate agonístico uma troca civilizada em que as opiniões se medem entre elas não na arbitrariedade da força bruta, mas na arbitragem da razão. Em suma, uma regulação do discurso público entendido como um exercício do *logos*, do discurso razoável,* se impõe para concretizar a busca de um acordo, objetivo maior de qualquer deliberação bem compreendida.

Desse dispositivo retórico, exclui-se, portanto, o que a Antiguidade designava como erística. Trata-se, então, de uma busca de vitória a todo custo, e de meios que permitam chegar lá, sem qualquer consideração com a verdade (é, particularmente, o sentido que Platão[1] lhe dá). É a arte do jogo verbal que não respeita nem as restrições formais às quais se curva o autêntico discurso retórico – ele autoriza os desregulamentos – nem os ditames da razão que impõem às partes reconhecer os argumentos válidos – ele aceita os golpes de força e o uso de argumentos falaciosos. A erística tira seu nome da deusa grega *Eris*, filha da Noite e irmã de Ares, o deus da guerra, o qual acompanha nos campos de batalha. *Eris* significa disputa, discórdia – seu nome latino é *Discordia* – isto é, "desacordo, dissidência violenta que faz as pessoas se oporem e as coloca umas contra as outras" (*Larousse*), e, portanto, "desunião" (segundo o *Dictionnaire historique*, p. 610). Personificação do desacordo e da divisão, que estão na origem da violência, a deusa Eris (que Zeus havia lançado do Olimpo, porque ela estava pondo as divindades umas contra as outras; foi ela que lançou o famoso pomo da discórdia sobre o casamento de Peleu e Tétis) muitas vezes tem na mitologia um aspecto

---

* N.T.: *Raisonné* será traduzido, ao longo desta obra, como "razoável" ou como "arrazoado", no sentido de "fundamentado em razões".

ameaçador – Virgílio a descreve com um cabelo eriçado de serpentes. Sob sua égide, o debate se torna um combate sem escrúpulos e sem regras, uma arte da disputa em si mesma. A partir de então, todos os golpes são permitidos. "A erística", relembra Marc Angenot (2008, p. 52), é "uma arte [...] que não recuará diante dos piores expedientes, nem ante os insultos, os sarcasmos, a ridicularização".

A retórica se defende especialmente para não cair na erística, "arte indigna e sem a sabedoria da disputa" (ibid., p. 56), que está sob o ataque daqueles que a acusam de servir aos mais hábeis, de manipular o auditório, e de falhar tanto na busca da verdade quanto na ética. Ela não se pretende como instrumento de poder, mas como a arte de dirigir a cidade graças ao compartilhamento de uma fala controlada que responde ao ideal do *logos* como discurso e como razão.

Essa importante tradição é retomada pelos pensadores contemporâneos que restabeleceram a honra de expor a natureza e as virtudes da argumentação. Assim, quando Chaim Perelman, que se reporta a Aristóteles, publica em 1958, com Lucie Olbrechts-Tyteca, *O tratado da argumentação: a nova retórica*, ele define a argumentação como "o estudo das técnicas discursivas que permitem provocar ou aumentar a adesão dos espíritos às teses que se apresentam à sua aprovação" (Perelman e Olbrechts-Tyteca, 1970, p. 5). Trata-se, na verdade, de influenciar os modos de pensar e de ver pela utilização do discurso. A nova retórica não se interessa pelo raciocínio que se desenvolveria de modo autônomo na mente de um sujeito pensante, mas pelo raciocínio verbal em uma situação de comunicação que visa ao acordo. Ela parte do princípio de que o discurso, estudado como interação (há uma comunicação e uma interação entre pelo menos dois participantes), permite aos seres humanos coconstruírem respostas comuns aos problemas que se apresentam em dado espaço social. Os termos do acordo como objetivo da busca, e a razão como instrumento da busca, são mais uma vez essenciais. Eles respondem às preocupações do filósofo que procurava restabelecer a racionalidade no coração do que ele chamava, em sentido amplo, de questões humanas. De acordo com ele, na era do pluralismo, os seres humanos só podem escapar da arbitrariedade e da violência buscando um acordo, não sobre o racional, mas sobre o razoável. Em outros termos, eles precisam argumentar para chegar a uma solução comum que pareça aceitável e plausível à maioria. Pôr a sociedade sob o signo da razão é submeter a gestão não às demonstrações científicas que visam instituir uma certa verdade por meios racionais, mas a uma argumentação passível de estabelecer um acordo dos espíritos sobre o razoável.

Devemos notar que o acordo recebe um lugar privilegiado em Perelman, na medida em que se torna a pedra de toque da racionalidade. Na verdade, é o acordo dos espíritos sobre o que parece aceitável que funda na razão um posicionamento ou uma opinião. Nessa perspectiva, a busca pelo consenso compreende questões ao mesmo tempo filosóficas e sociais. Isso significa que o *dissenso* deve ser superado a todo custo, sob pena de falhar aos critérios da razão e de fazer a comunidade afundar na discórdia na divisão e, até mesmo, na luta armada. Reinfundindo a racionalidade no seio dos comportamentos humanos, o acordo sobre o aceitável e o plausível permite conter surtos de irracionalidade e de violência, cujas memórias (estamos em 1958) são particularmente traumatizantes.

AS CONVICÇÕES CONTEMPORÂNEAS DO *DISSENSO* E DA POLÊMICA

Não nos surpreendemos, então, em ver que *A nova retórica* se esforça por desacreditar os tipos de interação que não são passíveis de conduzir a uma adesão dos espíritos. E, com feito, Perelman e Olbrechts-Tyteca (que não usam o termo *polêmica*) condenam a erística da boa memória:

> Aquele que cede não deve ter sido derrotado em um jogo de erística, mas se supõe que se incline diante da evidência da verdade. É que o diálogo, tal como é previsto aqui, não deve constituir um *debate*, em que convicções estabelecidas e opostas são defendidas por seus respectivos partidários, mas uma *discussão*, em que os interlocutores buscam honesta e imparcialmente a melhor solução para uma questão controversa. Em oposição à perspectiva erística, do ponto de vista heurístico, alguns autores contemporâneos apresentam a discussão como o instrumento ideal para se chegar a conclusões objetivamente válidas. Supõe-se que, na discussão, os interlocutores não se preocupam em fazer conhecer e em testar todos os argumentos, a favor ou contra, concernentes às diversas teses envolvidas. A discussão, levada a bom termo, deveria conduzir a uma conclusão inevitável e

unanimemente aceita, se os argumentos, presumidamente de mesmo peso para todos, forem colocados na balança. No debate, no entanto, cada interlocutor só avançaria com os argumentos favoráveis à sua tese e só se preocuparia com os argumentos que lhe fossem desfavoráveis para refutá-los ou limitar-lhes o alcance. O homem de opinião preconcebida é, portanto, parcial, e, como ele não pode expor mais do que os argumentos que são favoráveis a essa posição, os outros ficam, por assim dizer, congelados e só aparecem no debate se o adversário lhes der seguimento. Como se supõe que este último adote a mesma atitude, entendemos que a discussão seja apresentada como uma busca sincera da verdade, ao passo que, no debate, as pessoas se preocupam sobretudo com o triunfo de sua própria tese (Perelman e Olbrechts-Tyteca, 1970 [1958], pp. 49-50).

Essa nomenclatura, que curiosamente faz do "debate" um sinônimo de "erística", não deve nos enganar. Seu objetivo consiste claramente em promover um diálogo aberto, no qual os parceiros se comprometem em analisar os prós e os contras, a fim de chegarem, através da apresentação e da discussão/refutação de argumentos racionais, a um acordo sobre uma resposta considerada razoável. Na medida em que as noções de exame crítico e de abertura da mente são essenciais para o sucesso do projeto, o que Perelman e Olbrechts-Tyteca chamam de "debate" se acha radicalmente desqualificado por sua assimilação à erística, o jogo da oratória cujo único objetivo é a vitória por quaisquer meios possíveis. Enquanto a discussão se funda em uma abordagem racional e honesta que "deveria levar a uma conclusão inevitável e unanimemente aceita", o debate, segundo a nova retórica, repousa sobre um engajamento parcial e tendencioso que não busca convencer o outro em uma interação verbal, mas derrotá-lo.

Perelman e Olbrechts-Tyteca mantêm essa posição, essencial para eles, apesar do fato de que a distinção entre a discussão e o debate seja, como eles mesmos disseram, difícil de estabelecer nessa área. Lemos assim em *A nova retórica* (1970 [1958], p. 50):

> Além disso, na prática, essa distinção entre a discussão e o debate parece em muitos momentos difícil de precisar. De fato, na maioria dos casos, ela repousa sobre a intenção que atribuímos, com ou sem razão, aos participantes do diálogo, intenção que pode variar, ela própria, ao longo desse diálogo.

Uma linha divisória nítida só pode ser traçada quando se situa em um quadro institucional no qual a divisão de papéis é clara e as intenções dos debatedores, transparentes: no tribunal, por exemplo, ou na esfera política, quando o orador é identificado a um partido ou ainda quando exerce uma função específica, como defender um candidato. Além disso, acrescentam Perelman e Olbrechts-Tyteca,

> [...] o diálogo heurístico em que o interlocutor é uma encarnação do auditório universal, o diálogo erístico que teria como objetivo dominar o adversário, são, um e outro, apenas casos excepcionais; no diálogo habitual, os participantes tendem muito simplesmente a persuadir seu auditório para determinar uma ação imediata ou futura; é sobre este plano prático que se desenvolve a maior parte dos nossos diálogos cotidianos (ibid., p. 51).

Vemos o quanto a distinção entre o debate (no caso, erístico) e a discussão (a deliberação racional) permanece obscura e difícil de estabelecer na prática. A nova retórica não renuncia de todo nem a mencionar, nem a explicitar essa distinção. É que a distinção entre a busca em comum do razoável, que leva ao acordo, e o exercício de disputas oratórias fundadas no duelo de posições antagônicas comporta aqui questões filosóficas e sociais de extrema importância.

Nas diversas teorias da argumentação que se seguiram à nova retórica, o acordo permanece em posição privilegiada e se dá como o objetivo último ao qual tende o raciocínio compartilhado. Essa finalidade pode se declarar de modo direto – quando é explicitamente uma questão de resolução de conflitos – ou de modo mais indireto. Assim, a lógica informal,[2] ramo da filosofia que estuda os argumentos e os tipos de argumentos, busca os critérios de validade lógica que devem reger os discursos em língua natural. Ela procura verificar se eles estão sujeitos às leis da razão detectando os paralogismos ou *falácias* (também chamadas de sofismas): raciocínios que parecem logicamente válidos, mas que não são. O uso desses raciocínios remete mesmo à erística da boa memória, que se trata de enganar. Com efeito, os argumentos falaciosos são identificados, seriados, descritos e denunciados como infrações atribuíveis aos ditames da razão. A lógica informal não se contenta, nessa perspectiva, em fundamentar na razão a avaliação crítica. Ela constrói, igualmente, a plataforma sobre a qual os cidadãos chegarão a um acordo sobre o que convém aceitar ou rejeitar nas proposições que lhes são feitas e nos raciocínios que lhes são apresentados.

É, de todo modo, uma propedêutica. Formar as mentes de modo que elas sejam quebradas pela crítica dos argumentos e sejam capazes de constituir, elas próprias, argumentos válidos é, para a lógica informal, fornecer uma contribuição que vai além dos muros da academia, a fim de modelar uma sociedade esclarecida.

Notemos, contudo, que a questão da erística foi parcialmente revista por um dos mais conhecidos representantes da lógica informal, Douglas Walton (1998). Ele mostra que os argumentos não podem ser considerados corretos ou falaciosos em absoluto, mas apenas em função dos enquadres contextuais[*] em que são utilizados. Esses enquadramentos constituem, para ele, modelos abstratos de interação para os quais cada um tem um objetivo particular, denominados "diálogos". Ele distingue, então, o diálogo persuasivo, informacional e deliberativo; o diálogo que resulta da busca, da deliberação e da negociação; e, por fim, o diálogo erístico. Walton entende este último como uma interação altamente conflituosa, em que cada um tenta proferir golpes contra o outro, atacando o outro, para feri-lo ou para humilhá-lo. Ele o coloca sob os auspícios da disputa que não busca a verdade, mas que expressa abertamente queixas e reclamações, atacando pessoalmente um interlocutor elevado ao nível de adversário. Para Walton, o diálogo erístico é, por isso mesmo, o lugar privilegiado dos argumentos falaciosos e das táticas manipulatórias. Vê-se bem que a assimilação pura e simples da erística ao debate inflamado coloca esse tipo de interação no patamar inferior da escala dos diálogos. Se recebe um lugar entre eles, aparece, contudo, como um puro exercício emocional que traz à superfície sentimentos geralmente reprimidos e que peca em relação à dialética na medida em que pula de um assunto para o outro (Walton, 1992, p. 135). Além disso, a erística interessa especialmente a Walton na medida em que ele assinala um desenvolvimento infeliz de outros tipos de diálogos: estes correndo sempre o risco de degenerar em debates inflamados. Trata-se de uma forma degradada de outros diálogos, impondo-se quando eles não conseguem resolver uma divergência por seus próprios procedimentos. Nessa perspectiva, a impossibilidade de se chegar a um acordo por um discurso regrado e razoável é mais uma vez considerada uma falha de consequências nocivas.

---

[*] N. T.: Estamos traduzindo o termo *cadres* como "enquadres contextuais".

Outros, como a pragmadialética da Escola de Amsterdã, focalizam mais especificamente a resolução de conflitos. Essa abordagem difere de todas aquelas que, não impondo à discussão uma finalidade consensual, aceitam ver nela o espaço de debates irresolutos e de tensões persistentes. Ela se baseia numa noção de discussão crítica em que "as partes envolvidas tentam resolver suas diferenças de opinião chegando a um acordo sobre a aceitabilidade ou inaceitabilidade da posição em questão" (Van Eemeren et al., 1996, p. 280; tradução da autora*). A argumentação como esforço de persuasão mútua, conduzida por sujeitos racionais e livres, é o cerne da abordagem. Isso exige, contudo, o respeito a um conjunto de regras inspiradas nos princípios de cooperação de Grice; qualquer violação dessas regras é percebida como um argumento falacioso que perturba a racionalidade do diálogo e põe obstáculo à resolução da divergência. Assim, por exemplo, a regra nove: "Se um ponto de vista não foi defendido de forma conclusiva, então o Proponente deve retirá-lo. Se um ponto de vista foi defendido de forma conclusiva, então o Oponente não deve mais pô-lo em dúvida" (ibid., p. 284). "A persistência da diferença de opiniões na polêmica manifesta, assim, o desregulamento do processo argumentativo e o fracasso do sistema dialético" (Plantin, 2003, p. 379).

Uma vez mais, estamos diante de uma teoria que alia a boa gestão da interação à razão, com o objetivo de chegar a um acordo. Embora Van Eemeren e Garssen tenham editado em 2008 uma coleção de artigos intitulada *Controversy and Confrontation*, na qual um grande espaço é dedicado aos trabalhos de Marcelo Dascal sobre a controvérsia (reconhecida pelos autores como "uma manifestação específica do discurso argumentativo, que tem suas próprias características e convenções definidas" [Van Eemeren e Garssen, 2008, p. 3; tradução da autora)]), sua abordagem nesse volume dificilmente varia. Além disso, eles ressaltam, desde o início, que a "controvérsia sempre lidou com o confronto e com os esforços tenazes para pôr um fim nela por meio da argumentação" (ibid., p. 2; tradução da autora). Sua singularidade reside no fato de que se trata de um conflito persistente em que a diferença

---

* N. T.: Doravante, a expressão "tradução da autora" significa que, no original, a citação apresentada aparece em francês, como tradução da autora para trecho vertido originalmente em língua diferente do francês.

de opiniões, por vezes, parece impossível de resolver. O desacordo é o sinal do fracasso, e é sua permanência que constitui o problema em uma visão na qual domina a busca de uma solução em vista de um consenso.

De certa forma, a insistência sobre as vias eficazes da resolução de conflitos pode parecer uma simples questão de bom senso e, sob essa óptica, não há nada de surpreendente, já que as abordagens retóricas contemporâneas – mas também verdadeiros cursos universitários no domínio das ciências sociais intitulados "Resolução de problemas" – se ligam nisso por predileção. Se há um debate, não é para resolver uma disputa, mais do que para prolongá-la ou exacerbá-la? Se há interação verbal, supõe-se que não é para favorecer a discórdia, mas para chegar a um acordo dos espíritos. É por isso que, até hoje, continua-se a analisar o debate de acordo com modos que se pretendem normativos.

É necessário, evidentemente, nesse contexto, evocar a obra de Habermas, cuja concepção de comunicação social mantém em seu horizonte a relação da troca verbal, da razão e do acordo, que se encontra no coração da retórica. Sem retomar aqui uma teoria que foi objeto de muitos comentários, como também de numerosas críticas, eu gostaria de lembrar, nessa mesma linha, que ele construiu o conceito de espaço público gerido pelo discurso argumentado, pela cooperação consentida no diálogo arrazoado em prol de uma solução negociada para problemas comuns (Habermas, 1993 [1962]). A noção de espaço ou esfera pública[3] repousa realmente sobre um modelo de discussão racional em que os cidadãos chegam a um acordo através de uma livre interação verbal. Ela designa um domínio da vida social em que se forma a opinião pública, também aberta a todos os cidadãos, e em que os jornais e as revistas, o rádio e a televisão – em suma, as mídias – desempenham um papel constitutivo. Falaremos, acrescenta Habermas, da "esfera pública política em oposição, por exemplo, à literária, quando a discussão política lida com objetos relacionados com a atividade do Estado" (Habermas, 1974 [1964], p. 50). O essencial aqui é que o espaço público é o da deliberação fundada da busca racional de um acordo concernente aos assuntos da cidade para o bem público. Ele constitui, portanto, uma instância crítica que assegura uma mediação entre a sociedade e o Estado para garantir o bom funcionamento da democracia.

O autor desenvolve, além disso, uma concepção da degradação contemporânea do espaço público. Para ele, o espaço da discussão argumentada e da busca do consenso sobre os assuntos que envolvem a comunidade tem, realmente, sofrido uma transformação radical na era da comunicação de massa. Em vez de participantes ativos na gestão da coisa pública, os cidadãos se tornaram consumidores de bens e de espetáculo. Além disso, o espaço público "torna-se um campo de competição de interesses que tomam a forma de conflitos violentos. Leis que são claramente advindas da 'pressão das ruas' dificilmente podem ser entendidas como vindas do consenso de particulares* envolvidos em uma discussão pública" (Habermas, 1974 [1964], p. 54, tradução da autora).

O agir comunicacional que Habermas desenvolve na sequência de sua obra conceitua uma ideia de comunicação em que os indivíduos constroem juntos, por um uso livre e arrazoado da linguagem, a intercompreensão que funda um acordo. A utilização normal da comunicação não seria, segundo Habermas, a ação estratégica, orientada pelo puro interesse, mas a ação comunicacional. Isso pressupõe que os sujeitos falantes chegam a uma compreensão compartilhada, graças a uma abordagem racional sujeita a um conjunto de regras *sine qua non* baseadas numa visada de exatidão, de adequação em relação às normas do contexto social, e de sinceridade. Estamos mesmo no domínio da argumentação, numa perspectiva que retoma, segundo suas próprias modalidades, o ideal retórico. A democracia repousa sobre uma deliberação entre cidadãos iguais que podem discutir sem restrições: a noção de acordo nascido da interação e a de argumentação racional como solução para os problemas que a gestão dos assuntos públicos impõe estão no centro da teoria. Se as críticas endereçadas a Habermas foram numerosas, Dascal e Knoll (2011, p. 7) salientam, contudo, que, de modo geral, elas não negam a existência e a necessidade de deliberação racional na esfera pública. As críticas se concentram mais em objetivos menos ambiciosos do que na obtenção de um consenso que visa resolver, de uma forma abrangente, os conflitos de opinião através de uma argumentação arrazoada.

---

* N.T.: A expressão *individus privés* está sendo traduzida, aqui, como "particulares", no sentido de "quaisquer indivíduos".

Todas essas perspectivas comandam uma visão do acordo que privilegia o debate arrazoado como ideal e como meio prático de gestão democrática – visão que continua a impregnar uma grande parte das reflexões contemporâneas sobre o debate.[4]

Em suma, nas concepções da comunicação e do debate herdadas da retórica e desenvolvidas nas abordagens contemporâneas da comunicação no espaço público, a rejeição do desacordo continua sendo central, e intimamente ligada a um ideal de razão e de harmonia social. Toda luta verbal que trata de um conflito sem chegar a um acordo é tida como desqualificada por considerá-la um tropeço no fracasso. O consenso é privilegiado em detrimento do *dissenso*, e, se este é levado em conta, é apenas na medida em que é um ponto de partida que deve ser ultrapassado pelo compartilhamento da fala e da razão – o *logos*. O conflito pede uma resolução; o espaço público exige que um debate racional leve a tomadas de decisão coletivas por meio de um acordo. A retórica persuasiva, da qual dá conta as teorias da argumentação e da comunicação contemporânea, encontra nessas premissas sua razão de ser.

A PERSUASÃO RACIONAL QUE CONDUZ AO ACORDO É SEMPRE POSSÍVEL?

Esses pontos de vista, contudo, já foram debatidos em vários aspectos cruciais. O primeiro trata da necessária ligação entre a racionalidade e o acordo. Uma abordagem baseada na razão leva necessariamente à persuasão e ao consenso? Além disso, o acordo é necessariamente a pedra de toque da racionalidade? O segundo aspecto diz respeito à necessidade do consenso em um regime democrático e à sua função social. Uma sociedade pluralista pode (ou deve) centrar-se no consenso? Não repousa, em vez disso, sobre o *dissenso*, cujas funções seria necessário, portanto, reconhecer? Essas perguntas exigem um retorno às teorias sociológicas e políticas que enfatizam a natureza construtiva do conflito, ou que se envolvem na exploração de um pluralismo democrático do tipo dito "agonístico" (segundo o termo de Mouffe, 2000).

Comecemos pela pedra lançada no lago da argumentação já há muitos anos por Robert Fogelin. Seu artigo, publicado em 1985 (e republicado em

2005) no mesmo bastião da lógica informal, a revista *Informal Logic*, adiantava que realmente existiam disputas persistentes – que ele nomeava como *deep disagreements*, desacordos profundos – que nenhuma abordagem racional era capaz de resolver. Criticando a abordagem dedutiva pura, Fogelin começava por afirmar que a comunicação argumentativa normal implica um conjunto de crenças compartilhadas e um acordo de base sobre os procedimentos de resolução de desacordos. Na ausência dessas condições, a argumentação se revela impossível: "Minha tese, ou melhor, a de Wittgenstein, é que os desacordos profundos não podem ser resolvidos pelo uso de argumentos, porque eles minam as próprias condições que autorizam a argumentação" (2005 [1985], pp. 7-8; tradução da autora). Também é necessário ver que não se trata da ocorrência de dissensões que se expressam com uma veemência particular, nem mesmo daquelas que chegam a alguma resolução – a falha pode eventualmente ser imputada à atitude obstinada de um dos participantes mais que a uma derrota geral dos procedimentos racionais. O desacordo profundo, conforme Fogelin, decorre de uma incompatibilidade entre os princípios subjacentes das duas partes. Esses princípios são parte de "todo um sistema de proposições (e de paradigmas, modelos, estilos de ação e de pensamento) que se reforçam mutuamente" (2005, p. 9; tradução da autora). Fogelin dá como exemplo disso a polêmica pública sobre o aborto na América do Norte. Sobre a questão de saber que procedimentos racionais podem ser mobilizados para resolver um desacordo profundo entre os "Pro Choice" (que defendem a interrupção voluntária da gravidez) e os "Pro Life" (que a condenam vigorosamente), o autor responde sem rodeios que não existe nenhum. E cita Wittgenstein, que escreve que, quando dois princípios se opõem e não podem ser reconciliados, um diz que o outro é louco ou herege. Segue-se, talvez, que o caminho a seguir em matéria de dissensões profundas é aceitar a irracionalidade e recorrer a meios alternativos de persuasão, que o autor – é preciso dizer – praticamente não detalha.

Haveria, portanto, de acordo com a própria confissão de um defensor da lógica informal, para a qual a racionalidade é um princípio de base e de referência, "dissensões, muitas vezes sobre temas importantes, que, por natureza, não estão sujeitas a soluções racionais" (2005, p. 11; tradução da autora). Essa reflexão – que suscitou muita emoção e ainda é apresentada como uma provocação e como um desafio no número da *Informal Logic* consagrado a Fogelin em 2005 – limitou-se a registrar o que considera uma realidade incontornável da argumentação. O juízo de valor sobre o caráter penoso do fenômeno levantado não está, no entanto, suspenso. A impossibilidade de se chegar a um acordo permanece lamentável – e, se é necessário aparentemente acomodar-se a isso, é porque não há solução. Em suma, é preciso levar em conta, sem disso tirar proveito, um campo de debate em que certas zonas permanecem impermeáveis ao trabalho conciliatório da razão.

Essa posição é retomada e desenvolvida com força por Marc Angenot, num quadro contextual que lança um desafio global à retórica argumentativa como arte da persuasão. Em uma reflexão iniciada pelo estudo dos cortes cognitivos (2002) e que tem seu coroamento na obra de 2008, significativamente intitulada *Dialogues de sourds* [*Diálogos de surdos*], Angenot afirma (contrariamente a Fogelin) que as discussões que não chegam a um acordo são a regra, e não a exceção. Ele toma por prova todas as polêmicas filosóficas, públicas, políticas etc. que, apesar de sua duração, não levam jamais a uma conclusão compartilhada. A ausência persistente de consenso é definida nos termos da arte da persuasão: é uma falha, cujas razões o pesquisador tenta identificar. Notemos que Angenot não se preocupa com o desacordo como tal (que pode resultar de uma simples divergência de interesses), mas com casos de desacordos profundos, para empregar o termo de Fogelin, aqueles que apresentam "*supressões de lógicas argumentativas*" (Angenot, 2008, p. 15). Supõe-se, portanto,

> [...] uma categoria de desacordos insuperáveis porque as próprias regras da argumentação e os pressupostos fundamentais quanto ao que é "racional", "evidente", "demonstrável", "cognoscível" não formam ou não formam mais uma base comum. Nesse último caso concreto, como o escreve São Jerônimo, que pusemos em epígrafe neste livro, os adversários de ideias acabam por se ver, uns aos outros, como "loucos" (2008, p. 16).

Explorar os prós e os contras dos "diálogos de surdos" leva Angenot a problematizar uma noção de razão universal passível de fundar um acordo comum e a revisitar a retórica substituindo a persuasão de boa memória pela questão da polêmica, tornada uma peça central de todo estudo sobre a interação verbal como tentativa de influência mútua. Ao fim de um percurso apaixonante, o autor – que falou sobre o fracasso constante de esforços de persuasão e de sua vaidade – se pergunta por que os humanos insistem em argumentar. Angenot adianta que eles o fazem por objetivos de justificação e de posicionamento. No entanto, a justificação não se faz somente face aos outros em uma abordagem que permite testar suas próprias razões: ela se efetivaria também face ao espectro de um juiz racional, um auditório universal ou "Árbitro espectral" que garante o fato de que o locutor "pense conforme a razão e a justiça" (2008, p. 443).

Sem dúvida, esse estudo abre um novo campo de pesquisa ao colocar a existência de uma racionalidade como relativa às épocas e às culturas, fonte de dissensões insuperáveis, e ao mostrar que esses desacordos são a regra, e não a exceção. As noções de lógicas heterogêneas e de cortes cognitivos são particularmente valiosas. Ao mesmo tempo, Angenot se interessa pelas razões que temos para polemizar, apesar do comprovado fracasso das tentativas de persuasão, sem buscar os benefícios eventuais da expressão de desacordos. Sem dúvida, ele afirma o interesse pelo pensamento "antilógico" depois de Protágoras e reabilitado por obras contemporâneas sobre os sofistas culpabilizados por Aristóteles e sua longa sucessão. A partir do título de um livro de Protágoras, *As antilogias*, Angenot observa:

> O caso da sofística era confrontar as *antilogias*, ou razões opostas (*antilégeïn = contradizer*), admitindo que elas podem ser inconciliáveis e insuperáveis, sem que uma seja "verdadeira" e a outra "falsa" [...] [essa tese] parece dizer que as controvérsias políticas e sociais são polarizadas em raciocínios antilógicos, opacos um para o outro porque ilógicos um para o outro, como eu penso (2008, p. 43).

No entanto, Angenot vê em Protágoras uma "preocupação ética, hostil ao antagonismo erístico" (2008, p. 44), na medida em que, em um espaço polarizado por opiniões contraditórias e desprovido de certeza absoluta, é preciso não se vangloriar de ter absoluta razão contra os outros. A abordagem antilógica se torna, então, a marca e a justificação do ceticismo – na área em que são citados Pyrrhon e Montaigne. Se o *Dialogues de sourds* tem como subtítulo *Traité de rhétorique antilogique*, é porque, então, é parte integrante do que ele chama de "uma teoria do diálogo negociado à altura dos homens" (2008, p. 44), "hostil ao antagonismo erístico", que supõe o compromisso com a defesa de um posicionamento e com a luta feroz contra aquilo que o oponente adianta. Nesse espaço regido pelos princípios filosóficos do ceticismo, a polêmica – que opõe atores defendendo com virulência posições consideradas como verídicas – aparece como originada de uma forma de pensamento desvalorizado.

A REVALORIZAÇÃO
DO *DISSENSO* NAS CIÊNCIAS SOCIAIS

Algumas correntes de pensamento não fazem ao menos uma revalorização, nem mesmo parcial, do *dissenso*. Daremos alguns exemplos marcantes, emprestados de domínios diferentes (especialmente da sociologia e da ciência política), que nos permitirão retomar a reflexão realizada sobre a polêmica numa perspectiva retórica. São apenas bases marcantes, mas o impacto delas sobre uma revisão das concepções do conflito alicerçado no debate público é essencial.

Inicialmente, as funções do conflito social foram repensadas em profundidade na década de 1950, particularmente no trabalho pioneiro de Lewis A. Coser, ele próprio inspirado em Georg Simmel, que publicou em 1912 seu livro *Conflit* (Circé, 1992, para a tradução francesa). Simmel considerava que a contradição e o conflito eram anteriores à unidade e a trabalhavam constantemente (Simmel, 1955, p. 15). A discórdia tem, sem dúvida, efeitos negativos nas relações interpessoais, mas ela é funcional nos grupos sociais em que as forças convergentes e divergentes estão sempre em interação, criando uma dinâmica que é fonte de vida. Segundo Simmel, é, portanto, a tensão do positivo e negativo que constitui o grupo como tal: a combinação de positivo e negativo é necessária, porque um grupo totalmente harmonioso seria privado de estrutura e vitalidade. Não devemos, na verdade, confundir a unidade com consenso e a concordância entre indivíduos (em oposição à discórdia e à desarmonia) com a unidade como totalidade do grupo, que envolve relações ao mesmo tempo unitárias e dualistas. Nessa totalidade, o conflito é, segundo ele, uma forma de socialização, não uma pura força de ruptura.

Distinguindo o conflito propriamente dito, que é sempre uma questão de interação, das atitudes hostis como predisposições (uma distinção que Simmel não fazia), Coser (1964 [1956], 1970) estende essa reflexão às funções positivas do conflito. Ele observa, dentre outras coisas, que este é necessário para manter uma relação, na medida em que permite expressar a dissidência nas situações de opressão. Ele também distingue, além disso, duas categorias de conflito: os realistas, que buscam alcançar um propósito específico para atingir o alvo apropriado e que podem, eventualmente, atingir seus objetivos por meios alternativos; e os não realistas, que expressam pulsões agressivas que precisam externalizar e que podem mudar de alvo, mas não de meios. Essa distinção permite, entre outras coisas, não confundir certos conflitos sociais – como aquele oriundo de reivindicações salariais, por exemplo – com a simples necessidade de aliviar uma tensão. Os conflitos realistas fazem parte de todos os sistemas sociais, na medida em que os grupos sociais aderem a valores antagônicos e na medida em que há necessariamente luta para a apropriação de recursos limitados e luta pelo poder. Nesse sentido, o conflito é necessário às mudanças sociais. Acrescentemos que, em uma perspectiva marxista, desenvolvida por algumas tendências da sociologia de conflitos, o *dissenso* aparece como indispensável à evolução social e à revolução. Estamos longe, em todos esses casos, da condenação do *dissenso* como força negativa.

Particularmente interessante em nossa perspectiva é a revalorização do *dissenso* desenvolvida como ciência política por Chantal Mouffe (2000a), em sua teoria da democracia deliberativa, concebida como um "pluralismo agonístico". Segundo ela, é preciso distinguir entre um acordo pontual, que permite tomar uma decisão pela via democrática, e a onipresença da dissensão e do conflito, que divide, na esfera democrática, grupos com visões de mundo e interesses divergentes. Mouffe não se contenta em propor a preeminência do *dissenso*; ela denuncia também a tendência a enaltecer o consenso e, mais ainda, a abordagem contemporânea que exalta o consenso geral nascido da ilusão de que a esquerda e a direita deixaram de ser categorias relevantes (2000b, p. 7). Em resumo, o consenso para Mouffe não é a chave da democracia, e seu enaltecimento é um erro, quando não é uma manobra política.

Desse modo, Mouffe denuncia as concepções dominantes da deliberação democrática fundada na predominância de uma busca de acordo. Assim, a abordagem racionalista (especialmente a de Habermas) baseia-se na noção de indivíduos racionais e iguais que deliberam livremente para conseguir harmonizar os pontos de vista. Considerado em modelos que colocam os indivíduos racionais como dotados de direitos naturais e constituídos fora do social, o sujeito democrático se vê abstraído de suas condições de existência: ele é cortado das relações de poder e dos contextos culturais nos quais ele se desenvolve. Tal concepção só pode permanecer cega à política em sua dimensão de antagonismo (Mauffe, 2000a, p. 11).

É necessário ver, de fato, que o "nós" é, na verdade, constituído por um "eles"; símbolo daquilo que torna possível qualquer "nós", este "eles" aparece, dessa forma, como uma exterioridade constitutiva. O antagonismo emerge quando a diferença é percebida como um conflito com um "eles" que se coloca contra o "nós" e que se define como um "inimigo". Por isso, e sob certas condições, as identidades coletivas podem sempre se transformar em relações agonísticas, ainda que "o antagonismo não possa jamais ser eliminado e que constitua uma possibilidade permanente na política" (2000a, p. 13; tradução da autora). É preciso, portanto, aceitar que "o conflito e a divisão são inerentes à política" e que uma "reconciliação" pode nunca "ser definitivamente realizada como a plena concretização da unidade do povo" (2000a, p. 16; tradução da autora). Daí o erro de fazer avançar um conceito "moral" de deliberação em que o consenso racional pudesse ser estabelecido.

Mas Mouffe vai mais longe. Ela mostra que o "pluralismo agonístico" (*agonistic pluralism*) não ameaça a democracia, mas é, na realidade, uma de suas condições de existência. Este é o paradoxo democrático de que trata o livro da cientista política. Na verdade, o que permite a democracia é mesmo "o reconhecimento e a legitimação do conflito" e "a recusa em reprimir pela imposição de uma ordem autoritária". A visão utópica da sociedade como uma unidade orgânica cede lugar a uma visão de pluralidade de valores (2000a, p. 103). Mouffe situa, assim, o conflito e o *dissenso* no coração do processo democrático, como seu próprio motor. Ao mesmo tempo, ela se pergunta sobre o que permite a esse processo funcionar sem cair em desordem e em violência. É, segundo ela, a capacidade do dinamismo democrático de transformar o inimigo em adversário (Mouffe, 2000a, p. 102; tradução da autora):

> Considerado do ponto de vista do pluralismo "agonístico", o objetivo da democracia é construir o "eles" de tal forma que ele não seja mais percebido como um inimigo a ser destruído, mas como um "adversário", a saber, alguém a quem não questionamos o direito de defender suas ideias [...]. Um adversário é um inimigo, mas um inimigo legítimo com quem temos alguns aspectos em comum, porque nós aderimos juntos a todos os princípios ético-políticos da democracia liberal: a liberdade e a igualdade. Mas nós não estamos de acordo com o modo como os colocamos em prática, e esse desacordo não é daqueles que podem ser resolvidos pela deliberação e pela discussão racional. Na verdade, sendo dado um pluralismo de valores que não é possível erradicar, não existe solução radical do conflito, daí a sua dimensão antagônica. Isso não significa, obviamente, que os adversários não podem deixar de estar em desacordo, mas não há nisso, no entanto, erradicação do antagonismo. Aceitar o ponto de vista do adversário é aceitar uma mudança radical de identidade política. É um tipo de *conversão*, mais do que um processo de persuasão racional.

A violência não é evitada pelas vias racionais do debate, que devem levar ao consenso, mas pela substituição do adversário – contra cujas posições é preciso lutar com o uso da fala – pelo inimigo que deve ser eliminado e destruído.

Essas perspectivas sociopolíticas podem ser retraduzidas em termos de retórica para autorizar uma responsabilização da polêmica e examinar suas funções construtivas? Isso é o que sugere o cientista político Pierre-André Taguieff (1990), que, em homenagem a Perelman, liga a presença do conflito na esfera pública ao ideal a ser perseguido com essa base na retórica. Embora reconhecendo a importância da nova retórica, ele termina sua reflexão com uma denúncia geral da supremacia do consenso. Perelman argumenta que o acordo é a pedra de toque do razoável, isto é, aquilo que é percebido como aceitável por determinada comunidade e, portanto, é a base da vida social que requer decisões tomadas em conjunto. Taguieff diz, ao contrário, que o discurso político e o debate público são fundados no conflito e dele se alimentam. Ele conclama, então, a uma abordagem pós-perelmaniana que vá além do que ele chama de uma "ingenuidade dialógica contemporânea", a qual ignora que a base da interação política é o conflito (Taguieff, 1990, p. 273). Essa abordagem devia levar em conta a inevitabilidade das mudanças fundadas sobre um forte desacordo e o papel crucial do antagonismo na democracia – em vez de rejeitá-los com base em preocupações éticas ou em apelos racionalistas ao acordo.

É nesse sentido também que Kendal Phillips propõe ultrapassar a tradição retórica americana, reexaminando a "esfera pública" (1996). Partindo de uma crítica de Habermas, ele examina os graves problemas suscitados por uma cultura do consenso, que ignora o papel crucial do desacordo e o subordina a um objetivo de resolução de conflitos. Por essa óptica, os participantes da discussão considerada aberta devem respeitar as regras em vigor sob pena de serem excluídos: o ideal do acordo tende a apagar as diferenças constitutivas das comunidades, lançando sobre aqueles que parecem se desviar da situação a responsabilidade da própria exclusão. Além disso, como observa Phillips, "a parcialidade é um aspecto natural do discurso" e sua eliminação leva à da diversidade (1996, p. 240), limitando, assim, nossa compreensão e nossa prática da resistência. E, além disso, em toda intersubjetividade, os participantes do debate público estão necessariamente limitados pelo tipo de subjetividade que fornece e permite o sistema simbólico que é o deles – embora aquele que sofra dano se veja impedido de expressá-lo e de comunicá-lo no sistema simbólico dominante que rege a discussão. Phillips conclui disso que o que ele chama de retórica social nos Estados Unidos (da qual ele dá muitos exemplos) leva a

> [...] ignorar a diversidade crescente dos discursos, das razões, das racionalidades e dos argumentos. Ignoramos também as diferenças de conhecimento e poder [...]. Se a dissensão pode ser retirada do papel de oposição e de subordinação ao consenso ao qual ela se limita, podemos abordar com seriedade as questões de diversidade, diferença e desacordo (1996, p. 245; tradução da autora).

É nessa perspectiva que o autor defende, com suas próprias palavras, uma "retórica da controvérsia" e centra-se em várias obras na polêmica pública – tendo em conta a fragmentação da sociedade contemporânea e as lutas intermináveis que nela ocorrem (Phillips, 1999).

Essas reflexões sobre a cultura democrática do *dissenso* deveriam logicamente levar a *ver na confrontação polêmica um modo de gerenciamento inevitável, e útil, dos conflitos.* Se, de fato, o conflito é inevitável em nossas democracias pluralistas e se o cerne da democracia não é o consenso, mas a gestão do *dissenso*, então a polêmica como confronto verbal de opiniões contraditórias que não leva a um acordo utópico deve ser reconsiderada em profundidade. É, por conseguinte, uma retórica do *dissenso* que é necessário desenvolver, na qual a polêmica deve ter lugar de destaque.

POR UMA RETÓRICA DO *DISSENSO*

Sem dúvida, pode-se argumentar que os rudimentos dessa disciplina já se encontravam em *A arte de ter sempre razão*, de Schopenhauer (redigido em alemão em 1830-1831 e publicado em 1864), que defende uma "dialética erística", definida como "a arte da controvérsia conduzida de tal maneira que se tem sempre razão, portanto, *per fas et nefas* (quer se esteja certo ou não)" (1999, p. 7). A partir de uma constatação sobre a natureza humana – a vaidade dos homens e sua desonestidade –, Schopenhauer notou que elas os desviavam da busca da verdade em favor da vitória de sua própria tese. A isso se adiciona o fato de que, frequentemente, nas discussões, os interlocutores não são capazes de refutar, no momento propício, os argumentos do outro, mesmo que lhes pareça mais tarde que eles tinham realmente razão. Portanto, "recorremos alternativamente à fragilidade de nossa inteligência e à perversidade da nossa vontade" atacando o argumento do adversário mesmo quando parece justo. "Disso resulta, em geral, que aquele que se envolve em uma controvérsia luta não pela verdade, mas por sua proposição" (ibid., p. 9). Daí a necessidade de rever todos os procedimentos que fundam a arte de ter razão em tudo em um tratado que destaca os argumentos ditos falaciosos em vez de denunciá-los. A promoção desses "estratagemas" diz respeito a uma "dialética erística", a qual Schopenhauer pretende fundar, opondo-se a Aristóteles, que pretendia separar a sofística e a erística da dialética. Essa dialética erística visa ensinar como devemos nos defender (em particular contra ataques desleais) e como devemos atacar o que o outro afirma sem sermos refutados. Ele insiste sobre o fato de não se tratar de uma arte de defesa de proposições falsas, mas, sim, de uma arte de se defender: "é necessário conhecer os estratagemas da desonestidade para enfrentá-los, e até mesmo, por vezes, fazer uso de alguns para bater no inimigo com suas próprias armas" (ibid., p. 12).

A posição do filósofo alemão destrói, sem dúvida alguma, qualquer possibilidade de basear, como o fazem Perelman e seus adeptos, a gestão das questões humanas na racionalidade e de resolver as disputas pelo acordo. Não é, então, por acaso que o autor da nova retórica nem estuda a polêmica, nem utiliza o termo, ao passo que Schopenhauer, que se baseia na inevitabilidade de dissensão e da luta verbal, aparece nos estudos atuais da polêmica como um pai fundador. Encontramos, de um lado, a fidelidade a uma retórica ancorada no valor do acordo e, de outro lado, a exploração de uma retórica do *dissenso*, em que cada um se mantém em suas próprias posições. Para Schopenhauer, esta última não se concentra nas funções sociais da polêmica, nem sobre seu valor heurístico.

Um passo importante nessa direção foi dado por Marcelo Dascal em sua teoria das controvérsias, na qual salienta o caráter da atividade crítica e a fecundidade das interações polêmicas. Segundo ele, elas não são um ato de resistência à razão pela obstinação de fazer triunfar sua própria posição, mas uma forma de atividade dialógica que, no domínio das ciências, permite compreender o sentido de uma teoria e de levar em conta as mudanças conceituais. Em outras palavras, o confronto e a luta de teses antagônicas têm um valor heurístico: eles geram a compreensão e até mesmo o saber. Nessa perspectiva, Dascal (1998) propõe distinguir entre a discussão, em que a diferença de opinião sobre uma dada questão deriva de um erro que pode ser corrigido, permitindo, assim, uma solução do conflito de acordo com procedimentos aprovados na área em questão; a disputa, que está ancorada não em um erro, mas em uma preferência, um sentimento, uma atitude, sem que sejam endossados procedimentos aprovados de resolução, embora ela não conduza a um acordo – ela pode apenas se dissolver ou ser dissolvida; e, finalmente, a controvérsia, que ocupa uma posição intermediária, porque, mesmo que haja divergências profundas e ausência de procedimentos de resolução reconhecidos, os participantes defendem sua posição para fazer pender a seu favor a balança da razão. As controvérsias não levam a uma solução incontestável, nem a uma dissolução, mas a uma resolução. Isso ocorre quando se reconhece que uma das posições pesa mais do que a outra, quando surge uma modificação aceitável das posições ou simplesmente para clarificação mútua das diferenças em questão. Isso significa que as discussões visam ao estabelecimento da verdade; as disputas, à vitória; e as controvérsias, à persuasão.

Nessa perspectiva, Dascal se interroga sobre as polêmicas públicas cuja dicotomia sistêmica cognitiva faz obstáculo, segundo ele, à obtenção de um acordo por meios racionais. Em um artigo escrito com Amnon Knoll (2011), ele enumera as razões que impedem as disputas de ser o objeto de uma argumentação razoável no espaço público – e, em particular, menciona sua complexidade, o fato de colocarem em jogo sistemas de valores e visões de mundo divergentes, o jogo de interesses contraditórios. Nesse contexto, é a dicotomização de posições e os efeitos identitários que ela acarreta que bloqueiam toda busca de solução. É necessário, portanto, segundo os autores, encontrar meios de transferir as polêmicas públicas para a categoria das controvérsias arrazoadas, encontrando-se procedimentos de desdicotomização. Observa-se que se trata somente de uma fase de reflexão inicial, que chama a explorar as abordagens passíveis de atingir esses fins. Em última análise, vemos que, se Dascal destaca a virtude heurística das controvérsias científicas e filosóficas ancorando-as na argumentação e se engaja em seu trabalho numa análise do seu funcionamento particular, ele só vai olhar para a polêmica pública com o único objetivo de encontrar os meios de modificar um dispositivo cognitivo e verbal que bloqueia o acordo.

Uma abordagem retórica desenvolvida pelo dinamarquês Christian Kock vai mais longe na aceitação e no reconhecimento da polêmica pública. Ele abre, de fato, uma pista, sugerindo que o *dissenso* é parte integrante da vida pública regida pela argumentação prática, que se deve diferenciar claramente da argumentação teórica. O autor bate de frente com as abordagens (como as da lógica informal ou da escola da pragmadialética) que defendem a ideia de que uma discussão racional é passível de resolver diferenças de opinião. Quando se trata de decidir sobre o curso de ação preferível – e não sobre uma verdade –, o raciocínio se baseia em valores que são, por definição, variáveis, contraditórios entre si e, além disso, hierarquizados de forma diferenciada. As razões dadas a favor e contra a proposição podem ser, ao mesmo tempo, válidas, de modo que é o peso particular que é acordado por uns ou por outros que faz a balança pender para um lado ou para outro. Isso significa que nenhuma parte pode provar, no sentido estrito do termo, que detém a resposta certa e que as razões não são aqui restritivas. Nessas condições, na argumentação prática, centrada na ação e não na verdade, não só um consenso não é necessariamente obtido pelo recurso a meios racionais, mas também o *dissenso* não é "uma anomalia a corrigir" (Kock, 2009, p. 106).

De acordo com Kock, o debate que não leva a qualquer acordo não é mais útil para os membros do auditório convocados a examinar os prós e os contras, a fim de fazer sua livre escolha. Assim, o *dissenso* aparece como um fator positivo, e os exercícios deliberativos dos quais ele é indissociável aparecem como "controvérsias construtivas" – este é, inclusive, o título do artigo citado. Um ponto de vista que o retórico reforça pelos trabalhos que, em outros domínios, atualmente defendem uma "concepção de democracia fundada sobre o reconhecimento do *dissenso*, e não sobre o consenso" (2009, p. 107), em particular nos escritos de Rescher e de Mouffe em favor do pluralismo.

Kock, assim, avança com uma retórica definida como "um discurso orientado para o *dissenso*", que, segundo ele, é a essência da retórica clássica exemplificada por Isócrates ou Cícero, ao contrário das teorias contemporâneas da argumentação, que perdem de vista a lógica da argumentação prática. Mas, se ele coloca as virtudes da confrontação acima da busca do consenso, não valoriza da mesma forma a polêmica pública. É precisamente isso que me proponho a fazer nas páginas seguintes, na linha dos meus trabalhos anteriores (e em especial em Amossy, 2010). Trata-se de fazer justiça ao lugar de uma retórica do *dissenso*, isto é, a uma gestão do conflito de opinião sob o modo de dissidência, e não de uma busca do acordo.

Esta tarefa será realizada a partir de um exame do terreno, ou seja, a partir de casos concretos. Os exemplos, como dissemos, serão selecionados no domínio da polêmica pública, que está em questão aqui, e não no das controvérsias científicas ou filosóficas, que obedecem a outra lógica. Como anunciado na introdução, as polêmicas públicas selecionadas, contudo, não são nem estudadas por si sós, nem são analisadas de forma exaustiva. Cada uma delas permite, ao mesmo tempo, descrever os diferentes aspectos do funcionamento da polêmica como retórica do *dissenso* e responder a uma questão fundamental: em que as modalidades da polêmica pública diferem do modelo do diálogo? O que se faz quanto à sua racionalidade? O que dizer de sua violência verbal e do princípio de ética da discussão? E de modo mais global: em um espaço pluralista, em que as divergências de opinião muitas vezes profundas têm direito de cidadania, em que os pressupostos de uns e de outros levam frequentemente a lógicas incompatíveis, em que a razão universal se substitui por regimes alternativos da racionalidade, em que a deliberação fracassa frequentemente em assegurar um consenso, quais são as funções sociodiscursivas da polêmica?

NOTAS

[1] Para mais esclarecimentos sobre a erística segundo Platão, cf. Nehamas (1990).
[2] Para uma introdução em francês, cf. Dufour (2008).
[3] Notemos de passagem que a tradução inglesa do alemão *Öffentlichkeit* é *public sphere*, esfera pública, e não espaço público. Podemos nos perguntar sobre a diferença entre essas duas noções, ambas baseadas em uma metáfora espacial. Sem ir mais longe nessa questão, manteremos aqui "espaço público" nas acepções especificadas mais adiante.
[4] Tomemos como testemunha a obra (publicada em 2011) de Constantin Salavastru intitulada *Argumentation et débats publics* [*Argumentação e debates públicos*]: "O propósito de um debate não é apresentar aos participantes o problema, mas resolver, com sua ajuda, um conflito de opinião" (2011, p. 57). Na verdade, acrescenta: "os conflitos são, em certa medida, um meio que dinamiza a vida do indivíduo e da sociedade, mas, se eles ultrapassarem esse ponto, então se tornam destrutivos para o indivíduo e para a sociedade" (2011, p. 48).

O QUE É A POLÊMICA?
Questões de definição

Na vida pública, assim como em nosso dia a dia, os confrontos verbais são numerosos e suas denominações diversas. Fala-se sobre debate, discussão, disputa, briga, altercação, controvérsia e, evidentemente, sobre polêmica – para citar apenas os nomes mais correntes. Qual é, então, a especificidade da polêmica neste conjunto? Quando utilizamos esse termo espontaneamente – e quando somos autorizados a utilizá-lo pertinentemente? A questão da definição que se coloca de início não visa, simplesmente, delimitar o objeto de análise num plano puramente formal. Ela impulsiona a reflexão e dirige o questionamento, detectando pontos nodais.

Para tentar compreender o que é polêmica na sua especificidade, pode-se buscar, basicamente, em três fontes: os dicionários, o discurso corrente e as conceitualizações científicas. No que diz respeito aos primeiros, Catherine Kerbrat-Orecchioni observa, no entanto, a relativa pobreza e a monotonia das definições lexicográficas. Depois de ter consultado "uma quinzena de dicionários que cobrem cinco séculos de língua francesa", ela conclui que lhe será necessário "extrapolar sem escrúpulo para chegar a uma definição um pouco menos trivial que aquela de 'debate vivo ou agressivo'" (1980, p. 3). Os dicionários se apoiam na etimologia do termo: ele vem do grego *polemikos*, relativo à guerra; com isso, concordam todos os lexicógrafos a partir de sua primeira menção no *Dictionnaire de l'Académie Française*, de 1718 (a primeira ocorrência atestada data de 1578). Kerbrat-Orecchioni (1980) vê aí uma metáfora lexicalizada, uma vez que se trataria de uma "guerra de caneta",* metáfora constantemente ligada a todo um vocabulário militar.

Note-se que a assimilação da luta armada neste debate não é inocente. Ela manifesta a transformação da interação verbal em um combate que consiste em vencer o outro pela violência, dando aos interlocutores o estatuto de inimigos que usam estratégias militares e que recorrem à força bruta. Na etimologia da palavra se entrelaçam, assim, a recusa do diálogo arrazoado em proveito de relações de força, a luta entre campos inimigos, a violência verbal, a condenação à morte simbólica do outro. "A questão da polêmica, simbólica que seja", ressalta Shoshana Felman ao comentar a etimologia do vocábulo, "é o assassinato do adversário" (1979, p. 187). Estamos próximos da erística antiga e da mitologia, na qual a deusa da disputa e da discórdia, Eris, acompanhava seu irmão, o deus da guerra, no local das batalhas. A etimologia permite, então, apreender, à primeira vista, toda a negatividade que se inscreve na degradação do diálogo em combate. Ela explica as conotações pejorativas ligadas ao termo *polêmica*.

As definições lexicográficas e as indicações fornecidas pela etimologia são complementadas por estudos sobre o modo como um vocábulo muito em uso tanto na sua forma substantiva e adjetiva, como também verbal ("polemizar"), é compreendido por aqueles que não param de proclamá-lo. Vários estudos se debruçaram sobre os ensinamentos que se podem tirar a esse respeito da imprensa francesa, na qual, destacava Nadine Gelas desde 1980, se constata "um emprego quase delirante da palavra" (1980a, p. 41). A linguista também desenvolve, a partir dos vários exemplos por ela coletados, uma definição discursiva – construída pelo recorte das utilizações do termo nos jornais. A polêmica aparece aí como uma reação a uma tomada

---

* N.T.: No original: *guerre de plume*.

de posição, sobre a qual existe um desacordo, num contexto passional e através de propósitos hiperbólicos; frequentemente qualificada de vã e estéril, ela não é percebida como participante da argumentação ou então constitui uma pseudoargumentação. Christian Plantin, que faz um trabalho similar debruçando-se sobre um conjunto de 213 títulos do jornal diário *Le Monde*, mostra que, para o jornalista, "um debate pode ser legitimamente considerado uma polêmica e explicitamente designado como tal quando ele percebe nisso emoções violentas da ordem da cólera e da indignação" (Plantin, 2003, p. 406). O termo se impõe, então, sejam quais forem os temas do debate, sua tendência política ou mesmo o número de participantes. Roselyne Koren, que estuda a metalinguagem sobre a polêmica em 60 artigos, de 1900 a 2003, tirados de jornais diários, semanais e mensais, que tomam a polêmica como objeto, encontra neles definições mais complexas: "Seus detratores o criticam essencialmente por recorrer a formas de violência incompatíveis com o bom funcionamento da vida social [...] e por privar o auditório de sua liberdade de pensar": é uma "degradação das interações" (Koren, 2003, p. 71) na qual o fim justifica os meios. Pode-se ver, assim, o que os usuários do termo, de maneira espontânea (no uso) ou de maneira reflexiva (no metadiscurso), investem nele de forma corrente. De modo geral, constata-se que eles o depreciam considerando-o um discurso de dissentimento não argumentativo e coercitivo, marcado pela violência e pela paixão.

Essa *doxa* é objeto de um reexame nos trabalhos em ciências da linguagem e em argumentação retórica, que, dos anos 1980 até nossos dias, tentam conceituar melhor o fenômeno.[1] Trata-se, desde logo, de se apropriar de um termo corrente em suas acepções um pouco confusas para elaborar uma noção clara, passível de fornecer um instrumento de análise e um quadro contextual de reflexão. Recorreremos a essas fontes sem apresentá-las de modo cronológico ou sistemático. Elas vêm, sobretudo, alimentar uma reflexão sobre a natureza da polêmica e sobre a definição que convém lhe dar, destacando alguns pontos nodais e, principalmente, problematizando as diversas questões que se extraem delas. Fazendo isso, serão questionadas as definições correntes, mas também algumas definições eruditas, que expulsam a polêmica do campo da argumentação e a colocam sob os únicos auspícios da batalha, da paixão e da violência.

DEBATE EM TORNO DE UMA QUESTÃO DE INTERESSE PÚBLICO

Partamos de uma primeira constatação, ancorada no uso atual, que se deve cruzar com os sentidos originalmente atribuídos ao termo *polêmica*. Esse emprego diverge daquele que era, no início, atribuído à atividade do polemista: nos séculos XVIII e XIX, trata-se sobretudo de teologia, depois, por extensão, somente de literatura, de ciência e de política. A polêmica pode, portanto, surgir em domínios diversos, e se ela foi, primeiramente, reservada à teologia, hoje "é sobretudo a propósito de política que se fala de polêmica" (Gelas, 1980a, p. 41). Além disso, é preciso que a polêmica aborde um assunto de interesse público para que ela não seja uma simples discussão, uma disputa entre particulares.

> A polêmica pode, evidentemente, se desenvolver sobre a base de um assunto inicialmente privado, um conflito de locação, por exemplo, mas é necessário que esse conflito assuma contorno público pondo em causa grandes princípios e os grupos de defensores ligados a eles (identificados a esses princípios). (Plantin, 2003, p. 387)

Nicole Gelas acrescenta que, quando o debate parece, à primeira vista, fútil, os jornalistas cuidam de sublinhar aquilo que o torna digno de atenção.

Darei um exemplo tirado de um episódio bastante burlesco, que teve grande repercussão midiática. No dia 20 de abril de 2010, a TF1 [Televisão Francesa, Canal 1] apresentou o título: "A foto 'politicamente incorreta' que cria a polêmica". Trata-se de uma foto selecionada por ocasião de um concurso da Fnac, de Nice, na categoria "Politicamente incorreto", mostrando um homem que limpa seu traseiro com a bandeira francesa.

As informações mencionam que o jovem fotógrafo amador que queria simplesmente ganhar uma câmera "lamenta a controvérsia" e "critica 'uma loucura por quase nada'". No entanto, os jornalistas que noticiaram o caso tomaram o cuidado de sublinhar o caráter sério da ofensa, a propósito da qual são evocados "a falta de respeito", "o atentado à Nação", "o ultraje à pátria". O episódio escatológico tomou um significado ainda mais amplo porque o ultraje à bandeira tricolor ocorreu num momento em que acontecia o debate sobre a identidade nacional, lançado em 2009 pelo governo de Nicolas Sarkozy. Esse debate foi iniciado e dirigido por Eric Besson, ministro da Imigração, da Integração e da Identidade Nacional e do Desenvolvimento Solidário, que pretendia reafirmar os valores da identidade nacional e o orgulho de ser francês. Alguns políticos, apoiados por numerosos cidadãos indignados que se manifestaram nos fóruns de discussão, censuraram a falta de respeito em relação aos símbolos nacionais. "É de bom tom hoje cuspir na bandeira francesa", fulminou Lionel Luca, vice-presidente do Conselho Geral.

Vê-se que um incidente de aparência corriqueira, que poderia ter sido posto de lado no noticiário, desencadeou a polêmica na medida em que ele comporta questões maiores que convocam o grande público. O debate diz respeito, em primeiro lugar, à relação entre a arte e os valores patrióticos: deve-se incriminar uma foto tendo como parâmetro valores nacionalistas? Contrariamente a todos aqueles que clamavam por sanções, o procurador de Nice, Éric de Montgolfier, considerou que a fotografia em questão não exigia a abertura de um processo judicial, na medida em que ela era uma "obra da mente". As dissensões a respeito desse assunto foram animadas. O debate se estendeu, em seguida, a uma polêmica em torno da liberdade de expressão e seus limites. No site *Rue89*, por exemplo, pode-se ler: "E a todos os patriotas que virão me dizer que a liberdade de insultar a bandeira não merece ser protegida [...] eu retrucarei que não há liberdade de insultar a bandeira: há a liberdade, ponto."[2] Ultrapassando a questão da autonomia da arte e dos Direitos Humanos, o debate polêmico se desenvolveu igualmente em torno do lugar dos símbolos nacionais e da relação do cidadão (autóctone como imigrante) na França (o cidadão francês pode impunemente ridicularizar os símbolos sagrados de sua pátria?). A importância atribuída a essa questão aparece claramente na lei criada a partir do caso da foto escabrosa. Na sequência desse episódio, a Ministra de Estado, Guarda de Sceaux Michèle Alliot-Marie, decidiu fazer votar um decreto autorizando sancionar o ultraje à bandeira francesa, cometido em lugar público, com uma multa de 1.500 euros. Uma lei que não deixou, ela também, de gerar polêmica...

Esse exemplo evidencia a que ponto a polêmica, que trata de questões de interesse público, está ancorada na atualidade. Quanto tempo esse episódio permanecerá (ou deve-se já dizer: permaneceu) nas mentes? Estreitamente ligada àquilo que preocupa o público num momento preciso, a polêmica é efêmera e, muitas vezes, é tão rapidamente esquecida quanto inflamada na hora em que eclode. É por isso que seu sentido e seus anseios deixam de ser perceptíveis para além de sua duração, assim como, por outro lado, do espaço cultural no qual ela emergiu. Ainda alcançamos a extensão das polêmicas que agitaram o início dos anos 1930 em torno do testemunho da guerra de 1914? Não compreendemos muito mais aquelas que se desenvolvem em outras culturas quando ignoramos suas normas, seus valores e seus problemas sociais. Não podemos apreender a polêmica em torno do serviço militar dos ultraortodoxos que provoca a fúria em Israel sem conhecer a história e a sociedade desse país, nem a polêmica que toca ao ex-presidente

Uribe na Colômbia, se ignoramos a questão do papel dos paramilitares na luta armada contra as Farc. Alguns deduzem daí que o estudo das polêmicas se reduz ao estudo de textos fugazes e rapidamente desatualizados. Para o analista do discurso, assim como para o sociólogo e para o historiador, a polêmica se mostra, ao contrário, rica de ensinamentos na medida em que ela revela muitas coisas sobre a sociedade e a época na qual o discurso polêmico circula no espaço público.

A POLÊMICA COMO MODALIDADE ARGUMENTATIVA

A polêmica é, portanto, um debate em torno de uma questão de atualidade, de interesse público, que comporta os anseios das sociedade mais ou menos importantes numa dada cultura. Mas a polêmica pública, geralmente qualificada como belicosa, diz respeito à deliberação e participa plenamente da argumentação retórica? A opinião comum tende a responder negativamente. Contudo, um exame mais atento mostra que é preciso rever totalmente esse julgamento apressado.

A primeira marca da polêmica como debate da atualidade é uma oposição de discurso. O antagonismo das opiniões apresentadas no seio de um confronto verbal é sua condição *sine qua non*. Lembremos que a noção de confrontação designa, de partida, a ação de colocar (dois discursos) em presença e, portanto, em relação, permitindo assim uma apreciação por comparação. Ela supõe um "face a face" e se torna, num sentido mais particular, "um debate que permite a cada um expor e defender seu ponto de vista, frente aos pontos de vista comparados dos outros participantes" (TLF). É, portanto, a atividade que consiste em trazer argumentos em favor de sua tese e contra a tese adversa que constrói a fala polêmica. Marc Angenot (1982: 34) insiste bem nesse ponto: marcada pela oposição dos discursos, ela "supõe um *contradiscurso antagonista* [...], o qual visa desde logo a uma dupla estratégia: demonstração da tese e refutação-desqualificação de uma tese adversa". Estamos bem no campo da retórica argumentativa. Argumentamos quando surge um desacordo sobre uma determinada questão e quando duas respostas opostas são dadas sobre um mesmo assunto, obrigando cada uma das partes a justificar os fundamentos da sua posição. Michel Meyer (2008, pp. 52-3) nota o que é próprio da argumentação no debate contraditório sobre uma questão explicitamente posta que divide os indivíduos.

Não é, portanto, a dessemelhança, mas a similaridade da polêmica e da argumentação que choca quando as colocamos em paralelo. Christian Plantin (2003) desenvolve bem esse ponto: insistindo sobre a divergência e a confrontação dos pontos de vista, ele sublinha que esses traços definitórios da polêmica são exatamente aqueles que caracterizam a argumentação. Reexaminemos nessa perspectiva a ligação entre a polêmica e a argumentação a partir de uma manchete do jornal *Le Monde*, de 17 de dezembro de 2012:

> **Exílio fiscal: a polêmica Depardieu, depois de Arnault e Clavier**
>
> Trata-se da partida do célebre ator para a Bélgica, antes de ir para a Rússia, exílio aqui posto em paralelo com o do ator Christian Clavier, instalado na Grã-Bretanha, e o de Bernard Arnault, primeira fortuna da França, que pediu a nacionalidade belga, depois do projeto de reforma dos impostos iniciado pelo governo de esquerda liderado por François Hollande. Para além das pessoas participantes, uma pergunta, acompanhada de duas respostas contraditórias, se coloca a respeito delas – é legítimo para um francês rico deixar seu país para pagar menos imposto e, de forma mais geral (nos termos do artigo): na França "taxa-se demais, de forma justa ou não, os mais ricos?".

Em torno dessas questões, e frequentemente a partir de casos particulares que ilustram o problema, pontos de vista antagônicos dialogam entre si. O debate levanta, pois, um problema social concernente à política fiscal e aos deveres dos cidadãos ricos em relação ao seu país. Para tratar dessa questão, as mídias usam sistematicamente o termo "polêmica". A imprensa fala da "atual polêmica sobre os exilados fiscais lançada depois do anúncio da partida de Gérard Depardieu para a Bélgica", estimando que "essa polêmica sobre os exilados fiscais continua [...] a tomar amplitude..." (23 de dezembro de 2012, BFM Business). E, mais precisamente sobre o caso Depardieu, lê-se no jornal *France-Info*: "Depardieu, a polêmica que divide os artistas", ou no *France Bleu nacional* (em 17 de dezembro de 2012): "a polêmica Depardieu assume um viés político" (entre a esquerda e a direita, sobre a fiscalidade francesa). Os exemplos abundam, e está claro que é o termo *polêmica* que se mantém como unanimidade entre os jornalistas. Ao mesmo tempo, o caráter polêmico do debate não determina em nada que ele se situe fora do campo da argumentação.

E, de fato, para que haja polêmica, não basta declarar "sou a favor de Depardieu e eu justifico seu exílio fiscal" em oposição a "sou contra esse ator e sua decisão". As partes implicadas devem trazer suas razões e fazer valê-las refutando as do adversário. Assim – para dar apenas um exemplo sucinto –, o primeiro-ministro francês Jean-Marc Ayrault havia comentado a partida de Gérard Depardieu: "eu acho isso bastante lamentável [...] tudo isso para não pagar imposto, para não pagar muito". A condenação do que ele interpreta como um exílio fiscal estava justificada por um valor explicitamente designado: o espírito de patriotismo, que implica a solidariedade entre cidadãos – "participa(r) do esforço coletivo com (seus) impostos"; "pagar seus impostos é um ato de solidariedade, é um ato patriótico" (*Le Figaro*, 17 de dezembro de 2012). Em outras palavras, e para reconstruir o silogismo sobre o qual se apoia seu raciocínio: o bom cidadão cumpre seus deveres e participa, assim, do esforço coletivo; exilar-se fiscalmente para pagar menos impostos não corresponde a esse princípio; portanto, aqueles que escolhem o exílio fiscal são maus cidadãos. O ataque pessoal contra o grande ator (que reagiu com virulência a essas declarações) está fundado num raciocínio baseado em princípios.

Responde-lhe a então presidente do Medef, Laurence Parisot, com um contradiscurso veiculado pelo canal Europe 1. Seu primeiro contra-argumento reenquadra o debate, estabelecendo que as condenações a Depardieu constituem, na realidade, uma busca de bodes expiatórios. "Será que estamos conscientes de que hoje gastamos muito de nosso tempo nas mídias, por meio de comentários, apontando bodes expiatórios?" O termo *bode expiatório* aqui se refere às "personalidades de altos rendimentos" exiladas que não são as verdadeiras culpadas do mal de que padece a França, mas um alvo sobre o qual se lança toda a culpa, num ritual de purificação e de exclusão. Parisot apresenta, assim, os exilados fiscais como vítimas de uma manobra condenável, que não é imputável unicamente ao primeiro-ministro, e inverte os papéis. Argumento que se encontra em outras bocas: "A agressão verbal de que [Depardieu] foi vítima, por parte do primeiro-ministro, é escandalosa. Ayrault escolheu um bode expiatório" – assim declarou o secretário nacional da UMP, Philippe Chauvin. O segundo argumento traz à tona a consequência (argumento *ad consequentiam*). Esse método não é apenas "insuportável" moralmente, mas deve ser também combatido em razão de suas consequências, porque ele é uma fonte de divisão e não permite "pacificar o país, reduzir os antagonismos", como havia, no entanto, prometido François Hollande. Um terceiro argumento por analogia se sobressai na sequência. A definição de exilados fiscais como cidadãos indignos (neste momento, está-se dizendo: "você, senhor Gérard Depardieu, é indigno de ser francês; você, senhor empresário dirigente, o senhor também o é...") tem, de acordo com Parisot, "ares de guerra civil" e se assemelha a 1789. A dupla analogia retrata a cólera desencadeada contra os ricos e os privilegiados como uma raiva mortífera que dilacera o país. Lembremos que, no *Libération*, a atriz Catherine Deneuve tinha respondido a seu colega Philippe Torreton, que havia criticado violentamente Derpadieu: "O que o senhor teria feito em 1789, meu corpo ainda treme com isso!".

Essas poucas e breves observações vêm salientar que a interação polêmica é muito bem argumentada. Doravante, a questão de seu pertencimento à argumentação se inverteu: não se trata mais de saber se convém colocar a polêmica fora do domínio da argumentação, mas de se perguntar em que medida ela se distingue da deliberação comum. Essa questão se esclarece se adotamos uma concepção modular da argumentação que a define como um *continuum* e que vai da coconstrução das respostas ao choque de teses antagônicas. Trata-se de estruturas de interações globais que se pode qualificar como *modalidades argumentativas*. Nesse sentido, a polêmica como interação fortemente agonística que atravessa os gêneros (panfleto, discurso na Câmara, artigo de opinião...), assim como os tipos de discursos (jornalístico, político...) é uma modalidade argumentativa situada em um dos polos do *continuum*, até o limite extremo de suas possibilidades.

Ainda é necessário precisar o que caracteriza essa estrutura de interação como tal. Quais são os traços que dão à polêmica sua especificidade no interior do campo da argumentação retórica? Tentaremos, nas linhas que seguem, mostrar que eles consistem numa ancoragem conflitual, que se traduz pela dicotomização, pela polarização e pela desqualificação do outro – e, apenas de forma secundária, pela violência verbal e pelo *pathos*.

UM MODO DE GESTÃO DO CONFLITUAL: A DICOTOMIZAÇÃO

Num primeiro momento, a polêmica se distingue do simples debate no que diz respeito ao conflitual. Este nos remete à metáfora militar presente na sua etimologia. O conflito se define, no plano lexicográfico, como "choque, embate que se produz quando [...] forças antagônicas entram em contato e tentam se eliminar mutuamente" (por exemplo: o conflito franco-alemão). Esse choque se manifesta, no plano abstrato, entre forças antagônicas intelectuais, morais etc. (TFL). O dicionário traz como sinônimos "forte oposição", "desacordo grave". Pode-se, portanto, definir a polêmica como *um choque de opiniões antagônicas,* marcando o caráter constitutivo que desempenha nela o conflito. Dominique Garand (1998, p. 216) vê nisso o traço definidor por excelência da polêmica: "O denominador comum dos enunciados polêmicos, em todos os gêneros, não é a violência verbal, mas sim o conflitual. Nem toda situação conflitual ocasiona uma intervenção polêmica [...] mas, com certeza, toda fala polêmica é oriunda do conflitual". Não seria exagero ressaltar a importância desse ponto de vista, que situa o conflito no centro da polêmica. É preciso, ao mesmo tempo, salientar que a formulação "oriunda do conflitual" é interessante. Ela sugere, na verdade, que o conflitual não está apenas dentro da polêmica: ele se situa fora dela e constitui sua fonte. A polêmica seria, então, a manifestação discursiva sob forma de embate, de afrontamento brutal, de opiniões contraditórias que circulam no espaço público. Enquanto interação verbal, ela surge como *um modo particular de gestão do conflito.*

Se há choque de opiniões contraditórias, é porque a oposição dos discursos, na polêmica, é o objeto de uma clara *dicotomização* na qual duas opções antitéticas se excluem mutuamente. Enquanto o debate argumentado se supõe direcionar os participantes para uma possibilidade de solução, a dicotomização "radicaliza o debate, tornando-o difícil – às vezes impossível – de resolver" (Dascal, 2008, p. 27; tradução da autora). Marcelo Dascal insiste no fato de que, nas práticas correntes, trata-se menos de dicotomias lógicas do que da construção de dicotomias a serviço de objetivos argumentativos. De fato, uma dicotomia lógica é "uma operação por meio da qual um conceito

A é divido em dois outros, B e C, que se excluem um ao outro, recobrindo completamente o domínio do conceito original" (2008, p. 28; tradução da autora). Todavia, essa relação de exclusão raramente se apresenta sob sua forma lógica pura. Se tomarmos o exemplo de: direita/esquerda, igualdade/desigualdade, justiça/injustiça, coletivismo/individualismo, pacifista/beligerante, tolerante/intolerante, percebemos logo que essas oposições não são absolutas; elas dependem de contextos socioculturais, de crenças de base, de necessidades argumentativas, de circunstâncias históricas etc. (2008, p. 30). Importa, portanto, numa perspectiva "construtivista e pragmática", ver como as dicotomias são construídas ou desconstruídas num contexto preciso. Dascal também coloca a noção de "dicotomização" como o fato de "radicalizar uma polaridade, acentuando a incompatibilidade entre polos e a inexistência de alternativas intermediárias, e frisando o caráter evidente da dicotomia, assim como do polo que deve recobrir a preferência" (2008, p. 34; tradução da autora). A "desdicotomização" consiste, ao contrário, em mostrar "que a oposição entre os polos pode ser construída de maneira menos coercitiva que uma contradição, autorizando, assim, as alternativas intermediárias e desenvolvendo, na verdade, ou dando exemplo de tais alternativas" (2008, p. 35; tradução da autora). Ela permite, portanto, uma abertura passível de levar a compromissos e a soluções.

Construir as oposições como dicotomias, ou seja, como pares de noções excludentes uma da outra, sem possibilidade de compromisso, consiste em bloquear toda possibilidade de solução e aprisionar as partes em um face a face em que cada uma defende posições inconciliáveis. A confrontação se reveste, então, do sentido que lhe dão Burger, Jacquin e Micheli em *La parole politique en confrontation dans les médias* [*Palavra política em confronto nas mídias*] (2011, p. 13): "a oposição de pelo menos dois pontos de vista sem que, no entanto, os enunciadores que a tomam sob sua responsabilidade se orientem em direção à possibilidade de um acordo". Esse ponto de vista coincide com o que propõe, em um outro enquadre contextual, Dominque Maingueneau (1983), para quem a polêmica necessita de um espaço discursivo com dois polos, ou seja, uma tabela restrita de categorias semânticas, repartidas em pares de oposições. Ele quer mostrar que os discursos em confrontação existem em função do outro e se delimitam mutuamente. Assim, a oposição citada por Dascal – direita/esquerda, igualdade/desigualdade, justiça/injustiça, coletivismo/individualismo, pacifista/beligerante, tolerante/intolerante – dizem respeito, para ele, a "isotopias antagônicas que formam um sistema", cada uma existindo apenas como o inverso da outra. É por isso que, na discussão, cada uma das partes se reapropria do discurso do outro, integrando-o, por inversão, ao seu sistema próprio: "quando se cita o discurso do adversário, é para fazer dele a negação do seu próprio discurso" (Maingueneau, 1983, p. 136). Resulta daí, segundo ele, que "a incompreensão é a própria condição da polêmica" (idem).

É possível notar que, nesse primeiro trabalho, Maingueneau propõe uma semântica da polêmica na qual a noção de interincompreensão é de máxima importância por ser "a tradução dos limites estruturais de dois discursos que se delimitam um ao outro" (1983). A dicotomização estaria, de alguma forma, inscrita no sistema, apesar de que os adversários (jansenistas e jesuítas nos estudos de Maingueneau, esquerda e direita no exemplo tomado emprestado de Dascal...) se constroem opondo-se e não podem, por definição, se entender (em todos os sentidos do termo). Nessa perspectiva, o modo polêmico congela os interlocutores em posições simétricas e insuperáveis. O ponto de vista de uma semântica de inspiração estruturalista nega, *a priori*, toda possibilidade de acordo nessa situação em que a perspectiva pragmática propõe uma noção de desdicotomização passível de relativizar as oposições em vista de uma solução comum. A questão de saber se a polêmica constitui um impasse sem saída e (para retomar o título de Angenot) um intransponível "diálogo de surdos" fica, portanto, em aberto. É preciso examinar *in loco* sem fazer disso um traço definidor da polêmica. Diremos apenas que esta se diferencia das interações argumentativas ordinárias porque ela tende sistematicamente para uma dicotomização que dificulta a busca de acordo entre as partes adversárias.

Em resumo: *a polêmica que trata de questões de interesse público é uma gestão verbal do conflitual, caracterizada por uma tendência à dicotomização, que torna problemática a busca por um acordo.* Nesse estágio, é sua relação com o outro que convém examinar mais de perto – e ainda mais porque a natureza considerada agressiva dessa relação é frequentemente criticada.

A POLARIZAÇÃO OU A DIVISÃO SOCIAL

Na polêmica, uma distinção se impõe entre os actantes e os atores. De fato, o debate que opõe duas posições antagônicas se concretiza de forma evidente por meio dos atores, "indivíduos concretos que sustentam esses discursos" (Plantin, 2003, p. 283). Assim, na polêmica da foto iconoclasta* com a bandeira francesa, diversas personalidades políticas, mas também vários meros desconhecidos, entraram na arena para tomar partido, concretamente, em favor de uma ou outra tese. Situamo-nos aqui só plano da enunciação. Essas vozes concretas são tomadas numa orquestração que acaba por estabelecer dois conjuntos diametralmente opostos: não estamos mais, então, no plano da enunciação, mas no plano da estrutura actancial que envolve um Proponente e um Oponente em face de um Terceiro. Não se trata aqui de pessoas, mas de papéis: defensor da posição proposta, opositor dessa posição, ouvinte-espectador da confrontação. Assim, há uma posição que se opõe fortemente ao ultraje feito contra a bandeira tricolor na foto premiada pela Fnac, e outra que a tolera e a defende. Cada uma delas designa um actante de alguma forma abstrato.

A divisão actancial entre adversários tomados numa relação antitética de tipo conflitual explica que a polêmica instaura uma operação de polarização, a qual se deve distinguir da dicotomização. Esta última exacerba as oposições até torná-las inconciliáveis; ela diz respeito a uma operação abstrata. A primeira realiza reagrupamentos em campos adversos entre os participantes; ela não é de ordem puramente conceitual, mas social. A polarização não apresenta apenas uma divisão em branco/preto, direita/esquerda – ela põe também um "nós" diante de um "eles". "Enquanto fenômeno retórico", escrevem King e Floyd em um artigo agora clássico no estudo dos movimentos sociais (1971), "a polarização pode ser definida como um processo através do qual um público extremamente diversificado se funde em dois ou vários grupos fortemente contrastados e mutuamente excludentes, que partilham uma grande solidariedade relativamente aos valores que o argumentador considera fundamentais" (1971, p. 244; tradução da autora). Em suma, a retórica da polarização

---

* N.T.: *Iconoclasta* está sendo empregado aqui no sentido de "aquele que ataca crenças estabelecidas ou instituições veneradas".

consiste em estabelecer campos inimigos e é, portanto, um fenômeno social, e não uma divisão abstrata em teses antagônicas e inconciliáveis. Trata-se de aderir a um grupo constitutivo de uma identidade ou de apresentar as coisas de modo a que aqueles que se sentem, de início, solidários a um dado grupo mobilizem-se em favor da tese que o reforça.

Ressaltemos que, na polêmica, essa polarização se cria além, e apesar, de numerosas divergências. É um efeito da distinção ente atores e actantes. De fato, os atores que assumem o papel de Proponente ou de Oponente podem se fundar em argumentos diferentes; eles não participam necessariamente do mesmo grupo social e podem mesmo pronunciar-se em nome de ideologias diferentes. Eles não chegam nem a se encontrar, em circunstâncias particulares, do mesmo lado da barreira. Na polêmica sobre a burca que examinaremos mais adiante, as razões que cada um tem para sustentar a proibição do uso do véu integral ou para se opor a ele são de ordens diversas. Aqueles que são contra a lei proibitiva defendem ora um desejo dito legítimo de seguir os preceitos da religião muçulmana; ora a predominância da liberdade individual como fundamento da democracia; ora a luta contra a intolerância e a discriminação, até mesmo contra a islamofobia; ora uma posição que teme a estigmatização e a repressão de populações desfavorecidas. Composto de membros oriundos de categorias sociais diversas e que pertencem a partidos políticos diferentes, o campo do Oponente mantém uma grande variedade de vozes que se fazem ouvir na sua diversidade. As trocas polêmicas não permitem aos participantes que incriminam a outra parte de se juntar na defesa da tolerância. Se a polarização vem algumas vezes sustentar identidades pré-formadas (ela pode estabelecer-se sobre uma divisão direita/esquerda, laicos/religiosos, antidiscriminação/tradicionalista cheios de preconceitos...), ela não segue necessariamente linhas de divisão preexistentes e pode reconfigurar os grupos em torno de bandeiras que clamam ao agrupamento.

É por se fundar numa estrutura actancial, na qual os participantes mais diversos se juntam em dois grupos antagônicos, que a polarização é difícil de solucionar. Em princípio, se consideramos apenas os atores individuais, podemos imaginar que eles sejam capazes de mudar de posição argumentativa. Teríamos, então, um modelo flexível em que as diferenças poderiam ser ajustadas. Entretanto, "em certos contextos de debates, a pessoa só existe em função de seu papel" (Plantin, 2003, p. 386). Nesse sentido, a assimilação da posição defendida à pessoa do debatedor significa um fenômeno identitário cuja importância não deve ser subestimada. De fato, frequentemente, a tese defendida na controvérsia está tão intimamente integrada à visão de mundo do locutor, do seu sistema de valores, do seu pertencimento ao grupo, do seu estatuto social... que ele não pode se afastar dele sem perda de identidade. Como um patriota preocupado com o respeito aos símbolos nacionais pode aceitar os ultrajes à bandeira francesa ou ao hino nacional sem trair o que está diante dos seus próprios olhos? A partir daí, a distância entre o actante (o papel) e o ator (indivíduo que o assume) parece, tanto quanto a possibilidade de uma "desdicotomização", determinar a capacidade de a polêmica resolver o impasse.

A RELAÇÃO COM O OUTRO: A DESQUALIFICAÇÃO DO ADVERSÁRIO

É preciso ver que a polarização não provoca apenas um movimento de reagrupamento por identificação, ela trabalha também para "consolidar a identidade do grupo apresentando pejorativamente os outros" (Orkibi, 2008). Ela supõe a existência de um inimigo comum a tal ponto que à estratégia de afirmação positiva se acrescente uma "estratégia de subversão" que vem depreciar "o *ethos* de grupos, de ideologias e de instituições concorrentes" (King e Floyd, 1971, p. 244; tradução da autora). É por isso que a polarização utiliza, de bom grado, manobras de difamação (o inglês emprega o termo *vilification*). Trata-se de uma estratégia retórica para desacreditar o adversário, definindo-o como um defensor de um ponto de vista caracterizado por sua má-fé *(não autêntico)* e suas más intenções *(mal-intencionado)* (Vanderford, 1989, p. 166; tradução da autora*)*. Não nos impressionamos, portanto, em ver que a exacerbação de oposições (a dicotomização) se concretiza, *in loco*, numa divisão em grupos antagônicos, em que cada um afirma sua identidade social opondo-se e fazendo do outro o símbolo do erro e do mal.

Encontramos aí um dos traços definitórios fundamentais da polêmica verbal. Na disputa que se desenrola face ao terceiro, ela se distingue sempre pelas tentativas de desqualificação do Oponente. "O discurso polêmico", escreve Kerbrat-Orecchioni (1980, p. 12), "é um discurso desqualificador, o que quer dizer que ele ataca um *alvo* [...] e que põe, a serviço dessa visada pragmática dominante – gerar o descrédito do adversário e o discurso que ele presumidamente sustenta –, todo o arsenal de seus procedimentos retóricos e argumentativos". Na mesma ordem de ideias, Oléron observa (1995, p. 21): "A argumentação polêmica visa a um adversário que é preciso rebaixar, diminuir, a ponto de lançá-lo fora da competição". Assim, a polêmica não é apenas um tipo de argumentação que gerencia os conflitos confrontando-os, dicotomizando-os e polarizando-os. O Oponente age nela como um adversário a confundir, até a deslegitimar.

Nessa relação com o outro, todo um leque de abordagens antagônicas se abre. O procedimento mais atenuado consiste em atacar a palavra do outro, tendo ele como alvo apenas por meio dela. O Oponente refuta, assim, as razões do adversário, mostrando que seu discurso é indigno de confiança e não merece que o apoie. A polêmica responde, então, ao discurso adverso, enfraquecendo-lhe os argumentos por todos os meios possíveis, seja pela negação, seja pela reformulação orientada, seja pela ironia, seja pela modificação dos propósitos... Kerbrat-Orecchioni esclarece a esse respeito: "polemizar é tentar falsear (no sentido lógico do termo, mas da mesma forma frequentemente [...] no seu sentido corrente) a palavra do outro" (1980, p. 10). Observemos que, para essa retomada discriminadora ser percebida pelo auditório, é preciso que os traços do dialogismo conflituoso possam ser detectados – seja porque marcas visíveis os salientem no seio do contradiscurso (como o discurso reportado ou a transformação negativa), seja porque esse dialogismo antagônico esteja presente em lacunas das alusões, seja ainda por ele ser chamado a ser reconhecido pelo auditório em função de um saber contextual. A polêmica não pode ser percebida como tal sem que seja recuperado e reconhecido o discurso atacado no texto do atacante.

A desqualificação da tese, geralmente, acompanha a desqualificação da pessoa ou do grupo que ela representa, ainda que a polêmica seja fértil em argumentos *ad hominem*. O adversário é considerado à parte a fim de que seja privado de toda possibilidade de exercer legitimamente, e eficazmente, sua influência. O descrédito lançado sobre as pessoas anula a força de seus argumentos. Os ataques podem ser mais ou menos pronunciados, e a relação com o outro pode variar. Pode-se desqualificar uma tese adversária ao mesmo tempo em que se desqualificam seus defensores, atacando-os apenas pontualmente em razão de sua tomada de posição – por exemplo, rebaixando alguém porque ele é favorável a uma legislação sobre o ultraje à bandeira nacional. Pode-se tentar ter razão sobre um adversário num conflito profundo que ultrapassa a oposição pontual de teses antagônicas (por exemplo, criticando uma direita nacionalista que em qualquer ocasião privilegia os valores patrióticos em detrimento da liberdade de expressão). É, portanto, o próprio ser do Oponente naquilo que é constitutivo de sua identidade social que se vê atacado. Pode-se também considerar o Oponente um inimigo irredutível e tentar reduzi-lo ao silêncio, até mesmo excluí-lo do diálogo. Como a erística de boa memória, a polêmica se reduz, então, a uma pura relação de forças. Ela "nos confronta com essa força incontrolável que estimula a ter razão sobre o outro, a assegurar sua autoridade sobre ele, a submetê-lo, a eliminá-lo, se necessário" (Declerq, 2003, p. 18).

Levando ao extremo, encontramos tentativas de diabolização ou de apresentação do adversário com traços do mal absoluto, as quais comportam uma incitação ao medo, ao mesmo tempo em que ao ódio (Amossy e Koren, 2010). O outro demonizado só pode ser excluído porque é impensável estabelecer um diálogo com Satã em pessoa. Dirigir-se diretamente, assim como dialogar, se torna, então, difícil, e os ataques acontecem, em geral, no seio dos discursos dirigidos à plateia. Sem dúvida, a referência ao diabo não é geralmente tão direta (e espetacular) quanto a do finado presidente da Venezuela, Hugo Chávez, falando às Nações Unidas do ex-presidente George W. Bush:

> E o diabo veio aqui ontem. Ontem o diabo veio aqui. Justo aqui (ele aponta para si mesmo). E ainda cheira a enxofre hoje.
> Ontem, Senhoras e Senhores, desta tribuna, o presidente dos Estados Unidos, o cavalheiro ao qual me refiro como o diabo, veio aqui, falando como se ele possuísse o mundo. Verdade. Como o dono do mundo. (20 de setembro de 2006; tradução da autora)

Quer a metáfora seja ou não mobilizada, a diabolização é uma forma levada ao extremo da polarização, desempenhando, assim como esta, um papel de agrupamento (em torno do Verdadeiro e do Bem) e de divisão (a luta do Bem contra o Mal). Se esse tipo de ataques hiperbólicos frequentemente é objeto de uma reprovação moral – ele desumaniza e chama à exclusão radical da praga –, pode-se também encontrar neles funções sociais que os trabalhos sobre os movimentos sociais puseram em evidência.

UM DEBATE VIRULENTO

A expulsão do adversário para fora do diálogo, em uma condenação à morte simbólica aparece, no entanto, mais como um fantasma animando os debatedores, ou um objetivo destinado a mobilizá-los, do que como uma opção realizável *in loco*. É preciso ver, de fato, que a polêmica é considerada entre dois polos. Há, de um lado, a violência autorizada pela polarização social e pela confrontação de posições dicotômicas de contextos sociodiscursivos, institucionais e culturais: ela autoriza o desenrolar da confrontação no espaço público.

É nessa perspectiva que convém examinar a questão da violência verbal e do *pathos*. Antes de proceder a esse exame, no entanto, duas observações introdutórias se impõem. Em primeiro lugar, violência e regulação devem ser examinadas juntas, na tensão que lhes permite construir o discurso polêmico. Em segundo lugar, e contrariamente ao que permitem pensar as definições extraídas do uso corrente, a violência e a paixão não são os fundamentos da polêmica, a qual se define, antes de tudo, por sua ancoragem no conflito, por sua tendência à dicotomização e à polarização e por seu desejo de desqualificar o outro.

A confrontação dicotomizada de teses antagônicas e a polarização que ela desencadeia supõem sujeitos profundamente implicados no debate. Como, de fato, participar de um debate caloroso, que provoca um choque de posições antagônicas, sem se engajar pessoalmente? Kerbrat-Orecchioni deduz que esse tipo de discurso "partilha [...] com alguns outros a propriedade de ser *muito fortemente marcado enunciativamente*" (1980, p. 25). Em outras palavras, pode-se supor que o locutor inscreve numerosas marcas de subjetividade no seu discurso e que ele toma veementemente uma posição afirmando, negando, utilizando a interrogação, a exclamação etc. Eis um exemplo extraído da resposta de Torreton às diversas personalidades daquele cenário que o atacaram depois de seu artigo virulento contra Depardieu, no jornal *Libération* (17 de dezembro de 2012):

Como cidadão, eu acho isso perturbador, é uma liberdade fundamental dos cidadãos o direito à expressão. De qualquer maneira, é formidável constatar que, nesta França de 2013, há pessoas que contestam essa liberdade de expressão. *De acordo com nossa classe social, com nossa profissão, temos mais ou menos o direito de nos exprimir?* É uma França que eu tenho vontade de combater com unhas e dentes. ("Então, Gérard, está nervoso?". Disponível em: <http://www.bfmtv.com/culture/exil-de-depardieu-philippe-torreton-repond-aux-critiques-343634.html>)

A tomada de posição pessoal no sentido de uma dicotomização (a defesa *vs.* a repressão à liberdade de expressão) é nítida, e ela provoca uma polarização entre dois campos inimigos que precisam de um "combate [...] com unhas e dentes". Essas réplicas, que atacam todos aqueles que negam a Torreton o direito de criticar publicamente Depardieu, oferecem um exemplo flagrante de subjetividade no discurso, tanto porque o locutor se exprime ali na primeira pessoa do singular e do plural, quanto porque ele inscreve, no discurso, marcadores de afetividade ("perturbador", "eu tenho vontade de") e marcadores axiológicos ("é ao menos formidável constatar...", que situa a posição incriminada no eixo do mal). Além disso, a questão retórica imprime ao discurso um movimento de indignação.

A emoção é um resultado da implicação do locutor no seu discurso. O engajamento emocional se faz acompanhar de uma tentativa de tocar o coração dos leitores/espectadores. Torreton não exprime apenas sua indignação diante da proibição que lhe é feita de criticar Depardieu em exílio fiscal, ele tenta também suscitá-la em seu público a partir da própria emoção do público, fazendo sobressair o caráter escandaloso dessa proibição. Fazendo isso, ele se dirige ao coração, mais do que à reflexão, de seu auditório. O caráter passional da polêmica é um dos fatores que fizeram dela, tradicionalmente, o alvo de críticas. Isso foi criticado na polêmica por gerenciar o debate com base nas emoções e não na razão, saindo, assim, do domínio da argumentação fundada no *logos*. A questão da racionalidade do debate e, por conseguinte, da deliberação na esfera pública não deixa de se colocar sob os aspectos mais diversos. Nada de surpreendente nisso – o debate razoável é, frequentemente, como vimos, considerado o ponto nevrálgico da democracia.

Sem dúvida, é necessário sublinhar, de início, que a predominância da paixão não é uma dimensão obrigatória do discurso polêmico, mesmo que ela seja frequente pelas razões evocadas mais acima (exacerbação causada pela dicotomização, referência à desqualificação ligada à polarização em grupos inimigos, forte engajamento pessoal numa questão da atualidade). Uma grande implicação da polêmica pode acontecer sem um recurso marcado pela emoção, quer se trate de afetos expressos pelo locutor, quer se trate de sentimentos que este pretende suscitar no público. O comentário de Brigitte Bardot à AFP [Agência Francesa de Imprensa] sobre os ataques de Torreton invoca, assim, o argumento da celebridade de Depardieu como investimento considerável à sua pátria (subentendido: exílio ou não, não se pode acusá-lo de prejudicar a França). O texto sóbrio do comunicado recorre mais ao axiológico do que ao afetivo, mesmo que a presença de uma injustiça possa apelar para a indignação moralista: "Eu apoio Gerard Depardieu, vítima de uma perseguição extremamente injusta, mesmo que ele seja um amante de tourada, o que não o impede de ser um ator excepcional, que representa a França com uma popularidade e uma celebridade únicas". O papel da emoção na polêmica deve, portanto, ser revisto, e seus efeitos reexaminados. Além do mais, é importante ir além, como convidam a fazê-lo algumas teorias da argumentação, a separação paixão/razão, emoção/reflexão. Nada prova que um discurso polêmico de tipo passional escape automaticamente à racionalidade do debate. A questão merece exame, e voltaremos a ela longamente (capítulo 5).

Por fim, é importante revisitar a questão da violência verbal. Assim como a paixão, esta é frequentemente tratada, no âmbito da *doxa* (a opinião comum das mídias, mas também o "senso comum" do grande público), como o traço definidor por excelência da polêmica. É no tom de agressividade, nas figuras da veemência, na utilização de afrontas de todos os gêneros que se identifica, muitas vezes, a polêmica, percebida nessa perspectiva como uma degradação da troca. Contudo – e é preciso insistir de novo nisso –, nem toda violência verbal (uma troca de insultos entre particulares, por exemplo) é polêmica. Os procedimentos discursivos que criam uma impressão de violência verbal só se tornam polêmica quando são utilizados no contexto de uma confrontação de opiniões contraditórias. É evidentemente frequente o caso, e o artigo em causa de Torreton sobre Depardieu o ilustra eloquentemente:

Mas, Gérard, você pensava que a gente ia aprovar? Você esperava o quê? Uma medalha? Uma menção honrosa atribuída por Bercy? Você pensava que as instituições de caridade tirariam seu abade Pedro, seu Coluche emoldurados para, no lugar, pendurar um retrato seu na parede? O primeiro-ministro julga seu comportamento ridículo, mas você, você o julga como? Heroico? Cívico? Cidadão? Altruísta? Diga-nos, a gente gostaria de saber... (Disponível em: <http://www.liberation.fr/culture/2012/12/17/alors-gerard-t-as-les-boules_868296>)

Se devemos concluir desse exemplo que o estudo das diversas formas da violência verbal e de suas utilizações na polêmica se impõe, nem por isso se conclui que a violência verbal é uma condição *sine qua non* da polêmica. A esse respeito, é muito interessante a análise que faz Nicole Gelas (1980b) da moção de François Mitterrand, então primeiro secretário do Partido Socialista (PS), intitulada "Um grande partido para um grande projeto" (1978). Ela mostra, efetivamente, que esse documento de análise e de propostas, e que não leva, de maneira evidente, a um alvo, é um texto polêmico, apesar de não ser "nem violento nem provocativo, mas, em vez disso, ser dominado por certa nobreza de tom" (Gelas, 1980b, p. 78). Trata-se de um verdadeiro contradiscurso que valoriza as posições do locutor, desvalorizando aquelas para as quais ele assume, sistematicamente, a contraposição, operando uma confrontação implícita por meio da qual ele desqualifica indiretamente aqueles que não aderem ao que ele chama de único e verdadeiro socialismo. O caso em que o alvo do ataque não é em nenhum momento explicitado, inscrevendo-se no intertexto, faz da palavra do orador um contradiscurso poderoso que é bastante polêmico (polêmico até demais, julgaram alguns), sem que a violência verbal nem, aliás, a emoção intervenham. Sem dúvida, trata-se de um caso limite, sobre cuja representatividade não se deve exagerar. Ele sugere, no entanto, fazer da violência verbal um traço opcional, e não definidor, da polêmica.

Isso não quer dizer, entretanto, que uma análise da polêmica possa fazer economia da violência verbal, cujas definições linguísticas permanecem frequentemente vagas e cujas funções ainda estão insuficientemente identificadas. É preciso também debruçar-se sobre os contextos nos quais ela emerge e sobre os limites que eles lhe impõem. Em um número da *Pesquisas em Comunicação*, Galia Yanohsevsky (2003, p. 55) insistia sobre o fato de que esta constituía um discurso herético por suas rupturas e por sua violência e, ao mesmo tempo, "altamente ritualizado, com suas próprias convenções e com suas regras de conduta e de troca". Ele está submetido à regulação de diversos gêneros (o debate televisivo, o fórum de discussão, as cartas abertas e outros tipos de diálogo, mas também o panfleto, o artigo de opinião, a fala de reunião etc.) – e são as possibilidades e coerções desses gêneros que o modelam e lhe impõem os limites. Sem dúvida, o debate eleitoral entre os candidatos à presidência é mais regulado que as trocas livres entre internautas nos fóruns de discussão. Mas, em todos os casos, autorização não é nunca total e a troca de farpas é objeto de uma legislação escrita ou tácita. Essa tensão entre o jogo regrado, a competição codificada e a violência dos ataques verbais é fundamental para o bom funcionamento da polêmica pública. Ela tem, efetivamente, necessidade de lugares institucionais em que ela possa se desenvolver, e que lhe conferem, pelo menos em parte, seu sentido em função de suas finalidades (ajudar na escolha de um presidente, permitir uma discussão cidadã não midiatizada etc.). Porque a polêmica, não se deve confundir, não é uma fala selvagem. Ela toma corpo num espaço democrático que a autoriza e a regula ao mesmo tempo.

É nesse contexto também que importa ressaltar a tensão estabelecida entre a expressão forte do desacordo e a adesão a normas e valores comuns, que torna essa troca possível. "Os dois combatentes", observa Daciana Vlad (2008, p. 72), "dividem a cena de interlocução na qual eles constroem conjuntamente um objeto de discurso e uma relação". Esse seu dizer se apoia em Kerbrat-Orecchioni, para quem polemizar é ainda partilhar – valores, pressupostos, regras de jogo. É preciso que as duas partes estejam de acordo sobre o que constitui um assunto de interesse público, sobre a natureza da disputa que os opõe, sobre a necessidade de debater o tema (o que já supõe, desde logo, valores e hierarquias comuns) e, enfim, sobre as regras da troca. Sem essa base comum, a polêmica não pode emergir nem se desenvolver. A gestão dessas tensões é, evidentemente, delicada e pode variar de um gênero do discurso ao outro, e de uma polêmica à outra. Isso levanta a questão das rupturas de contrato, dos desequilíbrios e dos excessos, cuja natureza e cujas consequências devem, uma vez mais, ser examinadas *in loco*.

A questão das tensões entre regulação e agressividade e a questão da violência constatada pelo Terceiro em diversas cenas pedem uma última observação que diz respeito à espetacularização. Insiste-se bastante, atualmente, no fato de que a troca polêmica se torna um espetáculo oferecido ao auditório. Difundido pelas mídias e dirigido ao público que se espera formar, tal espetáculo comporta um aspecto demonstrativo e, de alguma forma, teatral (Yanoshesky, 2003, p. 57). Nesse sentido, trata-se mais de persuadir o Terceiro, eliminando o Oponente, e não de dialogar com este tentando convencê-lo. É difícil imaginarmos Nicolas Sarkozy, ou François Hollande, Barack Obama e Mitt Romney, num "duelo" televisivo, rendendo-se às razões de seu adversário: o espetáculo da disputa oratória entre posições irreconciliáveis é evidentemente oferecido ao grande público.

Além disso, dar mais destaque às polêmicas é, muitas vezes, atribuído ao desejo de sensacionalismo de uma imprensa que quer audiência. Os jornalistas são, assim, acusados de colocar em evidência episódios banais e de dramatizar oposições cujos anseios estão longe de ser cruciais. O *Dictionnaire du Journalism* [*Dicionário de jornalismo*], de Jacques LeBohec (2010), satiriza no seu verbete "Polêmica": uma "disputa pública que muitos jornalistas adoram propagar e aguçar. Até mesmo criar, porque é espetacular e porque isso gera audiência, sob o risco de simplificar de forma ultrajante os anseios e os problemas". Em que medida, no entanto, as mídias criam, com todas as peças, a polêmica, em visadas de captação que não recuam diante do risco de criar a divisão ou de reforçar as diferenças? A polêmica em torno de Depardieu é uma simples manobra dos jornalistas apostando no interesse que suscita *l'enfant terrible* do cinema francês ou uma iniciativa que pretende apresentar aos leitores/espectadores os termos de um conflito sério de opinião? Não se deveria deduzir do papel estrutural do Terceiro que toda encenação da polêmica se reduz a uma operação de publicidade. A questão, levantada, entre outros, por Amossy e Burger em *Polémiques médiatiques et journalistiques* [*Polêmicas midiáticas e jornalísticas*] (2011), permanece aberta, e nos propomos retornar a ela.

* * *

Esse rápido esboço, que é também um percurso pelos trabalhos já realizados, recolocou o discurso polêmico no campo da argumentação e, por conseguinte, no campo da deliberação democrática. Se aceitamos considerar a argumentação um contínuo no qual o grau de confrontação explicita respostas divergentes, relativas a uma mesma questão que varia em intensidade, a polêmica se situa, manifestamente, numa de suas extremidades. No centro, encontra-se a argumentação como troca regrada de teses antagônicas; em um dos polos, o discurso visando à persuasão que não ataca diretamente a posição contrária, e até que nem apresenta a posição do outro e finge não ter nenhuma visada de influência; e, no outro polo, o choque de teses antagônicas que dizem respeito à polêmica. Nesse sentido, a polêmica não é um gênero do discurso (ela atravessa os tipos e os gêneros de discurso), mas uma modalidade argumentativa, entre outras.

Essa reintegração da polêmica no domínio do qual se tenta, frequentemente, expulsá-la não deixa de levantar uma série de questões ligadas à dicotomização, à polarização, à desqualificação e à virulência, que estão no âmago da definição. Como se combinam, na polêmica, a razão e a paixão, os argumentos e os ataques pessoais, a violência e a regulação? Em que medida a dicotomização e a polarização permitem que os debates polêmicos sejam bem-sucedidos – são eles verdadeiramente um diálogo de surdos? E se eles não chegam a uma resolução das disputas, deve-se considerar que é um fracasso fazer dela a única finalidade de debates democráticos? Não seria mais necessário perguntar-se se eles podem ter outras finalidades e outras funções?

NOTAS

[1] Remeto à bibliografia anotada de ADDARR, disponível em <http://tau.ac.il/~adarr/index.files/bibliographies/discourspolemique.htm> (acesso em 20 jul. 2017). Várias coletâneas em língua francesa foram consagradas à polêmica: como em Gelas e Kerbrat-Orecchioni (eds.), 1980; Foellenbleck (ed.), 1985; Hayward e Garand (eds.), 1998; Declerq, Murat e Dangel (eds.), 2003; Grévisse e Dubied (eds.), 2003; Albert e Nicolas (eds.), 2010; Amossy e Burger (eds.), 2011; Angenot, Coté, Desrosiers e Garand (eds.), 2012. Lembremos também os trabalhos essenciais de Marc Angenot (1982, 2010), Dominique Maingueneau (1983) e Dominique Garand (1989).

[2] Disponível em <http://www.rue89.com/2010/07/25/outrage-au-drapeau-notre-liberte-a-expire-vendredi-a-minuit-159846>, acesso em 04 jul. 2017.

SEGUNDA PARTE
AS MODALIDADES DA POLÊMICA:
o exemplo das mulheres no espaço público

DISCURSO E INTERAÇÃO POLÊMICA:
o uso da burca na França

Após a definição operatória de um fenômeno discursivo tomado em seu conjunto (capítulo 2) e situado em uma problemática global (capítulo 1), uma microanálise cuidadosa da materialidade da linguagem se impõe. Este capítulo explora, então, as modalidades discursivas e argumentativas da polêmica em exercício.[1] Em outros termos, o capítulo seleciona, nessas modalidades, exemplos concretos para explicar seu funcionamento *in loco*. O primeiro ponto da reflexão questiona: o que é a polêmica? O segundo põe a questão: como funciona a polêmica? E, mais particularmente: como ela se manifesta nos discursos que as mídias fazem circular em espaço público e com os quais nos defrontamos diariamente? E o que nos revelam essas manifestações discursivas sobre os objetivos e as questões sociais dos debates polêmicos?

Para responder a essas questões é necessário prestar uma atenção minuciosa ao corpo do texto e ver, nos exemplos específicos, como a dicotomização, a polarização e o descrédito lançado sobre o adversário, eventualmente acompanhados de paixão e de violência, se traduzem em termos de procedimentos verbais e de estratégias argumentativas. Estas últimas são, ao mesmo tempo, singulares – cada polêmica desenvolve as suas próprias – e coletivas – elas são retomadas e moduladas em numerosos debates polêmicos.

A análise concreta deve, todavia, levar em conta também uma distinção formal entre o *discurso polêmico* e a *interação polêmica*, em que eles próprios não devem ser confundidos com a expressão "uma polêmica". Uma polêmica é o conjunto das intervenções antagônicas sobre uma dada questão em um dado momento: a polêmica sobre o caso Bettencourt, ou a proposta de lei para a modificação da idade legal para a aposentadoria. A polêmica se constrói através de todas as interações públicas ou semipúblicas que tratam de uma questão social, e se manifesta na circulação dos discursos. O discurso polêmico e a interação polêmica são as formas que as intervenções constitutivas da polêmica podem assumir. O discurso polêmico é "a produção discursiva de somente uma das partes em presença, mas na qual se inscreve, necessariamente, o discurso do outro" (Kerbrat-Orecchioni, 1980, p. 9). Ele é, por definição, dialógico, no sentido de que dialoga com os discursos antecedentes, aos quais se opõe; mas ele não é dialogal, já que não há interação direta com o adversário. Tal é o caso, por exemplo, de um artigo de jornal que ataca um alvo sem que este retruque, de um discurso de *meeting* que visa a um adversário ausente ou de um panfleto que fazemos circular em espaço público. É necessário distinguir o discurso polêmico da interação polêmica, que é uma interação face a face ou uma interação assíncrona*. Ela implica que dois ou mais adversários se engajem em uma discussão falada ou escrita, em que um tenta levar a melhor sobre o outro. O discurso é aqui inteiramente dialogal. Podemos pensar no debate televisivo, nas cartas abertas, nas interações dentro dos fóruns de discussão na internet... É, repetimos, o conjunto dos discursos e das interações que circulam em um espaço público que constrói a polêmica.

São estes dois dispositivos – o discurso polêmico e a interação polêmica – que vamos explorar aqui, ancorando-os, como deve ser, em um contexto comunicativo. Para fazer isso, escolhemos focalizar as mídias. Elas, certamente, não têm a exclusividade da polêmica: esta se faz ouvir também nas discussões parlamentares, nos debates das reuniões profissionais, nas

---

* N.T.: A autora opõe a interação "face a face" à interação "*en différé*", que estamos entendendo, respectivamente, como uma troca síncrona face a face e uma troca assíncrona.

conversas particulares... Mas é nelas que a polêmica se difunde – até mesmo se elabora – no espaço público. É pelo canal das mídias que os discursos parlamentares são reportados ao conhecimento do grande público; é nesse espaço que as discussões cidadãs podem se dar a ler e a ouvir. Poderemos, desse modo, nos questionar sobre a maneira de pensar de todos aqueles que se engajam em uma controvérsia midiática, mas também sobre a função dos jornalistas e sobre sua responsabilidade no debate público.

O caso concreto selecionado é a polêmica sobre o projeto de lei que visa proibir o uso da burca nos espaços públicos da França (entre junho de 2009 e outubro de 2010). O discurso polêmico é exemplificado por um artigo de opinião publicado em junho de 2009 em um semanário de esquerda: *Marianne*. A interação polêmica é explorada em dois exemplos: uma interação face a face – um debate televisivo que coloca em confronto um político, Jean-François Copé, e uma mulher de véu; e uma interação não síncrona – um ou dois posts tirados de um fórum de discussão que responde ao artigo de Bénédicte Charles, no jornal *Marianne*. Eles devem, evidentemente, estar situados no enquadre contextual global da polêmica sobre a burca. Contudo, a questão da polêmica pública só será considerada em detalhe em outro capítulo (capítulo 5), a partir de um caso concreto, no qual quisemos também focalizar as mulheres da sociedade, de modo a constituir um díptico: a chamada questão da "exclusão das mulheres" do espaço público em Israel.

O CASO DA BURCA

Lembremos, primeiro, em breves palavras, o caso da burca, mesmo que ainda esteja em nossas memórias. O termo *burca* designa um véu integral, de origem afegã, que foi utilizado na França no lugar do termo *niqab*, longo véu preto que esconde inteiramente o corpo e o rosto, livrando apenas os olhos da mulher. A opinião francesa se preocupa em vê-lo ganhar popularidade em alguns bairros, e uma polêmica alimentada se empenha em saber se convém legislar sobre a matéria. Uma proposta de lei que é rigorosamente debatida no espaço público foi votada na Assembleia em 14 de setembro de 2010 e sancionada pelo Senado em 11 de outubro do mesmo ano (Lei 2012-1192). A lei proíbe cobrir o rosto no espaço público, o qual é definido como sendo "constituído de vias públicas, como também de lugares abertos ao público ou habitualmente usados para um serviço público", e estipula que toda pessoa que infringir essa proibição é passível de multa e, eventualmente, obrigada a fazer um curso de cidadania. Além disso, segundo o artigo 225-4-10:

> O fato de uma pessoa impor a uma ou mais outras o cobrimento do rosto por ameaça, violência, constrangimento, abuso de autoridade ou abuso de poder, em razão de seu sexo, deve ser punido com um ano de prisão e com uma multa de 30.000 euros. Quando o fato é cometido em prejuízo de um menor, as penas passam a dois anos de prisão e a 60.000 euros de multa.

Desde 18 de junho de 2009, as mídias se aproveitam do caso lançado por iniciativa de André Gérin, deputado comunista. Tomaremos como exemplo o texto seguinte, publicado no semanário de esquerda *Marianne* (e, depois, os posts que se seguiram a ele):

> Bénédite Charles – *Marianne* – quinta-feira, 18 junho de 2009.
>
> **Cinco anos depois do véu, o debate se agrava: hoje é a burca que vira problema. Trágico.**

> **Captura de imagem:** (http://www.dailymotion.com/Lislamdefrance?hmz=6f77 6e6572696e666f73)
>
> A nota da AFP caiu ontem, pouco depois das 18h30: "Cerca de sessenta deputados, levados pelo deputado do PCF, de Vénissieux (Rhône), André Gérin, propuseram a

criação de uma Comissão Parlamentar de Inquérito sobre o uso, na França, da burca ou do *niqab*, o véu integral usado por algumas mulheres muçulmanas, correndo o risco de relançar uma "guerra do véu". Cinco anos depois da lei sobre o porte do véu na escola, o foco do debate, portanto, não é mais sobre o lenço que esconde os cabelos (e o pescoço, em alguns casos), mas sobre uma vestimenta que recobre integralmente o corpo das mulheres, da cabeça aos dedos dos pés, deixando aparecer apenas as mãos (com luvas) e os olhos (e ainda nem sempre). Como pudemos chegar a isso?
"Um epifenômeno exagerado", dirão as eternas Amélie Poulain dos subúrbios – sociólogos bem-intencionados, associações cegas etc. "Islamofobia", dirão os comunitaristas – a UOIF, além disso, já defendeu seu posicionamento e denuncia "uma nova manobra com o objetivo de encorajar os conchavos", segundo o seu secretário-geral, Fouad Alaoui.
Terão eles razão? Não. O problema existe. Certamente, quando falamos da burca ou do *niqab*, são as imagens das mulheres afegãs ou iranianas que vêm à mente de muitos dos franceses. Mas aqueles que moram nas cidades de Roubaix, de Vénissieux, de Val-de-Reuil, de Nanterre, ou outros lugares, pensam naquelas que chamamos em algumas cidades de "Belphégor",* essas figuras sombrias, fantasmagóricas e impressionantes, cuja simples visão faz o coração saltar dentro do peito. É sim: há lugares na França em que o espetáculo dessas mulheres sem rosto, que se apressam para se esquivar dos olhos dos passantes – exceto quando estão acompanhadas de seus maridos – faz parte do cotidiano. São os bairros onde o uso da burca ou do *niqab* se banaliza. É isso que denunciam André Gérin e os 57 outros parlamentares de todos os lados (comunistas, socialistas, UMP, Novo Centro, não inscritos). "Nós somos hoje confrontados, em alguns bairros de nossas cidades, com o uso da burca por algumas mulheres muçulmanas, ocultando e fechando inteiramente o corpo e a cabeça em verdadeiras prisões ambulantes, ou com o uso do *niqab*, que só deixa aparecer os olhos", escreve o prefeito de Vénissieux, em sua proposta.
Pouco a pouco, eleitos e representantes de associações o seguem de perto, como se tivessem esperado por essa oportunidade para evocar um problema do qual eles tinham conhecimento há muito tempo. Xavier Darcos, perguntado, esta manhã, pelo I-Télé, qualificou a burca como uma forma de "opressão". Valérie Létard, ministro de Estado, em solidariedade, se diz favorável a uma proposta que "tenha por interesse aprofundar melhor a questão, para melhor compreender e agir". Fadela Amara considera que é "uma boa iniciativa" e que "a democracia e a República" devem dar "os meios de barrar a tendência da burca". A secretária nacional do Partido Verde, Cécile Duflot, se diz "profundamente chocada" com a situação. O reitor da Mesquita de Paris, Dalil Boubakeur, "lamentou", no Europe 1, que o uso da burca se expanda na França, sinal evidente, para ele, de uma "radicalização".
O debate não consiste, então, em saber se a burca se expande na França: 24 horas depois da nota da AFP, ninguém ou quase ninguém nega mais isso. A polêmica, de

---

* N.T.: Um dos sete príncipes que governam o Inferno.

agora em diante, diz respeito à necessidade, ou não, de proibir essa "vestimenta" degradante. Cinco anos depois da lei sobre o véu na escola, eis onde nós estamos: determinar se o uso da burca afegã ou do *niqab* iraniano advém ou não da simples liberdade individual. Finalmente, a laicidade está talvez perdendo definitivamente o jogo.

O DISCURSO POLÊMICO

A estrutura actancial e o jogo das dicotomias

O termo "polêmica" é utilizado uma única vez, aproximadamente no final do texto. Já "debate", posto em evidência no título, tem direito a três ocorrências. Menos conotado que o termo "polêmica", ele parece mais apropriado a uma iniciativa que solicita que se delibere entre as instâncias mais altas do Estado. "Polêmica" não assume menos o sentido de "debate" em função de um deslizamento que parece se abster de uma justificativa, de modo que encontramos uma perfeita equivalência entre as duas palavras: "O debate não consiste, então, em saber se a burca se expande na França [...]. A polêmica, de agora em diante, diz respeito à necessidade, ou não, de proibir essa 'vestimenta' degradante". O que justifica, nesse artigo, o recurso ao termo "polêmica", e o que descobrimos sobre como o discurso jornalístico gera o debate?

O confronto de opiniões contraditórias entre um Proponente e um Oponente está no centro do artigo, em que a oposição das teses se realiza em vários níveis. No âmbito dos fatos: para o Proponente, a burca "se banaliza"; para o Oponente, ela é um "epifenômeno". No âmbito da evolução dos fatos: o Proponente considera que o uso da burca constitui um problema; o Oponente acha que é "um sensacionalismo". Enfim, no âmbito das conclusões: o Proponente quer lançar medidas legislativas para proibir a burca; é óbvio que o Oponente recusa categoricamente essa iniciativa. O texto jornalístico constrói isso fazendo a dicotomização de posições que apresentam a disputa como profunda e a resolução do conflito de opinião como pouco provável. Os fatos são as próprias premissas da argumentação; e, sem acordo sobre as premissas, a estratégia de persuasão está fadada ao fracasso. E, mais importante ainda, os debatedores divergem radicalmente em sua avaliação da burca: ela constitui ou não um problema social para a

República Francesa? Alguns tomam esta posição: "como se tivessem esperado por essa oportunidade para evocar um problema do qual eles tinham conhecimento há muito tempo", ao passo que outros veem nisso apenas uma "manobra" sem fundamento. São posições dicotomizadas que impedem qualquer acordo sobre as medidas a tomar: legislar ou não sobre a burca.

Notemos que essas oposições são construídas pela jornalista que escreve um dia após a proposta dos deputados, antes mesmo que as vozes adversas tivessem tido tempo de se fazer ouvir plenamente. Ela apresenta os contra-argumentos do Oponente sob a forma de previsão, usando verbos declarativos no futuro: "dirão as eternas Amélie Poulain", "dirão os comunitaristas"... Podemos, então, nos perguntar se se trata de um texto relatando uma polêmica que se desenvolve em outro lugar, ou se o texto a lança, ou mesmo se ele próprio participa dela. Qual é o estatuto da autora? Ela é mais uma polemista[2] dentre outras ou ela faz apenas o papel de diretor de palco?

O plano da enunciação e a responsabilidade jornalística

No dispositivo característico da escritura de imprensa em geral, e do artigo de opinião em particular, o que predomina é o plano de enunciação no qual se exprimem concretamente os atores da confrontação. De fato, a escritura jornalística da polêmica se baseia num discurso encaixado. No discurso de base, uma jornalista (na ocorrência, quem assina o artigo é Bénédicte Charles) se dirige aos leitores (aqui, aqueles do semanário *Marianne*, uma revista de esquerda de nome simbólico, com uma tiragem em torno de 300 mil exemplares, muito presa aos princípios republicanos, à laicidade, à autonomia da imprensa, e hostil ao neoliberalismo). Ela lhes relata os propósitos dos atores da polêmica, alternando os papéis actanciais entre aqueles que compartilham do discurso (como André Gérin, Xavier Darcos e outros que encarnam o Proponente *vs.* os sociólogos, Fouad Alaoui etc., que representam o Oponente). Em outros termos, o discurso de base é aquele em que a jornalista realiza a encenação de uma confrontação verbal conforme a intenção de seus locutores; ela constrói um diálogo. O discurso encaixado ou inserido é aquele em que se faz ouvir a fala dos polemistas pelas palavras da jornalista. Nos termos de Ducrot (1980), pode-se dizer que se trata de uma estrutura polifônica em que o locutor faz ouvir, através de sua própria fala, a de diversos enunciadores, como um narrador, em uma narrativa, faz falarem seus personagens.

O locutor (o jornalista) não assume, necessariamente, a responsabilidade do que dizem os enunciadores (os polemistas). Frequentemente, ele cuida, ao contrário, de se distanciar. A maneira pela qual o locutor assume a fala de cada um dos dois campos determina o papel do jornalista na polêmica. Essa *assunção de responsabilidade*[*] depende de seu grau de implicação, que é, em parte, tributária do contrato de comunicação inerente ao gênero. No artigo de informação, que aspira ao "grau zero de envolvimento", existe um papel de "intermediário", "ligado ao dever de representação dos acontecimentos para o público por meio da imprensa" (Yanoshevsky, 2003, p. 60). O jornalista opera, então, "como um autor que coleta e reporta o ponto de vista dos outros, relacionando os discursos à sua fonte"; isso significa que, "narrando a controvérsia como um acontecimento pragmático", ele "constrói um diálogo entre os interlocutores que ele nomeia e aos quais ele dá voz" (Cramer, 2011, p. 72, 75; tradução da autora). Em gêneros como o artigo de opinião ou o editorial, ele pode se fazer porta-voz quando pende para um dos adversários e se engaja em um dos dois campos. Neste caso concreto, o jornalista é parte envolvida na polêmica que ele relata. Ele se coloca tanto como um jornalista quanto como um polemista; tanto como um diretor quanto como um ator.

A polêmica como evento midiático

Compete, primeiramente, à jornalista de *Marianne* construir o evento, dando a ele sua própria credibilidade. Ela o faz citando uma nota da Agência Francesa de Imprensa (AFP), que deveria oferecer uma informação precisa e imparcial, a qual, por sua vez, relata a fala dos deputados em uma citação entre aspas e em itálico. Para essas marcas de heterogeneidade discursiva, a autora distingue claramente sua fala da fala da AFP e da fala dos deputados que põem em causa o véu integral, indicando que se mantém em sua missão

---

[*] N.T.: "*Prise en charge*", nesta obra, será traduzido como "assunção de responsabilidade".

de informação. O texto informativo não se satisfaz, contudo, com a transmissão de um saber: ele dramatiza a declaração, transformando-a em um acontecimento importante. Também Bénédicte Charles faz um comentário com valor de ameaça: "arriscando-se a relançar 'uma guerra do véu'". Não se trata apenas da iniciativa dos deputados, mas também do desencadeamento de uma polêmica pública.

O caráter dramático do acontecimento não deriva apenas do clichê da guerra à origem do termo *polêmica*. Ele provém também da seleção do termo que introduz a citação: "A nota da AFP caiu ontem, pouco depois das 18h30". A metáfora "caiu" é impressionante, porque ela designa uma coisa que desmorona inopinadamente e espetacularmente, como o raio. A insistência sobre a hora, detalhe em si mesmo irrelevante, parece também designar o surgimento de um acontecimento: se o momento exato é mencionado, é que alguma coisa de notável aconteceu. Sem dúvida, a imprensa continua fazendo disso uma de suas missões: produzir um "furo jornalístico". Ao mesmo tempo, o artigo apresenta a solicitação lançada pelos deputados como o início de uma polêmica pública, ela própria alçada à categoria de evento importante, até mesmo ameaçador. Notemos que, se "correndo o risco de" assinalar um perigo, a avaliação que a AFP e Bénédicte Charles dão a isso não é muito clara: trata-se de designar um ato com desagradáveis consequências ou de uma tentativa corajosa, finalizada apesar dos riscos?

O que quer que seja, desde o início do texto, o artigo constrói a polêmica como um confronto entre um assunto da atualidade e um assunto de interesse público. Esse interesse está implícito na referência ao caso do chador*, que permanece em todas as memórias e serve aqui de intertexto. A polêmica passada, que aparece em detalhe, serve de modelo para a polêmica seguinte. Em 2009, todos os leitores ainda têm em mente a controvérsia que surgiu em outubro de 1989, logo depois da suspensão de três alunas muçulmanas que haviam se recusado a remover seus véus em uma escola de Creil, seguida de um incidente similar em 1990, nos arredores do norte de Paris, e outras vezes entre 1993 e 2003. Os argumentos desenvolvidos durante esses anos

---

* N.T.: *Chador* ou *xador* é uma vestimenta tradicional das mulheres do Irã que cobre o corpo da cabeça aos pés, exceto os olhos.

a favor ou contra a autorização do uso do véu nas escolas públicas opunham a defesa dos valores laicos e o princípio da liberdade individual. Em 2004, tinha sido votada uma lei proibindo os signos religiosos ostensivos nas escolas públicas, primeiramente, na Assembleia Nacional, depois no Senado – levando à Lei n. 2004-2008, de 15 de março de 2004 (*Diário Oficial* de 17 de março de 2004). O novo caso da burca é apresentado como ainda mais dramático porque "relança" um conflito que a legislação se mostra impotente para resolver. O reaparecimento de um mesmo problema testemunha o seu enraizamento na sociedade francesa. Trata-se, portanto, de um caso de interesse público que diz respeito a verdadeiros problemas sociais.

Ao mesmo tempo, vemos como o artigo constrói discursivamente o interesse público pelo novo caso da burca. O próprio fato de apresentar como uma iniciativa crucial e de reverberar uma proposta de lei sobre o porte do véu integral usado (segundo o Serviço do Departamento de Informação Geral (SDIG), ligado ao Ministério do Interior) por 367 mulheres do território francês (um outro dado estima esse número em 2000) não é inocente. E muito menos inocente é o fato de essa valorização contradizer a posição do Oponente sobre o que eles chamam de um "epifenômeno", sobre o qual parece desnecessário discutir e ainda mais legislar. Nas discussões que se seguem no espaço público, muitos serão aqueles que argumentarão que o problema é secundário e que serve para fazer esquecer as verdadeiras questões da sociedade, das quais o governo deveria se ocupar mais. Denunciam-se as manobras políticas que visam ocupar-se da burca para desviar a atenção dos problemas reais e se desobrigar de ter o cuidado necessário com isso. A questão de saber se há um acontecimento, e matéria para debate, é assim, ela própria, controversa. Sem dúvida, a jornalista declara a disputa; porém, ela a divide quando escolhe levar o caso ao conhecimento do leitor, dramatizando-o.

A polarização na escritura de imprensa

A escritura de imprensa também encena a polarização, a saber, a divisão em dois grupos antagonistas, que cria a polêmica na sociedade francesa. A polêmica se realiza a partir da reunião dos atores em torno de posições contrárias. Na polêmica verbal, a polarização não é uma realidade *in loco* que o texto se contenta em focalizar; ela é construída pela maneira como o artigo organiza o reagrupamento dos atores em dois campos. Esse reagrupamento se revela no diálogo que a jornalista constrói relatando as declarações das duas partes. No entanto, a locutora relata as declarações fragmentadas e isoladas, que se reagrupam em posições antitéticas sem que por isso se verifique um verdadeiro diálogo. Podemos ver que ela cita ou resume as afirmações de uns e de outros em parágrafos separados, que tornam sensível o fosso que se cava entre os debatedores. Se os objetivos relatados não se estruturam em uma interação verdadeira, é porque, no texto, nenhum dos enunciadores responde realmente aos argumentos do outro. Há, de um lado, a citação de comentários que fazem eco a Gérin, apresentados um depois do outro; de outro lado, num parágrafo separado, os de críticas, que recusam os fatos ou preferem reenquadrar o problema em termos de islamofobia. Nesse diálogo impossível, desenha-se a imagem de dois grupos separados e solidificados em uma atitude de hostilidade mútua.

É numa base ideológica, que reúne, de um lado, os defensores dos valores republicanos e, de outro lado, todos os outros, que a polarização se efetiva no texto. Não se trata, realmente, de grupos sociais, de classes ou de esferas, nem mesmo de partidos. Para além das clivagens tradicionais, amplia-se uma divisão que estabelece os dois lados da barricada de indivíduos de origens diferentes, mas que compartilham a mesma visão da França e de seu futuro. Assim, Gérin, o prefeito comunista, que assinou com os deputados de todos os lados, está do lado do ministro do partido de direita União para um Movimento Popular (UMP), Xavier Darcos, ou da representante do partido dos Verdes, Cécile Duflot. As vozes dos muçulmanos franceses moderados – Fadela Amara e o reitor da mesquita de Paris, Dalil Boubakeur – fazem eco com as vozes dos não muçulmanos, e as das mulheres juntando-se às dos homens. O realce é claramente colocado (como no documento iniciado por Gérin) sobre a reunião de forças diversas com tendências políticas variadas, para além das diferenças de religião e de sexo. O grande número de nomes próprios citados nesses movimentos e a notoriedade das personalidades selecionadas tornam muito presente a força da crítica contra a burca. Isso dá a impressão de um protesto massivo que exprime uma inquietude coletiva, de modo que a grande diversidade de atores só faz acentuar uma comunhão de ponto de vista e de ação.

Isso não acontece do mesmo jeito na categoria de Oponente, o qual é designado por grupos heterogêneos brevemente mencionados, com um só nome próprio, Fouad Alaoui, secretário geral da UOIF (União das Organizações Islâmicas da França). A coerência dos princípios que unem os adversários da proibição da burca não é valorizada: os sociólogos, os movimentos dos associativos, os representantes de comunidades e a UOIF mobilizam, cada um, argumentos de outra ordem. O "epifenômeno" insiste sobre o caráter completamente secundário do uso do véu e na recusa em ver nisso uma infração à dignidade da mulher e à liberdade individual; o "sensacionalismo" acusa o Proponente de má vontade; a "islamofobia" e "uma nova manobra feita para encorajar os conchavos" transformam o problema da burca em uma questão de preconceito e de discriminação. Essas expressões nomeiam todos aqueles que reenquadram a questão do véu integral em problema de hostilidade contra os muçulmanos, bloqueando, dessa forma, a discussão. A denúncia de um ataque contra o islamismo substitui, efetivamente, um cenário de vítimas face aos perseguidores de má-fé por um cenário de argumentadores livres e iguais. Em suma, a jornalista não organiza o discurso reportado dos atores que encarnam o Oponente de maneira a esclarecer aquilo que os liga e os reúne em um bloco coerente de argumentos. Contrariamente ao Proponente, o foco do Oponente à proibição do véu integral aparece, portanto, como um agrupamento heterogêneo, fundado em princípios cuja homogeneidade não é valorizada. A polarização efetivada pelo artigo constrói, assim, de um modo orientado e parcial, os reagrupamentos de base ideológica que caracterizam a polêmica em torno do véu integral.

Notemos que a jornalista participa ativamente da confrontação polêmica por suas declarações diretas: ela é tanto atriz quanto diretora. De fato, é no seu próprio discurso que ela desacredita o Oponente. Ela não apenas subestima as propostas dele como as reduz ao mínimo: um breve parágrafo de 51 palavras, enquadrado em dois blocos massivos, que exprimem o posicionamento contrário. Ela não dá as citações reais, mas as substitui por enunciados fabricados que representam sua previsão de contra-argumentos futuros. Sem dúvida, essa manobra se explica, como já dissemos, pelo fato de que, nessa data, a polêmica ainda era embrionária. No entanto, a possibilidade de previsão acompanhada do termo "eternas" mostra bem que os adversários usam de argumentos vulgares – aqueles que eles levantavam já na discussão do chador, aqueles que eles repetem incessantemente no espaço público. A exatidão da previsão é, aliás, confirmada por uma citação real que vai ao mesmo sentido, com a ajuda do conector "além disso": "a UOIF, além disso, já defendeu seu pronunciamento e denuncia...".

Assim como sua credibilidade, a autoridade do discurso do Oponente diminui. O argumento de autoridade que introduz a referência a personalidades respeitadas só age, realmente, em favor de uma das partes. Nenhum nome individual ou coletivo de peso é citado a propósito de sociólogos ou de movimentos associativos, e menos ainda de "representantes de comunidades" – noção em si pejorativa, que desafia o princípio republicano do universalismo. Fora a referência a Fouad Aloui, só achamos o nome de uma heroína de ficção à qual são associados os defensores anônimos do uso da burca. Trata-se de Amélie Poulain (do filme de grande sucesso *O fabuloso destino de Amélie Poulain*), uma jovem mulher ingênua que tenta transformar e melhorar a vida das pessoas em torno dela. Por esse viés, os cientistas e os movimentos associativos são equiparados a sonhadores inocentes que imaginam poder mudar a realidade com a ajuda de boas intenções e de quimeras. Os termos axiológicos, que os oprimem, sublinham essa orientação argumentativa. Os sociólogos são "bem-intencionados": o qualificativo irônico designa os conformistas que pensam em função de um sistema *politicamente correto*, em vez de exercerem seu julgamento. Do mesmo modo, as associações antirracistas que defendem o uso do véu, em nome da luta contra a discriminação e o racismo, são qualificadas de "cegas". É a incapacidade de ver e de pensar a realidade circundante que é denunciada.

A jornalista como polemista

Nas 609 palavras que a jornalista concedeu, que representam assim a maior parte, ela se reserva o privilégio não somente de atacar e desacreditar o adversário, mas também de resolver ("Terão eles razão? Não. O problema existe"), de mostrar as provas (o testemunho de alguém intermediado por aqueles que vivem nas cidades) e de apresentar argumentos. Os argumentos contra o véu integral são, então, tomados em uma orquestração de vozes que constrói um bloco argumentativo geral. Num primeiro momento, Bénédicte Charles retoma, em suas próprias palavras, a citação da AFP que abre o texto. Sua apresentação hiperbólica descreve um corpo feminino totalmente protegido do olhar, com a ajuda de expressões irônicas, como o clichê "da cabeça aos dedos dos pés" (mais do que da cabeça aos pés) e de parênteses críticos: "só deixando aparecer as mãos (com luvas) e os olhos (e ainda nem sempre)". O enunciado que marca a radicalidade dessa dissimulação do corpo feminino é retomado posteriormente, em uma citação do texto dos deputados: "a burca, ocultando e fechando inteiramente o corpo e a cabeça em verdadeiras prisões ambulantes, ou com o uso do *niqab*, que só deixa aparecer os olhos". Junta-se o rumor das cidades, que apelidam as mulheres vestidas com a burca de "Belphegor" (um fantasma que, em um seriado, assombrava o museu do Louvre), com uma explicação dada pela jornalista: "essas figuras sombrias, fantasmagóricas e impressionantes, cuja simples visão faz o coração saltar dentro do peito". A condenação apresenta argumentos análogos: o da privação da liberdade, que faz dessas mulheres prisioneiras; o da morte em vida, que as reduz ao estado de fantasma. Dessa forma, viola o direito das pessoas, que não são mais inteiramente sujeitos e não participam plenamente do mundo dos vivos (a sociedade humana) – argumento retomado por Xavier Darcos, que qualificou a burca como "forma de opressão".

A evocação analógica une o afetivo ao axiológico: ela sugere, com o coração que salta dentro do peito, emoções de piedade e de terror. E, realmente, o *pathos* não está ausente do texto. Particularmente, o artigo invoca o argumento pelo medo. A evocação de duas retomadas do Afeganistão e do Irã, e a insistência no fato de que os costumes desses países islâmicos estão se tornando prática corrente na França devido a uma "radicalização do Islã" (evocada pelo próprio reitor da Mesquita de Paris) fazem pesar a ameaça de uma transformação da República francesa laica em um país obscurantista regido pela charia*. A lenta degradação da situação é sublinhada pela passagem, em apenas cinco anos, do chador à burca, que é o motivo de um grito de alerta impregnado de emoção: "Como pudemos chegar a isso?".

Os argumentos pelo medo e pela ameaça fortalecem a incitação à ação – no caso, a criação de uma comissão e a promulgação de uma lei. A proposta dos deputados é reforçada, ao fim do artigo, pelas declarações de Valérie Létard,

---

* N.T.: Lei canônica do Islã, baseada no Corão.

secretária de Estado para a Solidariedade, que se diz favorável, porque ela tem por interesse "aprofundar melhor a questão para melhor compreender e agir", e pela declaração de Fadela Amara, que, saudando essa "boa iniciativa", declara que "a democracia e a República" devem dar "os meios de barrar a tendência da burca". Todavia, o artigo não para por aí: ele é reenquadrado pelo grito de alarme e de fúria da jornalista, que se insurge contra o fato de a própria possibilidade de autorizar os costumes emprestados dos países mais obscurantistas ser debatida na República francesa como uma questão de liberdade individual: "eis onde nós estamos: determinar se o uso da burca afegã ou do *niqab* iraniano advém ou não da simples liberdade individual. Finalmente, a laicidade está talvez perdendo definitivamente o jogo". A discussão se fecha com um argumento pelo absurdo, que pulveriza o discurso do adversário, e também com um último argumento pelo medo: o perigo em que incorreu a laicidade, pedra de toque da República, defendida por *Marianne*. Em última instância, o artigo é polêmico pela própria existência de uma polêmica que não tem razão de ser. Nós não debatemos o que é óbvio, dizia Aristóteles. O debate real testemunha eloquentemente a perda das evidências que estão na base da sociedade francesa.

Podemos ver, assim, como o artigo de opinião encena uma polêmica que ele transforma em evento dramático e em assunto de interesse público; como ele constrói um diálogo agonístico a partir de discursos que circulam no espaço público e como, ao mesmo tempo, a jornalista participa do debate. Selecionando enunciados dispersos; ordenando-os em torno de um eixo de oposição clara que ela dicotomiza, agrupando os enunciadores, cuja fala ela reporta, em torno de polos de identidades contrários, Bénédicte Charles configura o confronto à intenção dos leitores. Ao mesmo tempo, ela constrói, na orquestração de discursos reportados, um diálogo no qual inscreve sua própria voz. Ao mesmo tempo diretor e ator, ela mobiliza todos os procedimentos discursivos e argumentativos que permitem tomar posição no discurso e argumentar diretamente ao leitor – embora se trate, principalmente, de persuadir aqueles que pensam igual, porque *Marianne* investe em um público fiel aos valores da laicidade, a quem pouco importa associar-se à nova causa. Tal é o privilégio do discurso monogerido: o polemista é o mestre de cerimônia. Ele ordena, dispõe e dá sentido em um espaço onde o adversário não tem lugar para se manifestar diretamente.

A INTERAÇÃO POLÊMICA

O debate televisivo

O debate televisivo não se passa do mesmo jeito que a interação polêmica; naquele os debatedores respondem-se mutuamente e são obrigados a reagir, às vezes calorosamente, às declarações do outro. Esse foi o caso do debate televisivo que, no sábado de 9 de janeiro de 2011, com a participação de Roland Dumas e do animador Michel Cymes, opôs Jean-François Copé a Dalila, uma jovem francesa muçulmana vestida com o véu integral. O programa de Thierry Ardisson, no Canal+, *Salut les Terriens*, foi visto por mais de 1,3 milhão de espectadores. É evidente que seu lado sensacionalista não estava ali à toa: não é comum ver uma mulher enrolada em uma burca, de quem só percebemos os olhos, se confrontar com o presidente do partido UMP, que na Assembleia defende arduamente a promulgação de uma lei proibindo o uso véu integral. Ardisson tomou o cuidado de apresentar primeiro a jovem mulher, estudante de Direito de 22 anos, que mora com sua mãe, que tem pai argelino, o qual não a reconheceu, e de deixá-la contar seu percurso – uma maneira de individualizá-la atrás do seu véu. Jean-François Copé não deixa de se apoiar numa interação face a face para salientar a dificuldade de comunicar-se com uma interlocutora cujo rosto ele não vê – argumento que está no centro de sua tomada de posição contra a burca:

> Copé: Minha dificuldade com você é que é extremamente difícil discutir se eu não posso falar de igual para igual com alguém cujo rosto eu não posso ver.
> Dalila: Eu entendo...
> Copé: Eu fico muito mal...
> Dalila: Eu entendo.
> Copé: ...em falar com você, eu não a vejo.
> Dalila: É normal, é normal.
> Copé: Mas é muito difícil.
> Dalila: Se você...
> Copé: Porque a sociedade moderna, a sociedade organizada, a sociedade do respeito passa pelo fato de um encontro face a face.
> Dalila: Não necessariamente.
> Copé: Mas realmente você pode perceber a dificuldade que eu tenho em falar com você.
> Dalila: Se você vê meu rosto...

Copé: Paremos de mentir um para o outro. É essa a dificuldade.
Dalila: Eu vejo seu rosto, você pode escondê-lo, você fala, você tem uma voz...
Copé: Isso não existe porque o respeito da pessoa começa também por sua identidade.

O comentário pessoal de Copé sobre sua conversa face a face com Dalila vem concretizar, por um fato ocorrido ali mesmo, o argumento que sustenta seu raciocínio, e que ele quer explicitar: a regra da República é o "viver-junto"; "para que possamos viver juntos é necessário que conheçamos a identidade do outro"; quando temos "o rosto inteiramente coberto", "não há mais identidade" (portanto, o véu integral é contrário às regras da República e à sua ética do viver-junto). Copé transpõe o princípio abstrato para o plano pessoal, referindo-se à sua dificuldade em comunicar-se com a jovem mulher de burca: "Mas realmente você pode perceber a dificuldade que eu tenho em falar com você". As palavras "dificuldade" e "difícil" são enfatizadas em sua intervenção. Mais que uma ilustração do silogismo racional, a situação no palco do programa é utilizada como um argumento visual que joga com o *pathos*. A visão de uma interlocutora de quem só se veem os olhos, comunicando-se com o mundo exterior através de uma cortina de tecido que esconde seu corpo, seus traços e as expressões de seu rosto, cria um choque para o espectador francês e desestabiliza todas as suas expectativas de diálogo entre dois indivíduos que se propõem a trocar pontos de vista.

Nessa conversa face a face, o político faz ouvir sua voz de modo firme e autoritário, deixando poucas possibilidades à sua interlocutora de se fazer ouvir. As réplicas lacunares da jovem mulher, interrompidas e sobrepostas por Copé, mostram que ela precisa lutar para conseguir seu turno de fala. A noção de discussão de igual para igual, afirmada pelo deputado, toma, portanto, no palco, uma significação diferente daquela que ele lhe dá. Ele realmente coloca essa noção como condição prévia automática para um debate cidadão, em que as boas razões devem trazê-la à tona. A situação concreta aponta, ao contrário, uma desigualdade de condição e de estatuto social, que põe um homem maduro diante de uma mulher muito jovem; um político experiente e reconhecido diante de uma estudante; um parlamentar que tem a oportunidade de fazer votar uma lei diante de uma cidadã convocada a submeter-se a ela. Sem dúvida, Copé está ciente do que faz: ele usa de um modalizador que permite sugerir: "discutir de igual para igual, *se assim posso dizer*". Ele mantém, porém, a ideia de uma discussão entre cidadãos iguais, que está no centro de sua crença republicana. Ao sugerir que há uma interação, o programa, ao contrário, reforça a relação de poder, aquela que está subentendida na relação entre aquele que quer proibir o uso do véu integral e aquela que quer usá-lo. Essa relação de poder esclarece, assim, um argumento frequente no debate sobre a burca: a imposição de uma regra a uma população marginalizada, que assim só seria mais enfraquecida (o debate termina, além disso, com a defesa de Dalila, explicando que, se a burca é proibida no espaço público, ela não poderá mais sair de sua casa – apesar de ela ter uma mãe com deficiência e de querer continuar os estudos universitários). O que revela o diálogo verbal contrabalança, assim, o argumento visual que o programa mostra em favor das posições de Copé. No espetáculo do debate, os argumentos que constroem indiretamente o visual e o auditivo se opõem, revelando ao público os dois lados do caso que divide o país.

A relação de força que o diálogo televisivo ressalta levanta a questão de saber em que medida é possível polemizar em uma situação de desigualdade na qual a autoridade de um pode facilmente esmagar o outro. Alegamos frequentemente que a polêmica se desenvolve em um enquadramento contextual no qual as hierarquias e as relações de poder não inibem a liberdade dos participantes. Mas, mesmo se a desigualdade é aqui flagrante e se exprime no tom adotado pelo ministro e pela jovem mulher, o debate televisivo não impõe sua própria regra geral: seu objetivo é precisamente possibilitar a discussão, pedindo às duas partes para se confrontarem publicamente. Ele dá, assim, voz àqueles que são geralmente reduzidos ao silêncio e permite a este não somente falar, mas também apresentar seu ponto de vista e combater seu adversário.

Nesse enquadramento contextual, a jovem muçulmana pode refutar publicamente os argumentos de seu interlocutor, ainda que seja um homem político de peso. Ela o faz depois de uma série de concessões que marcam não somente sua posição de fraqueza, mas também sua abertura ao sentimento do outro. As expressões "Eu entendo" e "É normal" atestam sua tomada de consciência da dificuldade sentida por Copé, como também pelos franceses que convivem regularmente com ela em Dijon (e sobre quem ela já falou com Ardisson), ao interagir com uma mulher completamente escondida. Essas concessões são, porém, seguidas de uma negação: "Não necessariamente", a reboque da declaração do carrasco do véu integral: "Porque a sociedade moderna, a sociedade organizada, a sociedade do respeito passa pelo fato de um encontro face a face". Dalila contesta o caráter absoluto do princípio afirmado por seu interlocutor antes de seguir com o argumento que vem contrariar o papel central conferido ao rosto no viver-junto republicano. Trata-se da função da voz na interação social e da sua capacidade de individualizar os participantes: "Eu vejo seu rosto, você pode escondê-lo, você o esconde, você fala, você tem uma voz". A voz, tal como o rosto, é portadora de identidade. O argumento é concretizado, porque é relacionado ao próprio Copé: sua voz o personaliza e permite reconhecê-lo, ela é um dos canais pelos quais se exprime sua singularidade.

O contra-argumento é ainda mais forte porque é proferido por uma subalterna, uma mulher de burca, cuja dificuldade de se impor no diálogo e cujas concessões não davam a crer tal capacidade de refutação. Atrás do véu integral aparece a personalidade da estudante de direito e da mulher reflexiva e corajosa. Além do mais, ela contra-ataca sem agressividade alguma e sem o descrédito lançado sobre o outro, com um argumento inteiramente racional. Seu oponente faz, ao contrário, desacreditar sua interlocutora, acusando-a indiretamente de perturbar "a sociedade do respeito" e de se colocar à margem da "sociedade moderna" que organiza as relações humanas. Note-se que Copé refuta o argumento de sua interlocutora ("Isso não existe") sem verdadeiramente responder a ela: ele se contenta em retomar o princípio que havia dito anteriormente, sem levar em conta a objeção à identidade dada pela voz – repetindo: "Porque o respeito da pessoa começa também por sua identidade". Essa surdez o coloca em uma posição vulnerável na perspectiva das regras da discussão crítica em que cada um tem que responder aos argumentos do outro.

É interessante notar, além disso, que a polêmica sobre a identidade se desenvolve na base de um mal-entendido em relação à própria noção de identidade. Dalila explicou, na primeira parte da transmissão, que sua irmã gêmea e ela foram aceitas na religião muçulmana (que era do pai argelino, o qual tinha se recusado a aceitá-las). Em outras palavras, o porte do véu é, para ela, parte da construção da identidade que ela escolheu e que considera sua. Copé não leva em conta essa dimensão identitária – uma dimensão ligada a uma identidade religiosa e/ou comunitária em que determinados indivíduos se escolhem e se encontram. Ele não recupera nem discute o fato de que a identidade é aqui concedida pelo véu tanto aos olhos de quem o usa quanto aos olhos de quem o vê. Essa concepção, do ponto de vista do representante de comunidade, é evidenciada em benefício de uma noção mais formal e legalista da identidade, como se pode ver nos traços do rosto (aquela que é institucionalizada pela carteira de identidade e pelos documentos oficiais[3]). Essa mudança na interpretação da identidade, do respeito que lhe é dado e da interação que ela autoriza não é conceituada por nenhum dos dois debatedores, e faz parte das premissas implícitas do debate. Se isso é encoberto pela argumentação explícita, sob a forma de afirmação da tese (o rosto como base de identidade nas interações sociais) e sob a forma de sua refutação (a voz como fundamento da identidade nas interações sociais), ela não está menos subentendida na troca de pontos de vista opostos, marcando sua ruptura.

Diálogo e polílogo* nos fóruns de discussão

Passemos, agora, à interação polêmica não síncrona, para a qual o fórum de discussão que seguiu o artigo de Bénédicte Charles, em *Marianne*, dará uma ideia. O primeiro exemplo selecionado é uma intervenção espontânea por parte de um cidadão rude. Ela permite que se consideremos uma forma de polêmica popular, que hoje encontra seu lugar na internet, na discussão cotidiana entre as pessoas:

> Pela liberdade de expressão e o direito das mulheres de se vestirem como elas o desejo.** Os homens de jelaba na rua, deles não se diz nada!!!! [*sic*].***

---

*   N.T. Não encontramos registro do verbete "polílogo" em dicionários de língua portuguesa; à falta de um vocábulo equivalente em português, optamos por este, que nos pareceu a forma mais aproximada do original *polylogue*. Em francês, *polylogue* significa um diálogo no qual estão envolvidos vários locutores reais ou virtuais (a exemplo do fórum de discussão na internet).

** N.T.: No original, há uma inadequação, segundo a autora de ordem ortográfica e gramatical, que poderia corresponder ou à forma verbal incorretamente grafada ou à troca do verbo pelo substantivo lexicalmente correspondente (*désir*). Como não há uma tradução equivalente em português, tentamos reconstruir essa inadequação (importante para a análise posterior) considerando que "desejo" (substantivo) estaria sendo usado em lugar de "desejem", "desejam" ou "desejarem".

*** N.T.: No original: "*Pour la liberté d'expression et le droit aux femmes de se vêtir comme elles le désir. Les hommes en djelaba dans la rue ont leurs dit rien!!!!*".

Há mesmo uma interação polêmica na medida em que se trata de uma reação direta, sob forma de refutação, à condenação da burca expressa por Bénédicte Charles. Sustentada por um enunciado redigido em um estilo incorreto e rudimentar, a refutação é composta por três elementos justapostos: um apelo a uma forma de *slogan*, uma justificativa e um *hiperlink*.

O que toca à leitura do post é, primeiro, o recurso à veemência, até mesmo à violência verbal. Elas são ligadas ao caráter de ato que assume o enunciado através da forma sintática: "Por X" – a fórmula indica uma tomada de posição em uma situação em que é preciso fazer uma escolha (a favor/contra). A pressuposição é, portanto, que o Oponente (a jornalista de *Marianne*, hostil à burca) é contra a liberdade de expressão. Essa fórmula se dá como um apelo à mobilização. Nesse enquadre contextual, não se trata de dar razões, mas de defender uma causa atacada e de brandir uma fórmula que é recusada como *slogan*. Os leitores – e os outros internautas – são interpelados: eles são chamados a se unir em torno de uma bandeira. Em suma, o enunciado é um ato assertivo de reivindicação e um ato implícito de protesto. A natureza da ação do enunciado é fortemente salientada por um link que é dado no final do post para um abaixo-assinado contra uma lei dita islamofóbica. Trata-se mesmo de fazer da fala uma arma capaz de reunir todos os leitores numa mesma ação cidadã, que se opõe radicalmente à ação para a qual Bénédicte Charles e os deputados incitam (trabalhar para impedir legalmente a burca).

A veemência da afirmação não deve esconder o fato de que ela tem uma estrutura lógica e de que se dá como uma refutação da defesa incondicional da laicidade. É, primeiro, o grande princípio desrespeitado, ao qual devem aderir todos os leitores, apresentado como um contra-argumento à proibição do véu integral: a liberdade de expressão. O contra-argumento é seguido da concretização desse princípio – a liberdade do indivíduo de se vestir como quer. Ligando com "e" as construções "pela liberdade de expressão" e "o direito das mulheres de se vestir como elas o desejam", o post pressupõe que os dois elementos estão intimamente ligados – é um "e" que estabelece uma equivalência entre os dois segmentos. Nessa perspectiva, o uso da burca é apresentado como uma vestimenta inofensiva que deriva de uma escolha pessoal. Se nos referirmos ao que é dito sobre a burca como marca de pertença religiosa, o post defende (implicitamente) a liberdade de afirmar suas convicções e sua identidade confessionais no espaço público ("na rua"). Enfim, a liberdade de expressão supõe a possibilidade de uma escolha segundo o coração, reforçada pela seleção do termo "desejo". Ele marca a livre vontade das mulheres de adotarem a burca, remetendo também, em suas conotações, ao "desejo" (também enfatizado pelo erro ortográfico): "o direito das mulheres de se vestirem como elas o desejo". A inversão da noção de "desejo" é aqui flagrante: o post vai de encontro ao que diz o Proponente, a saber, que essa roupa é imposta às mulheres e que as priva de sua autonomia e da livre relação com seu corpo. O contra-argumento é ignorado, e não deve, portanto, receber refutação. A fala feita em nome de um grande princípio e o ato de apelo autorizam e cobrem a ausência de uma contra-argumentação explícita e sistemática, jogando com os efeitos de evidência.

O locutor inscreve sua emoção no discurso pela sintaxe elíptica, pela mão em punho, mas também pela multiplicação dos pontos de exclamação do segundo enunciado: "Os homens de jelaba na rua, deles não se diz nada!!!!". Eles não representam uma simples explosão emocional, eles manifestam uma revolta e um sentimento moral de indignação frente a uma injustiça da qual o locutor quer fazer o público participar. O efeito de *pathos* vem aqui sustentar o raciocínio. Ele se alia ao que Perelman nomeia de regra de justiça: o que é válido para X, também é válido para Y, quando há igualdade entre as duas partes. O estilo adotado indica que não se trata de uma violação inofensiva da regra de justiça, mas de uma transgressão vergonhosa e revoltante.

O pressuposto da postagem é, portanto, que o homem e a mulher são iguais, e que o que vale para um vale automaticamente para o outro. A recusa às mulheres de usar uma roupa originada de sua cultura seria uma infração não somente à regra de justiça, mas também ao direito das mulheres à liberdade e à igualdade. O internauta projeta um *ethos* de defensor dos direitos da mulher. Ele afirma reinvestir a posição do Proponente, expulsando o outro da sua pretensão de exprimir, de forma exclusiva, os princípios da igualdade dos sexos e do direito da mulher de dispor de si mesma, princípios feministas e republicanos que se fortalecem na defesa da jornalista de *Marianne*. Vemos, na interação polêmica, como cada parte reivindica uma mesma posição a partir de valores comuns e se engaja numa luta pelo reconhecimento do auditório.

Notemos que a pseudonímia da norma no post desempenha aqui um papel importante, pois não se sabe se o internauta é um homem ou uma mulher. "Alier", que não significa nada em francês, é unissex. O post se dá como uma mensagem de alcance universal, que não faz diferença entre os dois sexos, ou mesmo que neutraliza o impacto da pertença ao *gênero*. Ele fica deliberadamente no plano dos princípios que qualquer pessoa deve aceitar e reconhecer. A neutralidade de um *ethos* de cidadão de princípios que se recusa a deixar-se categorizar em termos de *gênero* é, contudo, perturbada pelo nível de linguagem particularmente baixo do internauta, que o coloca imediatamente na categoria de pessoas incultas. Os erros grosseiros de gramática e de ortografia mostram, ainda, um indivíduo sem instrução, que não domina o bom uso da língua. A mensagem digital faz ouvir uma voz popular, que não se incomoda com raciocínios bem desenvolvidos.

É interessante ver, portanto, que o internauta explora uma característica importante do gênero, a possibilidade dos links e dos hipertextos: ele acrescenta, no final do post, um link para o abaixo-assinado "contra uma nova lei islamofóbica". Sem dúvida, a inserção do link para o abaixo-assinado reforça o valor do discurso como ato. Por outro lado, o texto do abaixo-assinado contrasta violentamente com o post, pois ele oferece uma argumentação elaborada, apoiando, assim, o post curto e conciso em um raciocínio ancorado firmemente em razões claramente explicadas. Fazendo isso, ele desloca o argumento de Alier, apresentando a proposta de lei como um ataque contra os muçulmanos e como uma marca de islamofobia – o que o post não faz. O internauta faz, assim, o leitor passar da defesa das liberdades da mulher à defesa dos muçulmanos da França; do feminismo ao antirracismo. Porém, há mais: a petição, que começa por "Nós, cidadãos da República francesa, professores, eleitos, intelectuais, chefes de estado, membros da sociedade civil de todas as crenças", insiste não somente na união dos cidadãos, mas também na intervenção de estudiosos e de pessoas dotadas de uma bagagem intelectual e de prestígio social. O internauta, já o dissemos, utiliza uma linguagem muito simples, cheia de erros. Esse *ethos*, involuntariamente, mas sem dúvida conscientemente, projetado de um homem ou de uma mulher inculta e sem educação é, assim, compensado pela figura do signatário que constrói o abaixo-assinado como hipertexto.

Portanto, a imagem de Alier pode produzir um duplo efeito. A ignorância daquele ou daquela que defende os grandes princípios de liberdade e de igualdade pode voltar-se contra ele/ela: em que seria ele/ela autorizado(a) a julgar uma polêmica pública? Mas esta imagem de ignorância pode também projetar o *ethos* de uma pessoa simples, que faz ouvir um grito do coração e que fala aos outros a linguagem coloquial, da rua – uma linguagem quase infantil: "Os homens de jelaba na rua, deles não se diz nada" refere-se às discriminações das crianças quando elas se sentem vítimas de uma injustiça: "Deles, você não diz nada!".

Sem dúvida, o post se situa fora das normas reconhecidas da controvérsia regrada e parece, à primeira vista, um grito do coração que não é baseado na razão. Ele se inscreve, todavia, em uma interação em que a argumentação, por não ser formulada de modo explícito e sistemático, não deixa de existir. Ela encontra, sob uma forma rude e lacunar, aquilo que se encontra em discursos mais elaborados, como o de Raphaël Liogier (2009, pp. 155-6):

> Eu acredito, ao contrário, que a República se coloca, ela mesma, em perigo, lutando contra medos, fantasmas, preconceitos que, em um tipo de confusão midiaticamente mantida, a levam a questionar seus próprios princípios, entre eles a liberdade de cada cidadão de se vestir como bem entende. Um cidadão, por definição, é um indivíduo de quem se reconhece a capacidade de expressar sua vontade e de ser responsável por seus atos. Essas mulheres são cidadãs e têm consequentemente o direito de usar o que elas querem sobre seu rosto, seus pés, suas pernas.
>
> Se nós fazemos o esforço de encontrá-las, de discutir com elas (o que é o mínimo quando se é pesquisador), nós não podemos ficar no clichê de mulher dominada por seu pai, ou por seu esposo, reduzida à afonia, prisioneira em sua própria família, porque não se trata do caso dessas jovens francesas, mas efetivamente de uma escolha claramente reivindicada.

Vemos o quanto o discurso polêmico varia do post ao artigo científico, mas também vemos que certas formas rudes de polêmica, cuja estrutura lógica permanece subjacente, não são, por isso, destituídas de racionalidade. Voltaremos a isso no capítulo 5.

A polêmica como polílogo

Esse post se situa no espaço de um fórum de discussão, em que o argumento da liberdade individual é modulado. Assim, temos: "Postado por Hassan Cehef, em 18/06/2009, 18h48, CADA UM É LIVRE NA DEMOCRACIA PARA SE VESTIR COMO QUER, NÃO?", ou ainda:

> Postado por Maryam, em 19/06/2009, às 22:20, a laicidade é aceitar o outro como ele é e não como se quer que ele seja. Se uma mulher deseja vestir o seu véu, que ela vista!!! isso concerne a ela e somente a ela. É a mesma coisa para os góticos, para as freiras e para outros!!!"
> Postado por Todos os hipócritas em 18/06/2009, 20:52:
> Esse debate é de uma grande hipocrisia. Não se deixe enganar: a burca me faz tremer. Mas o que me faz mais medo é que meu país fala nessas leis da maneira como eu posso ou devo me vestir. Um pouco mais e impõe-se uma farda a todos. É a direção que você quer seguir??

O argumento é também atacado por numerosos detratores da burca. Pode-se ler assim uma réplica direta à Alier:

> 847. Postado por Bobbo em 10/07/2009, às 00:55
> Quando eu leio isso: Os homens de jelaba na rua, deles não se diz nada!!!!
> Os tipos com jelaba, nós os amaldiçoamos no momento em que seu rosto está visível.
> A burca é, primeiro, um problema jurídico: nossa legislação proíbe esconder sua identidade. Você é limitado ou o quê?
> A moral, nesta história, quem se importa com ela, depois de tudo. Se tem idiotas que se deixam levar, é problema deles, precisa parar de pensar no lugar das pessoas. Que se respeite nossa legislação e que não venham nos desafiar com os símbolos daqueles que declararam guerra a nossas democracias, é tudo o que pedimos.
> Que elas usem a burca, mas o rosto descoberto e que elas parem de se queixar!!!

Essa réplica, redigida em estilo agressivo e vulgar, refuta o argumento da liberdade de expressão, opondo-lhe o princípio de uma lei que proíbe esconder a identidade (o argumento desenvolvido por Copé, que o internauta, por sua vez, não justifica e, efetivamente, o fundamento da lei de 10 de outubro de 2011, que trata da interdição não da burca, mas "da dissimulação do rosto no espaço público"). Todavia, na democracia, a liberdade individual para ali onde começa a lei, e cada um tem de respeitá-la. É, portanto, uma hierarquização dos princípios republicanos que está no coração da reputação.[4] Além disso, o internauta refuta o argumento de seu adversário, denunciando a imprecisão da analogia que fundamenta em parte sua demonstração: existe uma diferença entre a burca e a jelaba, que reside precisamente em sua relação com a identidade, pois a segunda não esconde o rosto. Enfim, a burca como dissimulação da identidade e como violação da lei é também tomada como símbolo "daqueles que declararam guerra à democracia" – um argumento que coloca o véu integral do lado dos inimigos do mundo ocidental e desacredita o adversário.

Vemos que os princípios da liberdade individual, do autoritarismo que ameaça a democracia, da regra de justiça que castiga a intolerância contra alguns e a tolerância das práticas de outros se repetem e se confirmam mutuamente. Assim, criam-se argumentos que alguns *blogs* se contentam em resumir (a favor da burca: liberdade de vestimenta, respeito às religiões, vontade de respeitar sua fé e de se proteger, os cristãos fizeram o mesmo; contra: respeito à mulher, laicidade, segurança, integração a nossa cultura, a burca não está no Corão, os estudiosos do islamismo moderado estimam que é preciso retirá-lo do Ocidente, provocar racismo) (disponível em: <http://www.polemistes.com/pour-ou-contre/l-interdiction-de-la-burqa>). Trata-se do conjunto de argumentos que defendem uma mesma causa contra o adversário, e que são apresentados sob uma forma esquemática e abstrata que pode se concretizar em múltiplas formulações. Esses blocos de argumentos se enunciam de diferentes formas, provenientes de fontes variadas e se exprimem em diferentes plataformas. Assim, em uma transmissão televisiva de quarta-feira, 24 de março de 2010, o presidente Nicolas Sarkozy desenvolve uma argumentação explícita e clara:

> Por muito tempo, nós suportamos os ataques à laicidade, à igualdade do homem e da mulher, às discriminações. Não é mais suportável. O véu integral é contrário à dignidade da mulher. A resposta é a proibição do véu. O governo apresentará um projeto de lei de proibição conforme os princípios gerais do nosso direito.

Discursos sobre a burca acontecem também na Assembleia Nacional, em que a ministra da Justiça Michèle Alliot-Marie defende a ideia de um projeto de lei (6 de julho de 2010): "A democracia, dizemos isso claramente e dizemos em todos os lugares, se vê de rosto descoberto", acrescentando que nós temos "por herança a liberdade, a democracia, a República". Um relatório que estuda os prós e os contras da lei, levando em conta seus aspectos jurídicos, é criado e apresentado à Assembleia Nacional em 23 de junho de 2010. A televisão apresenta debates ao vivo sobre o assunto, como o que opôs em um "face a face" Alain Minc e Tariq Ramadan;[5] os jornais e os semanários publicam, ao lado dos artigos de opinião, cartas abertas, como a de Élisabeth Badinter, muito comentada, no *Nouvel Obs*, a de Fanny Truchelut, condenada a uma multa por ter pedido a mulheres com burca que a retirassem nas partes comuns de seu hotel,[6] ou a de Philippe Bescond Garrec em resposta à de "Marie-Georges Buffet, que defende as mulheres que usam burca" (artigo 147 no Riposte laico, 31 de maio de 2010). A essas interações, acrescentam-se não somente os fóruns on-line que acompanham os artigos jornalísticos, mas também as listas de discussão criadas especialmente nessa ocasião. Em 11 de setembro de 2009, o Mrap66´s Weblog convida os internautas para um debate on-line sobre o uso da burca e sobre a polêmica que o cerca.[7] O "Projeto de lei contra a burca", de 17 de janeiro de 2010, que sintetiza os argumentos prós e contras para abrir um debate informativo, é um fórum lançado por um desconhecido.[8]

O reenquadramento da polêmica em um problema de islamofobia (denunciado por Bénédicte Charles) lança um debate que ultrapassa a questão do véu, o qual seria apenas o signo visível de um conflito mais profundo. É por isso que a estigmatização do islamismo é abundantemente tratada. Não são somente os grupos muçulmanos, mas também as associações contra o racismo, ou as associações feministas, que denunciam a exploração dos princípios do direito da mulher para oprimir o islamismo. Assim, no "577 Deputados e 367 Burcas: onde está o problema?", o "Coletivo das Feministas pela Igualdade" estigmatiza uma lei "liberticida" e conclama a fazer pararem as "campanhas grotescas que levam o nome das mulheres, mas que objetivam apenas penalizá-las": o argumento feminista é posto, segundo esse manifesto, a serviço "de uma campanha de estigmatização extremamente violenta contra os muçulmanos".[9] SOS Racismo se insurge contra uma medida que se inscreve "no contexto de estigmatização [dos muçulmanos] cujos responsáveis políticos são os responsáveis em todos os aspectos". O Mrap vai mais longe e relaciona essa estigmatização ao passado colonial da França: "O racismo, as violências e as desigualdades cívicas e sociais da época colonial perduram até hoje – favorecidas pelos não ditos e pelas recusas de memória – sob forma de discriminação em todos os domínios da vida".[10]

Observemos que esses argumentos são todos fundamentados em valores republicanos, postos em oposição ou hierarquizados diferentemente: ninguém fala em nome do fundamentalismo, ou da antidemocracia, ou da desigualdade das mulheres na sociedade, ou mesmo do comunitarismo como preferível ao interesse geral. Isso quer dizer que não há aqui rupturas cognitivas no sentido como entendia Angenot, ou, pelo menos, quer dizer que as opiniões que não respeitam os princípios da República não têm direito de ser citadas e não podem ser expressas legitimamente em espaço público. A dicotomização não é menos forte, nem o confronto violento.

Sem fazer o apanhado dos diferentes argumentos que se opõem na questão do uso da burca, nós nos contentaremos em assinalar que uma polêmica pública se nutre de discursos e de interações que circulam em espaço público e cuja propagação cria argumentos: conjuntos de argumentos mais ou menos articulados que se dividem em discurso e contradiscurso. É a lógica da polêmica e sua capacidade de construir um espaço público ao lado ou no lugar da deliberação racional que examinará o capítulo centrado sobre a disputa conhecida como "a exclusão das mulheres".

* * *

A dicotomização das oposições, a polarização e o descrédito lançado sobre o outro se estabelecem sobre uma série de operações linguageiras que mobilizam um vasto leque de procedimentos retóricos. Como modalidade argumentativa, a polêmica é, antes de tudo, uma arte da refutação. Ela combate, de maneira radical e sem compromisso, as teses adversas, retomando, reformulando, às vezes deformando, os argumentos mais ou menos estáveis que circulam no espaço público. A indexação a um interdiscurso da atualidade e a modulação dessa fala comum constituem uma característica importante da polêmica pública.

Para bem levar a cabo a tarefa de refutação, o discurso e a interação polêmicos não hesitam em usar não somente contra-argumentos, mas também modos de escárnio (ironia, demonstração pelo absurdo), recursos que se apoiam no bom senso (utilização de elementos da *doxa* que marcam uma característica irracional do outro), argumentos *ad hominem* (ataque à tese por meio da pessoa que a defende), marcas de *pathos* (ímpeto de indignação, cólera...). Pela refutação, a polêmica desempenha também a confrontação para destacar duas opções contraditórias, em que uma é fortemente desvalorizada em benefício da outra. Por isso, retoricamente, ela aparece como uma arte da antítese e da hipérbole. Ela manipula as oposições, exacerba-as, apresenta-as de maneira aumentada, deleitando-se no exagero. Discursivamente, podemos observar, nesse enquadre contextual, traços recorrentes: uma inscrição marcada de subjetividade na linguagem, um vocabulário fortemente axiológico, uma seleção estratégica de termos de denominação, o emprego de vocábulos depreciativos, uma manipulação tendenciosa do discurso relatado, afirmações enfáticas... Essa lista não é de forma alguma exaustiva e menciona apenas os aspectos mais flagrantes das modalidades segundo as quais a dicotomização, a polarização e o descrédito lançado sobre o outro são discursivizados. Nesse contexto comum, cada discurso e cada interação polêmica têm a liberdade de escolher suas próprias variantes e de inventar suas estratégias.

Se cada intervenção polêmica é singular, ela não depende menos do quadro genérico que a modela e a cerceia. O artigo jornalístico, o debate televisivo e o fórum de discussão não dispõem das mesmas formas polêmicas, mesmo que os três façam parte da mídia contemporânea. O dispositivo do artigo de opinião apresenta uma estrutura encaixada que permite seu bom funcionamento: o discurso reportado dos participantes é formatado pelo jornalista que constrói um diálogo contraditório. Enquanto o artigo de informação parece um simples relato, que exclui as marcas de subjetividade do locutor, o artigo de opinião acrescenta, ao contrário, a voz do jornalista ao coro dos polemistas e não esconde sua tendenciosidade na manipulação do discurso reportado de uns e de outros. Mas, principalmente, as modalidades linguageiras da polêmica variam segundo o que se trataria de um discurso monogerido, no qual o polemista é o único capitão a bordo, ou de uma troca entre dois ou vários debatedores em que cada um deve se ajustar em função das reações do outro.

Nessa grande variedade de formas, as funções da polêmica se mostram diversificadas. Sem dúvida, ela não deixa de persuadir; mas é sempre o Terceiro que é levado a aderir ao ponto de vista, e não o adversário. No caso mais frequente, o polemista trabalha de maneira a persuadir aqueles que pensam como ele – uma missão que, contrariamente àquilo em que se poderia acreditar, não é em vão, pois, em uma disputa no tocante às questões da sociedade, é preciso sempre reforçar o grupo daqueles que estão em um mesmo campo, impedir que eles não caiam na indiferença e que isso ative sua hostilidade contra a posição combatida e o grupo que a sustenta. Além dessas questões de persuasão, o discurso e a interação polêmicos cumprem outras funções importantes. Eles denunciam, protestam, chamam à ação e, mais geralmente, mantêm, sob o modo do *dissenso,* a comunicação em espaço público entre facções cujas visões são, às vezes, tão distantes umas das outras, que qualquer contato parece se tornar impossível. É principalmente sobre essas funções que nos questionaremos nos capítulos seguintes.

NOTAS

[1] Este capítulo, assim como o que se segue a ele, explora exemplos concretos de polêmica, mobilizando noções e instrumentos extraídos da linguística da enunciação, da análise do discurso e de teorias da argumentação sobre as quais não insistiremos mais nas páginas seguintes, para não sobrecarregar a proposta. Inúmeras referências podem ser encontradas em Amossy, 2010 [2000].

[2] Mantive o termo "polemista", em vez de "polemizador", que Plantin propõe para as polêmicas contemporâneas: segundo ele, "as novas polêmicas não são mais assumidas pelos '*polemistas*', no sentido de 'pessoa(s) que pratica(m), que ama(m) a polêmica" (*Petit Robert*), mas pelos *polemizadores*, que poderíamos definir como locutores comuns desafiados por uma questão vital para eles, em uma relação linguageira cheia de violência e de emoção, que o observador jornalista poderia nomear como '*polêmica*'. Toda ideia de 'disputador' profissional, tendo uma competência polêmica politemática, desaparece [...]. A ligação é rompida com os panfleteiros e com os praguejadores" (2003, p. 390). Qualquer que seja o interesse dessa observação, parece-me preferível ficar com o termo consagrado, cuja significação será esclarecida pela análise do *corpus*.

[3] Notamos, sem surpresa, que a posição de Copé é a que prevaleceu na decisão legislativa, como o mostra o relatório de Jean-Paul Garraud na Assembleia Nacional:
Admite-se geralmente em nossa sociedade que não se pode ocultar de maneira permanente o rosto no espaço público. O rosto é o portador da identidade e, portanto, da singularidade da pessoa. É por meio dele que pode surgir o diálogo. Ocultar é, portanto, se excluir do pacto social que torna possível a vida em comum [...]. Trata-se de proteger os fundamentos do viver-junto e **da ordem pública imaterial ou social, entendida como uma base mínima de exigências recíprocas e de garantias essenciais da vida em sociedade**. Essa ordem pública garante o equilíbrio sutil que existe entre nossos valores fundamentais, que são a liberdade, a igualdade, a fraternidade e a dignidade da pessoa humana.

[4] Hierarquização que encontramos no relatório parlamentar que estipula que "Se alguns pretendem, por decisão consciente, fruto de uma vontade livremente consentida, continuar a esconder de maneira permanente seu rosto no espaço público, eles deverão efetivamente ficar em suas casas, da mesma forma que as pessoas que desejarem circular totalmente nus nos espaços públicos não poderiam fazê-lo. A lei restringirá, na margem, sua liberdade de vestir-se, em nome do viver-junto".

[5] Disponível em <http://www.last-video.com/alain-minc-vs-tariq-ramadan-debat-a-propos-de-la-burqa>, acesso em 04 jul. 2017.

[6] Disponível em <http://www.laicite-republique.or/voile-lettre-ouverte-de-fanny.html>, acesso em 04 jul. 2017.

[7] Disponível em <http://www.mrap66.wordpress.com/2009/09/11port-de-la-burka-le-mrap-66-vous-invite-au-debat/>, acesso em 04 jul. 2017.

[8] Disponível em <https://www.surlatoile.com/discussion/177178/Projet-loi-burqa>, acesso em 04 jul. 2017.

[9] Disponível em <http://lmsi.net/577-deputes-et-367-burqas-ou-est>, acesso em 04 jul. 2017.

[10] Disponível em <http://mrap.fr/contre-le-racisme-sous-toutes-ses-formes/linterdiction-veneresse-et-sterile-de-la-burqa-fera-porter-a-la-societe-francaise-une-lourde-responsabilite>, acesso em 04 jul. 2017.

A POLÊMICA NO ESPAÇO PÚBLICO:
"a exclusão das mulheres" em Israel

É na circulação dos discursos que se constrói a polêmica como conjunto de confrontos verbais sobre uma questão social. Discursos monogeridos e duelos verbais são conduzidos no fluxo dos enunciados que se entrecruzam e se entrechocam para tratar de um assunto controverso. A fala de um político difundida pelas mídias pode suscitar um artigo de opinião antagônico, por sua vez discutido em blogs ou debatido em um fórum de discussão, ao mesmo tempo em que é comentado em diversos programas de televisão. Nessa expansão, os discursos não se estruturam necessariamente em interações simétricas nas quais cada intervenção reage à anterior. Eles circulam de forma paralela; só se confrontam indiretamente ou se cruzam ocasionalmente. No entanto, ao gravitar simultaneamente no espaço público, todos contribuem para a construção de uma polêmica sobre determinado assunto de interesse público.

O essencial aqui é sublinhar que a polêmica pública não se constrói sob o modelo do diálogo clássico – constatação a partir da qual conviră extrair todas as consequências no que diz respeito aos critérios de sucesso e às eventuais funções sociais da polêmica. Sejamos precisos. No plano dos discursos que circulam no espaço público (o plano da enunciação no qual é permitido ouvir os atores), encontra-se uma disseminação incessante e até um pouco anárquica da fala polêmica. É necessária a intervenção de uma reconstrução *a posteriori* para que esses discursos múltiplos e diversificados se dividam claramente em posições antagônicas em que se confrontem os contra e os a favor. Atinge-se, assim, o plano actancial em que só pode acontecer um diálogo virtual entre duas entidades abstratas – um Proponente e um Oponente. É aí que tomam forma e se solidificam, ou até se cristalizam, os blocos de argumentos. Trata-se, como pôde ser visto no caso da burca, de argumentos recorrentes, mais ou menos articulados entre si, que constituem um arsenal do qual se valem todos aqueles que defendem uma mesma causa. Esses blocos de argumentos configuram e resumem uma oposição estrutural.

O fato de o dispositivo da polêmica pública não corresponder ao diálogo traz consequências. Ainda mais pelo fato de se ter o hábito de medir qualquer sucesso comunicacional a partir de um ideal de diálogo, ou seja, de considerar um fracasso a incapacidade de se chegar a um acordo com o outro através de uma troca razoável. O que seria, na verdade, quando o diálogo se transforma em uma enorme quantidade de polílogos e quando a interação regulada se transforma em uma circulação incessante, e às vezes um tanto errante, de discursos no espaço público? Parece, então, pouco apropriado ver na persuasão mútua e na discussão ética os critérios do sucesso. É a partir da polifonia – da multiplicidade de vozes que intervêm sobre uma questão controversa – e da circulação dos discursos – do entrecruzamento de discursos no espaço público – que se faz necessário perguntar sobre as funções sociais e comunicacionais da polêmica pública.

A POLÊMICA PÚBLICA SOBRE "A EXCLUSÃO DAS MULHERES"

Para explorar essa questão, refletiremos sobre uma polêmica midiática relacionada – como no caso da burca – ao estatuto das mulheres nas sociedades democráticas. Trata-se de um dos episódios da discussão referida como a "exclusão das mulheres" fora do espaço público, que agita os espíritos em Israel. Eis aqui os dados principais. Em Israel, uma jovem mulher chamada

Tanya Rosenblit subiu, na sexta-feira, dia 16 de dezembro de 2011, em um ônibus da linha 451, indo de Ashdod a Jerusalem, utilizado exclusivamente pelos ultraortodoxos, denominados em hebraico de *haredim* ("aqueles que temem a Deus"). Apesar de ser um ônibus de transporte público, o costume é separar, nele, os dois sexos: as mulheres sentam-se na parte de trás do ônibus para que os homens não possam olhar para elas. Tanya instalou-se na parte da frente do ônibus e se recusou a mudar de lugar quando os passageiros lhe solicitaram que o fizesse. Seguiu-se a isso um escândalo que foi incorporado pelas mídias e ocasionou muito barulho no país. Os jornais e as mídias israelenses deram relevo ao fato, atacando a pretensão das comunidades ultraortodoxas de fazerem prevalecer sua própria lei no espaço público, ridicularizando a igualdade dos sexos. A opinião geral se emocionou com isso, e vários discursos polêmicos se fizeram ouvir contra a obrigação estipulada às mulheres de se sentar separadamente, na parte de trás dos ônibus, mas também, de forma mais genérica, contra a exclusão das mulheres do espaço público nos ambientes *haredim* e contra a tentativa desses ultraortodoxos de imporem suas práticas no país. Os ultraortodoxos contra-atacaram denunciando (entre outros aspectos) uma compreensão grosseira de sua cultura, uma violação das liberdades das minorias e uma cruzada maldosa empreendida contra eles.

Esse episódio muito comentado ficou em evidência devido aos vários acontecimentos que se sucederam a ele, intensificando a emoção pública e provocando o debate: um incidente da mesma ordem no dia 22 de dezembro de 2011 com uma combatente da unidade muito conhecida, Karakal, que visa à igualdade dos homens e mulheres que portam armas; a proibição dos ultraortodoxos uniformizados de escutar as mulheres cantarem no exército; os insultos que atingiram uma menina de 8 anos, Naama Margulies, cujas roupas não eram suficientemente modestas para Beit Shemesh, onde, em 27 de dezembro do mesmo ano, ocorreu uma manifestação de protesto que tinha como *slogan*: "Não estamos em Teerã!". É, então, nesse contexto geral do mês de dezembro de 2011 (16-30/12/2011) que se faz necessário examinar o episódio de Tanya Rosemblit, transformada em símbolo da resistência contra o fanatismo religioso.

A FÓRMULA COMO LAR DA POLÊMICA

Várias observações se impõem no final da análise. Primeiramente, é necessário destacar a centralidade da fórmula "a exclusão das mulheres" na polêmica pública. O pânico moral e os ataques agressivos que o episódio de Tanya Rosenblit desencadeou são favorecidos, na realidade, pela circulação e pelo sucesso de uma expressão que se tornou fórmula por ser um "conjunto de formulações que, devido a seus empregos num determinado momento e num determinado espaço público, cristalizam implicações políticas e sociais que essas expressões, ao mesmo tempo, contribuem para construir" (Krieg-Planque, 2009, p. 7). Expressões tomadas em sua forma cristalizada, como "purificação étnica" ou "desenvolvimento sustentável", tornam-se, assim, uma passagem obrigatória para qualquer discussão de problema. No caso, a expressão "exclusão das mulheres" se relaciona, em hebraico, a várias tentativas de afastar as mulheres do espaço público ou de lhes atribuir um lugar inferior nesse mesmo espaço. Quando considerada num sentido pejorativo, a fórmula invade o discurso público para designar um fenômeno intolerável contra o qual uma mobilização é requerida. Noção fluida, como todas as fórmulas, a expressão "exclusão das mulheres" foi preenchida de várias maneiras e interpretada em função dos objetivos dos locutores, não deixando de estar incluída em debates metalinguísticos.

No caso do ônibus, as mulheres são excluídas da parte da frente do veículo, reservada aos viajantes masculinos – ou seja, são impedidas de ocupar um lugar ao lado dos homens num espaço importante dos transportes públicos e, com isso, são consideradas como não iguais aos homens. Esse afastamento é interpretado como uma segregação, relacionada com a não aceitação das mulheres na cena pública e política, em função de uma ideologia religiosa que defende a sua manutenção no espaço familiar e privado. Exclusão e segregação ou discriminação aparecem, muitas vezes, como intercambiáveis. Em *Israël Hayom* [*Israel Hoje*], de 19/12/2011, lê-se nas Cartas dos Leitores: "A exclusão das mulheres: opressão e discriminação".[1] Mayan Gerber, que centraliza os Direitos Humanos e a igualdade dos sexos na união israelense dos estudantes, salienta: "Não é exclusão. São a discriminação baseada em questões relativas ao sexo e ao gênero e a opressão das mulheres". O termo discriminação é frequentemente empregado nos discursos oficiais. O grande rabino do exército (Tsahal), em sua carta aos soldados (*Israël Hayom*, 30/12/2011, p. 3), declara, assim, que a discriminação contra as mulheres é contrária aos valores de Tsahal, segundo ele, "a tradição religiosa judaica não autoriza, de forma alguma, discriminar as mulheres nem lhes dar razão, em qualquer que seja a circunstância e sobre o que quer que seja". E, para concluir: é necessário impedir que se espalhem "ideias extremistas e errôneas que servem de pano de fundo para a discriminação das mulheres na sociedade israelense". Fazer uma segregação das mulheres e jogá-las para fora do espaço público é, então, uma forma de ir contra o princípio da igualdade, quer dizer, dos direitos do indivíduo.

Essa definição da exclusão das mulheres, e sua aplicação em casos muito diversos, foi colocada em causa por defensores dos costumes ultraortodoxos. Sivan Rahav-Meir, jornalista de noticiários do 2a canal de televisão, assim adverte (em *Yediot Aharonot, Últimas Notícias*, 19/12/2011): "a confusão reina: denomina-se tudo e qualquer coisa como exclusão das mulheres". No discurso dos ultraortodoxos, a fórmula mencionada é sempre citada, com aspas que a relacionam a uma outra fala que é preciso manter distante, ou modalizada: "o assunto da suposta 'exclusão das mulheres'" (*Hamodia*, 16/12/2011), "o que as mídias denominam de 'exclusão das mulheres'"(Ibid.). *Hamodia* (19/12/2011) fala da campanha lançada "sob o codinome 'a exclusão das mulheres'". Em 23/12/2011, mais uma vez vem à tona a questão do "ataque venenoso" lançado contra os ultraortodoxos chamados *haredim* "sob o título, inventado por quem o inventou, de 'Exclusão das mulheres'". E o autor, para esclarecer: nossos adversários se servem de nossas noções, falsificando-as e lhes dando uma significação contrária para atender aos seus próprios interesses. Em outro artigo do mesmo jornal, em 25/12/2011, diz-se que "a noção 'exclusão das mulheres' não apareceu de forma casual sob a pena de um jornalista competente": ela é fruto de um programa maldoso. Sempre entre aspas, a exclusão das mulheres é tema de comentários irônicos: "Todo o Estado está engajado em uma campanha fatídica relacionada à 'exclusão das mulheres'" (*Hamodia*, 29/12/2001). A própria fórmula é objeto de polêmicas que se encontram no centro de um debate global sobre as mulheres e os ultraortodoxos, os quais ela contribui para lançar e para manter.

Já os *haredim* utilizam, por sua vez, a expressão "separação entre os sexos", que nada tem a ver com uma segregação. Não se trata, para eles, de discriminação, mas de uma recusa à miscigenação prescrita pela prática religiosa, para respeitar a regra da modéstia e da decência. Em outras palavras, não há nisto nenhuma falta de respeito em relação à mulher, muito pelo contrário. Emilie Amaroussi protesta assim em *Israël Hayom* (23/12/2011): "O sistema ultraortodoxo criou um universo à parte para as mulheres, mas isso não significa, necessariamente, que ele tire o valor delas. Há uma separação, talvez não seja do seu gosto, mas não é exclusão". Os ortodoxos salientam que a mulher é objeto de uma verdadeira veneração na religião judaica. Um jogo de palavras sobre a fórmula, que opera nelas uma espécie de descongelamento, serve de arma na batalha verbal. A exclusão das mulheres em hebraico corresponde a *hadarat nashim* e foi retraduzida como *haadarat nashim*, que significa "glorificação das mulheres". O lugar acordado para as mulheres no espaço público seria uma proteção da modéstia delas, o que está de acordo com o estatuto importante atribuído pelo judaísmo ao sexo feminino e com o grande respeito que todos têm por elas. Esse jogo de palavras mostra bem a rejeição da fórmula que suscitou tanta emoção e o reenquadramento da questão numa perspectiva cultural totalmente diferente. Ao mesmo tempo, esse "mal-entendido" sobre a fórmula revela as premissas incompatíveis sobre as quais são construídos os arrazoados antagônicos.

A POLÊMICA EM UMA IMPRENSA DIVIDIDA

As duas observações que se seguem dizem respeito às mídias. É possível notar que a primeira polêmica que será aqui evidenciada tem sua origem em um incidente de menor importância. Trata-se de uma querela sobre os transportes públicos cuja importância pode parecer desproporcional quando comparada à dimensão do debate acalorado que se seguiu. A coisa pode parecer tão espantosa que as chamadas linhas *mehadrin* (que seguem estritamente a regra religiosa), frequentadas pelos ultraortodoxos, são há muito rotineiras e foram até tema de um debate jurídico no início do ano de 2011. Em 6 de janeiro de 2011, o tribunal de instância superior tinha aceitado que, nos ônibus frequentados pelos ultraortodoxos, seus costumes fossem respeitados, estabelecendo uma separação voluntária entre os dois sexos, mas era preciso, no entanto, que essa disposição não fosse objeto de nenhum constrangimento e que essas linhas de ônibus não constituíssem uma exceção legal à regra dos transportes públicos. Um compromisso parecia, então, realizado, legalizando uma prática religiosa que lhe impunha alguns limites, o que supostamente poria fim às discussões. Não foi o caso quando o assunto parecia estar regulamentado e quando se tratava da linha 451 de um fenômeno de rotina: nada de novo sob o sol de Israel.

Parece, então, claramente que foram as mídias, e a forma pela qual relataram o incidente, que chamaram a atenção e suscitaram reação. A imprensa geral, escrita e eletrônica, que vamos explorar mais particularmente aqui, dá voz à Tanya, que reconta o confronto no ônibus e sua resistência obstinada para protestar contra uma situação considerada intolerável e revoltante. A narrativa da jovem estudante é dramatizada pela diagramação do jornal – artigo na primeira página, fotos, rubrica intitulada "Uma mulher corajosa contra dezenas de ultraortodoxos em um ônibus – 'Eles não me ditarão onde devo me sentar'" (*Yediot Aharonot*, 18/12/2011). São as mídias que propõem um enquadramento do incidente em que a distribuição de papéis é clara – de um lado, a jovem heroína que desafia sozinha o inimigo; do outro, os inúmeros ultraortodoxos que a agridem e que ela tem de enfrentar. Assiste-se a uma batalha entre a mulher que luta por sua dignidade e os religiosos conservadores que querem espezinhá-la. As mídias conseguem, assim, um furo de reportagem, criando um estado de pânico moral sobre um fenômeno que é, na realidade, uma tradição bem ancorada e tolerada pela justiça do país. É que essas mídias denunciam, no incidente narrado, o paradigma do controle que, segundo elas, querem realizar as forças retrógradas do fundamentalismo religioso em um país democrático e progressista. O destaque atribuído, no mesmo mês, a outras manifestações nesse mesmo domínio reforça e esclarece esse ponto de vista.

Enfim, é necessário sublinhar que o debate inflamado que se segue sobre a exclusão das mulheres a partir do incidente do ônibus chamado *mehadrin* aconteceu em dois órgãos de imprensa que tiveram pouco ou nenhum contato entre eles: as mídias destinadas ao grande público, que lançam a polêmica contra o seu alvo, e as mídias reservadas à população ultraortodoxa, que, quando necessário, contra-atacam.

Os *haredim* se distinguem dos judeus religiosos, e mesmo dos ortodoxos, por sua vontade de manter suas práticas muito estritas e seus costumes, incluindo-se nestes as vestimentas. Eles se defendem ferozmente contra a modernidade, agrupando-se em bairros que lhes são reservados e mantendo uma nítida separação das outras populações judaicas e não judaicas. Constituem, com isso, uma minoria voluntariamente isolada da cultura ambiente. Enclausurados em seus costumes, não leem os jornais da imprensa generalista, quaisquer que sejam suas tendências, e não veem televisão (não possuem televisão em seus lares). Os líderes espirituais de diferentes correntes ortodoxas há muito (desde a última terça parte do século) cederam à necessidade de obter das comunidades que eles queiram proteger uma imprensa autônoma excluída do conjunto da imprensa judaica, religiosa e laica. Em uma perspectiva pragmática, e apesar de suas reticências, eles decidiram lutar contra a modernidade com seus próprios instrumentos. Assim, foi imposta uma imprensa alternativa adaptada às necessidades de seu público e destinada a afastá-lo do discurso não ultraortodoxo, suscetível de confrontá-lo com valores considerados perigosos.

Apesar da existência de uma imprensa ultraortodoxa extensa, da qual faz parte uma série de publicações semanais e mensais, nós nos concentraremos aqui em dois jornais diários que ocupam o alto patamar das mídias em questão. O primeiro é o *Hamodia*, fundado em 1950 pelo partido político ultraortodoxo Ashkénaze, *Agoudat Israël* [*A União de Israel*], que se tornou mais tarde *Yahadout Hatorah* [*Judaísmo da Torá*]. O segundo jornal influente que será tratado aqui é o *Yated Ne'eman*, fundado em 1985, a partir de uma cisão interna nessa mesma corrente. Como os demais, esses jornais diários estão sob a autoridade dos rabinos e não sob a dos especialistas das mídias. Eles são redigidos por homens, e, quando há jornalistas mulheres, o nome delas não aparece; aliás, nenhuma representação icônica de mulher é autorizada. As informações e os assuntos abordados censuram tudo aquilo que pode tocar a sensibilidade do público ou alterar seus valores e evitam se estender em tudo que diz respeito ao crime, à droga, ao sexo, à moda, ao esporte etc. A propagação de uma ideologia que convém defender e expandir prepondera sobre o dever da informação: é uma imprensa abertamente engajada. Ela não hesita em rebater todas as opiniões e os comportamentos que condena, recorrendo a uma retórica virulenta. Ao mesmo tempo, ela se empenha em corrigir a imagem negativa que os outros meios de comunicação divulgam sobre a comunidade ou sobre seus membros individuais. *Yated Ne'eman* menciona explicitamente esse propósito em 1997, quando escreve que, com o objetivo de menosprezá-lo, os jornalistas difamam "o verdadeiro judeu", tornando-o uma figura ameaçadora e aterrorizante, ainda que importasse rebater e dar aos leitores os meios de se defender ("Saiba o que você responderá a Epicurio"). Além disso, os jornais ultraortodoxos se prendem, mais de uma vez, ao que relata a imprensa geral, laica e sionista, mesmo se esta não consegue atingir diretamente o conhecimento dos leitores *haredim*, que não a consultam. É, então, através de uma fala de contestação que estes acessam aquilo que é dito e é debatido no espaço público fora de sua comunidade. Nesse sentido, a imprensa ultraortodoxa, que se considera uma ilhota protegida ao abrigo dos ataques da modernidade, constitui um contradiscurso.

Já que os jornais ultraortodoxos não têm versão eletrônica, é necessário, no entanto, mencionar dois sites, *He-hadrei-Haredim* e *Kikar Hasbahat*, que publicam artigos que aparecem na imprensa ultraortodoxa e nos quais existem igualmente fóruns de discussão. As autoridades religiosas, que conseguiram banir a televisão, não souberam, aparentemente, construir as mesmas barreiras contra os computadores; e a internet é consultada pela população ultraortodoxa, todavia, com um acesso limitado, que a coloca ao abrigo de tudo o que não é autorizado (as imagens das mulheres estão aqui incluídas).

No atual estado de coisas, podemos partir de duas constatações: a primeira é que o público ultraortodoxo ignora voluntariamente as mídias públicas e se restringe à sua própria imprensa, acompanhada eventualmente de sites da internet com acesso limitado. Em contrapartida, essa imprensa setorial não é, evidentemente, lida pelo conjunto da população israelense. A opinião pública e o discurso das populações ultraortodoxas, de um lado, e das populações laicas ou religiosas moderadas do outro lado se alimentam, portanto, de fontes diferentes, o que ameaça constituir um verdadeiro muro de separação entre os dois grupos de leitores. A segunda constatação é que a barreira que separa os meios de comunicação minoritários e majoritários não está completamente incólume. Jornais de grande circulação, como o jornal considerado "intelectual" de esquerda *Haaretz*, o jornal de direita gratuito de obediência governamental *Israël Hayom*, o jornal diário mais seguido, *Yediot Aharont*, não deixam, quando o assunto o exige, de citar aquilo que se publica nas folhas ultraortodoxas, ainda que essas não sejam para eles uma fonte importante. *Israël Hayom* acolheu, aliás, artigos em defesa da comunidade ultraortodoxa redigidos por seus membros, ao lado de discussões contra a exclusão das mulheres. Por conseguinte, as vozes ultraortodoxas se deixam ouvir em parte no espaço público. Por seu lado, os jornais destinados aos ultraortodoxos e que visam a protegê-los do mundo profano seguem sua vocação, reportando as informações oriundas desse mesmo mundo, para comentar, desmentir e desacreditar o discurso antagonista. Como contradiscurso, a imprensa ultraortodoxa faz ouvir outras vozes, que, por serem objeto de ataques virulentos, não são levadas ao conhecimento dos leitores. A isso, acrescentam-se os pontos de contato que a internet oferece com seus sites, seus fóruns de discussão e seus blogs. Encontram-se aí debates entre internautas vindos de universos totalmente estranhos um ao outro, construindo, portanto, no mundo virtual, um diálogo agonístico, que nem chega a se concretizar no mundo real.

Nesse quadro midiático particular, como se desencadeia a polêmica pública em torno da exclusão das mulheres? E a que pode servir, na realidade, um debate relativo ao episódio, como o de Tanya Rosenblit, evidenciado pelos meios de comunicação em busca de emoções fortes, que não dá lugar a uma interação direta entre as partes adversas suscetíveis de trazer uma solução negociada ao conflito? Para responder a essas questões, examinaremos a forma pela qual a polêmica foi orquestrada entre os dois campos: tentaremos depreendê-la da circulação dos discursos tal qual ela aparece em cada um dos dois espaços afetados – o da maioria laica e religiosa, e o da minoria ultraortodoxa, antes de nos perguntarmos sobre seus eventuais pontos de contato.

A POLÊMICA CONTRA OS ULTRAORTODOXOS: A UNIÃO NA LUTA

Tomemos, inicialmente, as mídias gerais que lançaram a polêmica. Se essa foi turbulenta, é evidentemente porque pôs em causa um problema identitário relacionado a valores fundamentais. Não se trata de saber se Tanya Rosenblit deve se sentar na parte da frente ou de trás de um ônibus frequentado por ultraortodoxos: trata-se de definir o lugar da lei religiosa e tão simplesmente da lei em um país que, desde sua criação em 1948, não se dotou de uma constituição, não instaurou separação entre a sinagoga e o Estado e se submete a um sistema político de coligações em que os pequenos partidos ultraortodoxos conseguiram sempre impor suas condições (mesmo no momento da polêmica, o partido Yahadout Hatorah é membro da coligação de direita no poder, sob a direção de Netanyahou). Israel, que se define como um Estado "judaico e democrático", pode preservar os valores democráticos que reivindica e nos quais a igualdade dos sexos é parte integrante? Ou será que ele caminha pouco a pouco em direção a uma teocracia na qual domina, com todo o seu rigor, a regra religiosa que despreza os direitos das mulheres? Como na França, onde o uso da burca constitui um sinal de alarme, mais do que o nó do problema, a atribuição às mulheres de um lugar particular nos transportes públicos atrai a atenção sobre a existência de um setor minoritário – os ultraortodoxos – que não respeita a regra geral. Daí surge a questão de saber se se pode deixar o caminho livre para formas de integralismo que ameaçam contaminar a natureza tolerante e pluralista de uma república ocidental moderna. Mas também de saber se se pode impedir, em um Estado judaico, o respeito aos hábitos e costumes das populações judaicas ultraortodoxas. Trata-se, como vemos, de problemas de fundo que tocam tanto ao lugar das mulheres na democracia israelense, quanto à integração problemática de uma minoria que se recusa a respeitar os princípios e as regras de direito fixadas por todos.

A polêmica jornalística não tem, no entanto, como objetivo problematizar a questão e sondar sua complexidade. Exagerando as formulações e polarizando as posições, ela escolhe fazer denúncia. Desvendando a gravidade dos fatos, ela os reporta sob o modo do escândalo e da indignação. As vozes que ela orquestra aderem a uma mesma causa e participam de uma luta comum: defender um modo de vida democrático e progressista. Nesse caso, culpabilizam (Garand, 1998) aqueles que colocam em perigo valores sagrados, procurando vencer o adversário, e não convencê-lo (missão evidentemente impossível). A dicotomização é total, a polarização é poderosa; e a ameaça que a posição do outro supostamente faz pesar quase não deixa lugar para a indiferença ou para a neutralidade. Isso quer dizer que os polemistas não procuram um debate razoável quanto ao respeito ao ponto de vista do outro: eles visam a um alvo. O discurso polêmico que desacredita e ataca o adversário permite, assim, construir contra ele mesmo uma identidade coletiva em torno de uma reivindicação comum.

Os diferentes artigos que a imprensa divulga são discursos polêmicos monogeridos, em que a voz do jornalista se junta à dos atores que ele coloca em cena para atacar os comportamentos escandalosos dos ultraortodoxos. Esses textos operam mobilizando diversos procedimentos discursivos e retóricos, que inscrevem, todos, a subjetividade dos locutores no texto e lhes conferem uma dimensão argumentativa clara. Os termos axiológicos são numerosos, e os posicionamentos são marcados distintamente tanto nos artigos de informação quanto nos artigos de opinião. Assim, em *Haaretz,* o artigo considerado de informação que relata o incidente inicia-se por: "um exemplo suplementar de discriminação em relação às mulheres: ultraortodoxos insultaram uma mulher sentada na parte da frente do ônibus..." (*Revital Blumfeld,* 18/12/2011). O discurso ultraortodoxo se resume a "injúrias", nomeadamente à violência verbal, e é qualificado como discriminatório; o caso particular é apresentado como um exemplo dentre outros, denunciando uma situação de fato permanente. O enquadramento e as marcas de subjetividade no discurso expressam uma reprovação muito nítida em relação aos representantes do Oponente, cuja fala e cujos comportamentos são desqualificados, sem contrapartida, até no discurso de informação, supostamente neutro.

O outro lado da afronta descarregada sobre o adversário é a glorificação da jovem senhora em volta da qual se reúnem os representantes do Proponente. É assim que é explorado o exemplo retórico, no sentido do precedente histórico e da figura exemplar. Tanya Rosenblit, apresentada como aquela que não cedeu à pressão exercida sobre ela, é comparada a Rosa Parks, a heroína negra dos direitos dos afrodescendentes nos Estados Unidos. "Apesar de todas as diferenças", lê-se no editorial de *Haaretz.*

> É difícil não estabelecer uma relação entre Tanya Roseblit, a brava viajante que subiu no ônibus indo de Ashdod a Jerusalém e que se recusou a sentar no banco de trás, e a mulher negra que lutou pelos Direitos Humanos, Rosa Louise Parks. Parks subiu, em dezembro 1955, em um ônibus da cidade americana de Montgomery e, apesar da política de segregação racista em vigor, recusou-se a ceder seu lugar a um homem branco (*Haaretz,* 19/12/2011).

O editorial lembra que esse gesto e a condenação subsequente no tribunal ocasionaram um boicote dos transportes públicos feito por Martin Luther King, que provocou a separação entre brancos e negros nos ônibus, e a um julgamento defendendo que era da ordem da discriminação racial e, por isso, era contrário à Constituição americana. O *exemplum* seguiu rapidamente seu caminho no interdiscurso. Em *Yediot Aharonot*, um publicitário renomado, Yaron London, retoma a comparação acrescentando a ela uma nota: nos Estados Unidos, encontra-se um progresso na defesa dos direitos humanos; em Israel, há uma regressão. Da mesma forma, um artigo em um blog, assinado por Hadas Bashan, compara entre elas as reações espontâneas de resistência não violenta das duas mulheres, observando, no entanto, que, em Israel, não se trata de uma luta dos dominados contra os dominadores: Tanya não é uma raça oprimida, mas um membro integrante de uma maioria de laicos que uma minoria ultraortodoxa tenta fazer curvar-se à sua lei. Vemos que as diversas retomadas da analogia entre Parks e Rosenblit fazem mais do que transformar a jovem israelense em heroína. Elas permitem salientar dois elementos importantes: quando é a semelhança dos casos que é colocada em evidência, a exclusão das mulheres é, neste caso, interpretada como um ato de segregação contrário aos direitos humanos, e a recusa de ceder seu lugar é interpretada como um ato de resistência; e, quando divergências são ressaltadas no âmbito da analogia, a diferença em relação ao modelo americano serve para salientar a gravidade da situação israelense. O *exemplum* aparece, desde então, tanto como um precedente histórico que foi seguido de forma responsável, quanto como uma grade que permite desvendar o real.

Ao mesmo tempo, é o próprio gesto de recusa que se torna exemplar e é dado como um modelo a ser seguido. Tanya se torna, querendo ou não, um símbolo (ela mesma afirma não estar muito contente com isso, pois isso a despersonaliza, mas assume o papel). "Mesmo se ela não tivesse a intenção de se tornar um símbolo através de seus atos, não há dúvida de que sua determinação simboliza a necessidade de todos, na nossa preocupação quanto ao futuro de Israel, de lutar e de não ceder", decreta a chefe da oposição Tzipi Livni. O gesto corajoso da jovem mulher aparece como um comportamento que deve ser retomado como a origem de uma verdadeira mudança na sociedade israelense (como no caso de Rosa Parks). O editorial de *Haaretz* considera que Tanya iniciou uma luta cidadã que "deve, a partir de então, ser levada adiante dia após dia e hora após hora, em todas as linhas em que a companhia de ônibus Egged reconhece que a necessidade de uma separação entre homens e mulheres se alastrou ultimamente". "Somos todos Rosa Parks. Juntem-se na luta" – Alex do Carmel escreve num fórum de *Haarets*, em 14/12/11, às 19h36. Propostas nesse sentido são feitas nas redes sociais – assim, um internauta incita as pessoas no Facebook a virem em grupos, em 1/1/2012, para que homens e mulheres subam juntos e se instalem, um ao lado do outro, nos ônibus das linhas denominadas *mehadrin*. A segunda cadeia de televisão deu repercussão a esse ato de resistência perguntando sobre sua iniciativa, à qual numerosas pessoas dizem querer se associar. Além disso, Yoav Keren, em um artigo de 19/12/2011, do *Yediot*, dá ao comportamento exemplar de Tanya uma dimensão suplementar, projetando-o no plano político. Ele sublinha, na verdade, que uma jovem mulher fez o gesto de resistência que todos os homens de Estado e os chefes militares israelenses nunca tiveram coragem de fazer: "ela disse 'não' às exigências dos ultraortodoxos". Yoav Keren espera que, na comissão especial que a Knesset nomeou para tratar da exclusão das mulheres, os ministros "vejam na atitude de Tanya alguma inspiração e ensinem a coragem civil".

Outro procedimento retórico recorrente consiste no recurso às metáforas da luz e da obscuridade – uma antítese que exacerba a oposição entre os dois lados. Yaron London desenha, assim, um quadro desolador: "Se as luzes perdem o jogo face à ignorância, se somos condenados a viver sob a tutela de irmãos muçulmanos judeus, separemo-nos" (19/12/2011). Irit Rosenblum compara a exclusão das mulheres a uma caça às bruxas e escreve (*Israël Hayom*, 25/12/2011): "Lembremo-nos de que, nos regimes mais obscurantistas resgatados pela memória de períodos longínquos da História, foram as mulheres as primeiras vítimas de uma sociedade apodrecida". As metáforas da luz e da obscuridade são traduzidas em termos de luzes e de obscurantismos, muito evidentemente relacionados aos valores da democracia que convém defender.

A denúncia do obscurantismo e da volta aos tempos da Idade Média constitui um argumento pelo medo. Esse se duplica de forma crescente – se o deixam acontecer agora, o fenômeno vai se desenvolver e se expandir sob diversas formas. Irit Rosenblum prediz que, se medidas legais não forem tomadas imediatamente contra os atos dos ultraortodoxos, "nós vamos afundar em um extremismo racista, opressivo e obscurantista". A analogia com o Irã e com outros países muçulmanos fundamentalistas está evidentemente na ordem do dia – como futuro temível no qual ameaçam ser enterrados os direitos das mulheres e da democracia. Lihi Lapid escreve no *Yediot* de 27/12/2011: "Olhem nossos vizinhos, vejam o que lhes aconteceu por lá. Lá também isso começou em uma pequena escala: inicialmente, cobriram-se as mulheres com um véu, depois fecharam-nas em casa, e agora não há mais ninguém para se colocar contra. Isso também pode nos acontecer". "*Can ze Iran*: aqui é o Irã"– uma faixa da manifestação de Beit Shemesh que os ultraortodoxos tentam submeter à sua lei faz a analogia com um exemplo típico de regime teocrático opressivo e antidemocrático para sugerir que a reação israelense deve ser imediata e intransigente. Observemos que essa analogia é interpretada como um amálgama para alguns, como Boaz Bismuth (*Israël Hayom*, 30/12/2011), que exclama: "Chega de histeria, aqui não é o Irã". Ele critica os meios de comunicação de projetar, pelos seus exageros, uma falsa imagem do país, enquanto todos aqueles que voltam das saídas tradicionais da quinta-feira à noite sabem perfeitamente que é uma realidade totalmente fabricada.

O que quer que signifique isso, podemos constatar que os discursos que se espalham de todos os lados da imprensa fazem eco e se conformam mutuamente em uma orquestração que não advém do diálogo razoável com o adversário. Retomando, de forma equilibrada, os mesmos temas, os discursos criam uma frente unida muito além dos múltiplos desacordos que opõem os grupos étnicos e políticos uns aos outros em questões calorosas da atualidade. A revolta contra os ultraortodoxos permite construir uma unidade utópica sobre valores fundamentais, os da democracia, cuja hegemonia é necessário assegurar. O caráter consensual e não negociável dos valores em questão é confirmado pela intervenção dos mais altos representantes do Estado. A participação deles situa oficialmente os carrascos da exclusão das mulheres ao lado da legalidade e da legitimidade democrática. Assim, em 18/12/2011, *Haaretz* tem como título: "Netanyahou: é necessário salvaguardar um espaço público aberto a todos. O grande rabino Metzger: não é um país de ultraortodoxos". No corpo do artigo, lê-se que o chefe do governo disse no início de uma reunião de ministros: "Penso que não devemos, em nenhum caso, autorizar grupos marginais a destruir nosso denominador comum e devemos zelar para que o espaço público permaneça aberto e dê segurança a todos os cidadãos de Israel". O governo, inclusive, nomeou uma comissão especial da Knesset encarregada de estudar a questão da exclusão das mulheres. As autoridades militares também se posicionaram no debate. Estas o fizeram, dentre outras ocasiões, no momento da cerimônia da Força Aérea na qual eram contabilizadas cinco novas mulheres-piloto.

Aos discursos polêmicos difundidos pela imprensa visando a um alvo, fazem eco as vozes dos simples cidadãos que se expressam por meios eletrônicos. As posições a favor do direito dos ultraortodoxos de impor suas próprias regras nos ônibus que os atendem são rejeitadas com veemência. Essas vozes são acompanhadas frequentemente por ataques pessoais contra a comunidade ultraortodoxa. Uma violência verbal que não permite que a imprensa oficial reine ali, como se vê nos comentários eletrônicos de 18/12/2012 no *Haaretz*: "Eles só têm de se sentar na parte de trás, e que nós os impeçamos de cantar e de votar" (e de ir à sala de musculação (12h13); "Eles querem ser ainda mais devotos que seus ancestrais..." (12h50); "Onde isso está escrito na Bíblia?" (14h12); "Que boicotemos, enfim, e que haja ônibus no sábado" (06h52), "eu te amo! E que teus semelhantes se cruzem e proliferem! Venham, unamo-nos", "Toda esta história é uma questão de política e de dinheiro. Se nos unirmos, venceremos. Teremos também ônibus no sábado. Para um futuro melhor para todos aqueles que são sadios de espírito no Estado!" (14h25). "Haïfa é uma pequena ilha de saúde mental neste país de loucos – os laicos e os religiosos, os árabes e os ultraortodoxos coexistem nele, com transportes públicos no *shabbat* (a prova de que, se quisermos, é possível)" (7h30, 19/12/2011).

Os fóruns de discussão suscitam um conjunto de opiniões em torno de um ataque indignado que toma uma direção mais violenta do que nos discursos oficiais das mídias. Ao mesmo tempo, é interessante ver que eles propõem uma união em torno de assuntos que, de imediato, não fazem parte do acontecimento comentado. Não se trata mais, apenas, de deixar as mulheres se sentarem onde elas querem no ônibus, mas de recolocar em questão o *status quo* que mantém prescrições religiosas no país e de lutar contra decretos, como aquele que proíbe os transportes públicos no dia do *shabbat*. Nessa perspectiva, a polêmica pública na rede provoca ou faz reverberar debates que ultrapassam o tema de origem e não fazem parte da ordem do dia dos políticos e dos meios de comunicação. Ela propõe uma agenda alternativa, destacando problemas que continuam, até o momento, sem solução.

A POLÊMICA COMO POSICIONAMENTO POLÍTICO

Observemos que a polêmica pública suscita necessariamente posicionamentos e que cumpre, por isso, uma função particular no contexto político. É assim que a chefe da oposição, Tzipi Livni, encabeçou uma manifestação com tochas organizada em 21 de dezembro, dia de Hanoukka, com o lema *"Nós viemos caçar a obscuridade"*, e defendendo um discurso muito firme representativo das posições liberais do partido Kadima sobre as liberdades cidadãs. Ela lançou uma campanha em que cartazes colocados nos ônibus clamam: "As mulheres de Kadima restituem a Israel seu bom senso". Uma disputa explodiu, além disso, entre Tzipi Livni e Limor Livnat, a ministra da Cultura e do Esporte do partido de Netanyahou, o Likoud. Esta última tinha sido bastante atacada pela líder da Oposição por ter afirmado que não seria necessário impor pela força a separação entre os sexos nos ônibus dos bairros ultraortodoxos para não ferir os costumes dos habitantes. "Infelizmente, há membros do Parlamento que decidiram encaminhar sua política contra o Governo através desse assunto. No lugar de se darem as mãos, de agir em conjunto contra o fenômeno intolerável da exclusão das mulheres, eles exploram cinicamente a popularidade da questão", declarou Limor Livnat (*Israël Hayom*, 26/12/2011), lembrando que o chefe do governo, Benyamin Netanyahou, tinha se pronunciado em vários momentos, e muito veementemente, contra a exclusão das mulheres no espaço público. Encarregado pela comissão interministerial convocada para discutir a exclusão das mulheres, Limor Livnat achava por bem se colocar aqui como porta-voz não apenas de todas as mulheres por cujos direitos ela luta, mas também do governo em suas funções ministeriais. A necessidade de um consenso geral para conduzir uma luta eficaz é um argumento que lhe permite reforçar sua posição concomitantemente à do partido no poder e varrer a Oposição, em que uma outra mulher, Tzipi Livni, tenta tirar o seu lugar. É com essa finalidade que Limor Mivnat não hesita em se juntar à manifestação de protesto iniciada por sua rival e tenta recuperar o benefício desta, declarando: "Hanoukka representa a festa da luz, mas uma grande obscuridade cai sobre Israel. Levaremos a tocha das luzes do liberalismo, de um país de Israel judaico e democrático onde esses valores se misturam, sem entrar em choque" (*Haaretz*). Os cidadãos estão, a partir de então, sensibilizados com essas lutas de poder e fazem menção a elas. Assim, por exemplo, uma parte dos internautas do fórum de *Haaretz*, sobre o artigo consagrado ao assunto, não deixa de denunciar uma estratégia deliberada da parte da líder da Oposição.

Sem entrar aqui em detalhe sobre jogos de poder, reiteremos, então, que a polêmica pública permite posicionamentos no campo político que traduzem rivalidades e que a questão da exclusão das mulheres dá margem à coalizão governamental e permite à Oposição lutar uma contra a outra – a Oposição em nome da defesa dos direitos da mulher e da batalha contra o obscurantismo que ela pretende defender; o governo em nome da união sagrada de todas as forças democráticas visando a um mesmo objetivo, que lhe permite manter suas posições de poder e sua centralidade na cena política. Em um ponto de vista unificado, e mesmo quando encarnam um mesmo actante, os atores políticos tentam fazer dominar a sua própria voz e ter a vantagem.

Em resumo, podemos dizer que, na imprensa geral, encontram-se polemistas que, através de um variado arsenal de procedimentos retóricos, como a metáfora ou a antítese, e de argumentos pelo exemplo ou do argumento pelo medo ou do argumento da derrapagem,* dramatizam e dicotomizam a oposição entre os valores dos ultraordoxos e os do conjunto da população judaica e não judaica. A colocação de uma fórmula de choque – a exclusão das mulheres – torna-se o estandarte da luta contra o constrangimento exercido pelos ultraortodoxos. Na medida em que a defesa dos valores fundamentais da democracia é amplamente partilhada, a polêmica permite reunir vozes ideológica, política e religiosamente divergentes para clamar por uma união que, com muita frequência, é cruelmente falha. O protesto contra uma visão percebida como fundamentalista se acompanha de reivindicações e se movimenta eventualmente para um ativismo (manifestações de rua, ações de protesto...). Nessa perspectiva, a polêmica pública, em sua virulência e em seus excessos, não é um lugar de negociações de diferenças, mas é, em vez disso, o sustentáculo de uma fala em combate. Estamos longe do ideal do diálogo em busca de solução entre duas partes opostas.

---

* N.T.: Consiste em um *sofisma de distração* caracterizado pelo uso ilegítimo de um operador lógico no intuito de distrair o interlocutor e de esconder o possível erro de proposições. Esse sofisma evidencia que determinado compromisso deve ser recusado, pois conduz a uma espécie de círculo vicioso, que pode conduzir progressivamente a uma catástrofe.

A POLÊMICA NAS MÍDIAS ULTRAORTODOXAS

Em outro campo, os ultraortodoxos desenvolvem um discurso que não é dirigido na realidade ao adversário, a partir de múltiplos artigos monogeridos que são retomados e combinados para desacreditá-lo. Essa missão prossegue na imprensa deles, a única lida pelos *haredim*: aqui tomaremos como exemplos *Hamodia* e *Yated Ne'eman* apresentados anteriormente. O conjunto de discursos que fazem eco a partir deles, saturando o espaço da opinião ultraordoxa, orienta de maneira firme os modos de pensar dos leitores, para não apenas guiar, mas também para informar. O jornal cumpre uma função pedagógica, fundamentando-se na posição de autoridade do escritor e dos enunciadores, cujas propostas (as dos rabinos) são reportadas pelo jornal.

Inicialmente, é aos fatos, mais especificamente ao relato do episódio do ônibus, que a polêmica diz respeito. As mídias são acusadas de divulgar mentiras com um desprezo total a toda a ética jornalística: "porque elas não buscam a verdade. A verdade, já o dissemos, elas já a conhecem, mas não é seu trabalho divulgá-la. De forma alguma. É principalmente incitar o ódio..." (*Hamodia*, 19/12/2011). O comportamento de Tanya Rosenblit é apresentado como uma pura e simples provocação. Uma testemunha ocular diz ter pedido educadamente à jovem senhora para respeitar os hábitos já enraizados nos locais, ao que ela teria começado a cantar (os ultraordoxos não têm o direito de escutar o canto das mulheres) e teria ameaçado despir-se. A estudante é descrita como provocadora, que viera com a firme intenção de fazer um escândalo em uma linha na qual, ao longo do tempo, as coisas aconteceram pacificamente e sem problema. A versão da mentira e da provocação, que visa desacreditar uma população pacífica que não prejudica em nada o bem público, é retomada nos fóruns de *Hadrei Haredim*. Vários internautas insultam muito a jovem mulher nesses fóruns: "Mentirosa, insolente e provocadora", "Eu estava lá. É uma mentirosa, uma sem-vergonha e uma provocadora" (18/12/2011, 23h37). "Essa Tanya não é uma ovelha inocente, é uma pequena víbora que tudo fez para aparecer na primeira página [...]" (18/12/2011, 20h03).

Um apelo é lançado pelos rabinos e pelos jornalistas para pedir à população que continue a deixar reinar, de forma mais estrita, a separação dos sexos nos ônibus, mas que não reaja aos provocadores que esperam apenas uma oportunidade para tirar os passageiros do sério e para mostrá-los de maneira negativa. O aviso é reiterado em vários momentos: "É necessário prestar muita atenção para não se deixar levar pelos provocadores, que vão certamente se manifestar nesta época" (*Hamodi*a, 19/12/2011); "O público deve ignorar as provocações deliberadas e não ir em busca de elementos horríveis de materiais passíveis de fomentar o conflito", decreta a comissão de rabinos responsável pelos transportes (*Hamodia*, 25/12/2011). No artigo intitulado "Não se deixar levar pelas provocações" (*Hamodia*, 20/12/2011), diz-se que a bobagem não se põe jamais a serviço da justiça e que se deve tomar cuidado para não cair nas armadilhas apresentadas aos ingênuos. Os provocadores se esforçam, na verdade, para irritar os ultraortodoxos a fim de aparecerem na capa dos jornais, embora sua forma de prestar-lhes serviço seja participar de manifestações violentas. Expressar oralmente a fúria e a indignação, gesticular muito, é se entregar às câmaras dos provocadores que atingem, com isso, o objetivo a que se propõem. Frente a um adversário que se posiciona de forma mentirosa e maldosa, convém não discutir – não se deve esquecer, relembram os jornais, que qualquer palavra vinda de um ultraortodoxo pode ser utilizada contra toda a comunidade. É possível observar que as instruções dadas aos leitores por essa imprensa um tanto paternalista pedem-lhes para não reagir até que a tempestade passe e que a atenção seja desviada para outro assunto. Trata-se, assim, não de desencadear um diálogo, mas de mantê-lo. A resistência silenciosa é a palavra de ordem.

Cabe às vozes autorizadas da imprensa responder aos ataques e se lançar na polêmica. Elas apresentam o argumento de que, em um espaço ocupado por uma minoria religiosa que tem seus hábitos e costumes, estes devem ser respeitados. Os internautas seguem o exemplo. Um deles sugere que a cortesia consiste no respeito aos usos e costumes do lugar onde se está (*Hadrei Haredim*, 18/12/2011, 14h14). Israël Cohen, em um artigo jornalístico, insiste no fato de que o caso diz respeito aos ônibus que vão de um bairro ultraortodoxo a outro, que são frequentados quase que exclusivamente por ultraortodoxos, embora não se trate de um espaço público oferecido a todos, mas de um espaço reservado aos usuários ultraortodoxos, quase exclusivamente. Esses usuários têm direito, como todos os cidadãos, a serviços públicos adaptados às suas necessidades, e o argumento segundo o qual os ultraortodoxos devem deixar de tomar o ônibus, caso as regras internas não lhes sejam convenientes, nega-lhes esse direito – ainda mais por partir de uma população desfavorecida, que faz uso massivo dos transportes públicos (Egged). Notemos que essas observações reforçam a ideia de um espaço nacional setorial, onde diversas comunidades devem poder viver sem que uma interfira no território da outra e com um respeito mútuo pela lei particular que prevalece num dado espaço comunitário. Afasta-se, assim, da noção de espaço público aberto onde reinam, de forma unânime, as leis que asseguram o caráter democrático do Estado. A partir disso, não é apenas em relação à fórmula "exclusão das mulheres" que há desacordo, mas também em relação à definição do espaço público em um regime democrático.

Um outro argumento concerne ao caráter "natural" da separação dos sexos, que deveria se impor a qualquer pessoa de bom senso. Ele se apresenta nas figuras de analogia recorrentes e frequentemente irônicas, como a dos banheiros públicos. Assim, em uma postagem observa-se: "é necessário também lutar contra a separação dos sexos nos banheiros públicos" (*Haaretz*, Zeev, 18/12/2011, 9h30). Em *Yated Ne'eman*, um jornalista, Israël Wertzel, ridicularizando Hillary Clinton, que se posicionou publicamente contra a exclusão das mulheres em Israel, chegou a escrever que até mesmo os nazistas sabiam que a separação dos sexos era natural, já que separaram os homens das mulheres nas câmaras de gás. Isso implica afirmar que aqueles que não compreendem a necessidade da separação dos sexos são piores do que os nazistas. Uma analogia que não deixou de provocar indignação...

No conjunto, a defesa dos ultraortodoxos consiste em projetar a imagem de uma comunidade harmônica e pacífica, concentrada em seus próprios lugares e que, longe de vexar as mulheres, permite-lhes, ao contrário, levar uma vida digna, cercada de respeito. O desejo de seguir as regras da modéstia e da decência é total e voluntário. Os jornais respondem aqui a uma de suas vocações: corrigir as representações falsificadas que fazemos, segundo eles, circular a partir de uma comunidade fechada em si mesma e que nós descrevemos injustamente como negativa e ameaçadora. A voz das mulheres ultraortodoxas também se faz ouvir sobre o assunto, ainda que de modo muito parcimonioso, pois elas não têm como missão se expor publicamente. Todavia, elas se dirigem ao ministro dos Transportes em uma carta pública, dizendo:

Sua "inquietação" dá força aos extremistas e nos prejudica... Temos um estatuto elevado e vivemos em uma atmosfera de afeto, e tudo o que vem da empresa midiática nestas últimas semanas distorce a imagem da verdadeira vida que nós levamos. Não poderíamos mais nos calar frente a essa campanha de difamação contra o setor ultraortodoxo, que é fruto da ignorância e da incompreensão (*Israël Hayom*, 21/12/2011).

Através de um texto desse gênero, a comunidade ortodoxa espera projetar para o exterior, e também para o interior, um *ethos* coletivo positivo que desmente as acusações difamatórias lançadas contra ela. Essa comunidade o faz igualmente invertendo os papéis e apresentando-se os indivíduos que a integram não como opressores desejosos de impor a lei do grupo a todos, mas como vítimas incompreendidas e perseguidas. Longe de constituir uma ameaça para a sociedade civil, são eles que estão ameaçados. Quando vemos ou lemos no *Hamodia* (23/12/2011) "que todos se desviam das verdadeiras ameaças que pesam sobre o país para se concentrar em uma ameaça ilusória por pura raiva dos *haredim*, sentimos fortemente até que ponto nos tornamos o alvo de uma verdadeira ameaça...". A retórica dos *haredim* faz uso permanente da técnica da retorsão, retomando os argumentos do adversário para invertê-los e usá-los contra ele. Assim, não são as mulheres que sofrem a opressão dos ultraortodoxos, mas são os ultraortodoxos, especialmente, que são pressionados pelos laicos, porque se está atacando seu modo de vida tradicional fundado no respeito à lei divina, aos preceitos da Torá e da modéstia. A humilhação sofrida pelas mulheres obrigadas a ficar na parte de trás do ônibus torna-se aquela que lhes é imputada pelos laicos: os cartazes afixados nos veículos públicos são destinados a "humilhar" "a mulher *haredit*, que coloca, conscientemente e por vontade própria, a modéstia no topo dos seus valores" (*Hamodia* 25/12/2011). A oposição entre as luzes e o obscurantismo é retomada em outro registro e é invertida: é a luz da Torá que explode contra as trevas da vida laica (*Hamodia*, 23/12/2011). Além disso, a versão dada pelos laicos se transforma em sarcasmo: trata-se "de um paternalismo repugnante (apenas uma mulher laica esclarecida saberia o que convém a uma mulher *haredit* adepta do obscurantismo)", escreve Emilie Amroussi em *Israël Hayom* (23/12/2011).

Enfim, e sintomaticamente, a fórmula de "coerção religiosa", amplamente utilizada em Israel para se referir à imposição forçada de leis religiosas ao conjunto da população voltou a se tornar a "coerção laica". A nova fórmula circula e se impõe, pelo menos em parte, no espaço público. Boaz Bismuth (*Israël Hayom*, 30/12/2011) utiliza, de uma só vez, as duas expressões: "Viver e deixar-se viver é a única forma de viver neste país. Sem constrangimento religioso e também sem constrangimento laico". Uma crônica de Israel Cohen em *Mako*, a versão na internet do jornal diário de grande circulação *Maariv*, intensifica, por sua vez, a expressão "coerção laica". "Parem com o constrangimento laico", escreve, no fórum de discussão de *Haaretz*, Itai, "um religioso que toma as coisas a peito" (15/12/2011 [18/12/2011]). "Tenho o direito de me sentar onde eu quiser", escreve o internauta que se assina como "judeu", "e quero me sentar segundo as regras da modéstia!!!!!" [*Hadrei Haredim*, 19/12/2011, 08h50]. "Está na hora de lhes dizer: até agora. Parem com a coerção laica" (*Hamodia*, 27/12/2011).

Desde então, é o argumento da liberdade de culto e da liberdade das minorias que assume a primazia: "Os ultraortodoxos são também uma minoria que deve ser levada em consideração" (*Haarets*, 14/12/2011, 19h26, p. 5). Contudo, alguns tentam impor à população ultraortodoxa um modo de vida oposto à sua visão do mundo" (*Hamodia*, 19/12/2011). E, com mais força, *Hamodia* escreve:

> Sem vergonha, eles lutam usando uma coerção laica contra o nosso direito de manter as prescrições da lei religiosa judaica, o que é totalmente antidemocrático e lembra regimes obscurantistas que violaram o direito de seus cidadãos, sob pretextos virtuosos bem conhecidos... Existe uma radicalização e um constrangimento exercido por uma minoria laica extremista, com muito dinheiro no exterior e com o apoio de mídias hostis que trabalham juntas para excluir e comprometer a honra da mulher ultraortodoxa e para discriminar a sociedade ultraortodoxa inteira (18/12/2011).

O "constrangimento exercido por uma minoria laica extremista constitui um perigo grave para a democracia, o que deve inquietar qualquer cidadão no país" (*Hamodia*, 18/12/2011). Além disso, os jornalistas ultraortodoxos destacam o fato de a separação dos sexos ser legal, visto que ela foi aprovada pela justiça israelense sob a condição de ser imposta à força – contudo, "essa ordem decorre das mulheres que, por iniciativa própria e sem constrangimento, pedem para protegerem sua honra nos transportes públicos" (*Yated Ne'eman*, 30/12/2011). São, portanto, aqueles que atacam a exclusão que não estão do lado da legalidade e não respeitam as decisões do tribunal que deve regular a vida na democracia. Claramente, e segundo uma receita já conhecida, os valores democráticos se voltaram contra os laicos que pretendem defendê-los. Eles são desacreditados por sua intolerância, seu desprezo a costumes que não correspondem aos seus, sua recusa em conceder direitos às minorias, seu desdém pela lei.

No conjunto, o embate midiático sobre a exclusão das mulheres é interpretado pelo Oponente como uma tentativa de se atacar toda a comunidade ultraortodoxa. Essa opinião repercutiu até na imprensa laica; na crônica de Emilie Amaroussi, lê-se: "Aqueles que falam da 'exclusão das mulheres' querem dizer que os ultraortodoxos, eles não podem sofrer...[...] Não se trata da exclusão das mulheres, mas da exclusão dos ultraortodoxos (*Israël Hayom*, 23/12/2011)." Deve-se ter observado a expressão "exclusão dos ultraortodoxos", que retoma e inverte a fórmula "exclusão das mulheres" e que se encontra em diversos momentos em textos jornalísticos. Tratar-se-ia, segundo eles, de uma verdadeira tentativa de deslegitimação: o que as mídias estrangeiras fazem a Israel seria semelhante ao que "as mídias israelenses fazem à comunidade ultraortodoxa". A fundação que subvencionaria os partidos de esquerda para fazer cair o governo seria também aquela que lutaria para deslegitimar os ultrarreligiosos, de forma a fazer crer que estes ameaçariam a existência do Estado de Israel (*Hamodia*, 23/12/2011). A utilização do termo "deslegitimação" remete em hebraico à fórmula "a deslegitimação de Israel", atribuída a forças hostis que querem riscar o Estado de Israel do mapa. Ela estabelece uma analogia significativa entre os ultraortodoxos e Israel, por um lado, e entre os poderes que tentam erradicar o estado e aqueles que se atêm aos *haredim*, por outro. Como no caso do Estado de Israel, o inimigo tenta privar os ultraortodoxos do seu direito de serem o que são e se esforça para destruí-los. *Hamodia* vai mais longe e compara o que se passa atualmente em Israel com as manifestações de antissemitismo que vêm à memória. "A incitação ao ódio – muito grave – contra a população ultraortodoxa é semelhante às declarações dos grandes antissemitas na diáspora" (*Hamodia*, 29/12/2011). "Uma parte dos artigos e das informações divulgadas nas mídias israelenses ontem teriam seguramente suscitado a reação 'incitação ao antissemitismo', se eles tivessem sido escritos contra os judeus em países estrangeiros" (*Hamodia*, 19/12/2011).

Não nos surpreende, nessas perspectivas, que o termo mais frequentemente mobilizado pelas mídias ultraortodoxas seja o da incitação ao ódio, tentativa de encorajar uma população contra indivíduos ou grupos. O termo é oriundo de axiologias já conhecidas: "A incitação ao ódio selvagem e sem moderação contra a população ultraortodoxa continua" (*Yated Ne'eman*, 26/12/2011). "Os dias de incitação midiática ao ódio são dias aterrorizantes", lê-se no *Hamodia*, (19/12/2011). "Tenta-se reforçar o ódio e a hostilidade contra o judeu ultraortodoxo" (*Hamodia*, 23/12/2011). O principal culpado visado é a imprensa, "o incitador nacional" (é o título de um artigo do *Hamodia*, de 19 de dezembro), cuja ocupação é levantar uns contra outros e que, com sua preguiça e futilidade, só pensa em encontrar informações sensacionalistas para a primeira página.

Diversas razões são dadas para a perseguição aos ultraortodoxos. Algumas são de ordem moral – o pânico desencadeado pela identificação crescente dos cidadãos com sua comunidade, o ciúme desencadeado pelo seu modo de vida harmonioso. Outros avançam com o tema da conspiração: os acontecimentos presentes não surgiram de forma espontânea, mas foram cuidadosamente programados por grupos hostis. "A guerra contra 'a exclusão das mulheres' não surgiu por ela mesma em uma noite [...]. Trata-se de um processo que foi cuidadosamente planejado" (*Hamodia*, 25/12/2011). Não foi por acaso que Tanya subiu naquele ônibus, nem que as mídias fizeram todo um alarido em torno do episódio: há inimigos por trás dessa campanha, subvenções são pagas pelo estrangeiro para sustentar o movimento e oprimir os ultraortodoxos. "Eis um momento em que elementos marginais sustentados por fundações da extrema esquerda criam a incitação ao ódio e à provocação, tentando prejudicar a empresa abençoada das linhas *mehadrin*" (*Hamodia*, 18/12/2011). Assinalamos os "fatores interessados" que alimentam a hostilidade contra estes com uma "propaganda hipócrita e bem orquestrada" (*Yated Ne'eman*, 26/12/2011). De modo geral, são os meios denominados de esquerda os visados por essas denúncias de conspiração.

Isso nos leva às razões de ordem política alegadas para explicar uma atitude injustificada contra os ultraortodoxos. A questão do jogo dos posicionamentos se torna um argumento nas mãos do Oponente. Algumas vozes apresentam toda a questão como uma manobra da oposição contra o governo atual. Assim, Uri Maklev, deputado do partido ultraortodoxo O Judaísmo da Torá, que faz parte da coligação do poder, declarou:

> O interesse levantado sobre a exclusão das mulheres é político e destinado a prejudicar o governo... Quando a direita está no poder com os ultraortodoxos, sempre há questões desse gênero. É ainda uma batalha dentre várias outras que a oposição alimenta para golpear o primeiro-ministro através dos ultraortodoxos. (*Israël Hayom*, 27/12/2011).

Esta posição se encontra no *Hamodia* (19/12/2011): "Não é impossível que [esta orquestração] derive de uma intenção política de seus responsáveis, que trabalham de forma muito enérgica para provocar a queda do atual governo". E, citando o parlamentar muito respeitado, Gafni: "O chefe do governo cai na armadilha preparada pelas mídias" (*Yated Ne'eman*, 15/12/2011). A prova disso é sua intervenção na Knesser sobre a exclusão das mulheres – pois, mesmo se os fatos fossem verídicos, observa uma carta aberta dos parlamentares de Yahadout Hatorah ao chefe do Estado, seria necessário reagir com tal energia a um caso completamente isolado, enquanto centenas de milhares de passageiros tomam, há 20 anos, sem nenhum incidente, os ônibus *mehadrin*? Os motivos duvidosos do político que vela por sua popularidade, na dependência de seus aliados da coligação do governo, são às vezes denunciados com menos delicadeza, e Netanyahou é acusado de sacrificar seus aliados em proveito de sua popularidade eleitoral. É também de oportunismo político que são acusados aqueles que querem se aproveitar da ocasião para promover seu partido ou criar para si um nicho específico. A propósito do Kadima, na época dirigido por Tzipi Livni, que combate a exclusão das mulheres de forma árdua, um jornalista observa como se coloca em prática o velho preceito: "Vença os ultraortodoxos e salve o partido" (*Hamodia*, 25/12/2011). Flechas são lançadas contra Yair Lapi, que atacou o setor ultraortodoxo em seu programa de televisão – o jornalista pretende entrar na política seguindo os passos do seu pai Tommy Lapid, conhecido por suas posições laicas militantes (*Hamodia*, 26/12/2011).

No todo, podemos perceber que os ultraortodoxos contra-atacam em uma orquestração de vozes que se aliam para inverter o cenário dos agressores e das vítimas, e também podemos construir um *ethos* coletivo que contradiz, em todos os pontos, a representação elaborada pelas mídias. A imagem da minoria oprimida, da comunidade judaica perseguida e impedida de praticar sua religião, do grupo que sobrevive e ganha o jogo através de uma resistência passiva obstinada, lembra a do judeu da diáspora – essa minoria transpõe, muito simplesmente, em Israel, qualquer barreira. A resposta polêmica da imprensa trabalha para reforçar a unidade da ala dos ultraortodoxos, confrontando-os em seus valores, em seus usos e costumes, e em seu direito. O descrédito lançado contra seus adversários – todos aqueles que não participam do mundo ultraortodoxo e o criticam – contribui para acentuar uma polarização, já existente na comunidade, em que o separatismo é rigoroso, e para conferir-lhe uma natureza militante e agressiva.

OS PERIGOS DA POLARIZAÇÃO

Neste ponto, uma observação se impõe sobre a desqualificação e a polarização extrema que suscita a polêmica da exclusão das mulheres em Israel. O Outro é aqui o representante de um mal absoluto que convém erradicar – como o indicam as metáforas do câncer: "Israel tem necessidade de uma quimioterapia agressiva contra o câncer denominado a 'exclusão das mulheres'" (*Israël Hayom*, 18/12/2011, Miki Jessin, diretor da associação "Israel Livre"). Uma vez que os comportamentos dos ultraortodoxos se tornam um Mal a ser combatido, o abismo entre as duas populações aumenta, acentuando uma polarização na qual se aprofundam divisões identitárias. No limite, a divisão em campos opostos leva a uma fratura – Yaron London fala explicitamente de separação das populações: "se somos condenados a viver sob a tutela dos irmãos muçulmanos judeus, separemo-nos" (19/12/2011). Ilan Osfeld escreve em *Israël Hayom*, em 25/12/2011: "E não nos ameacem com uma 'guerra fratricida': aqueles que se portam assim não são meus irmãos". Os ultraortodoxos, de seu lado, fecham-se em um separatismo extremista que os isola totalmente do restante da população, da qual dizem ser vítimas inocentes. A fratura é total.

Frente a esse perigo, surgem, nos dois campos, tentativas de atenuar a divisão cada vez mais exacerbada entre a maioria e a minoria ultraortodoxa. A polarização extrema é substituída por aquela, menos perigosa socialmente, de uma maioria esclarecida e moderada e de uma leva de fanáticos que não é em nada representativa da comunidade ultraortodoxa. Se *Hamodia* e *Yated Ne'eman* se contentam, em geral, em pedir a todos que respeitem as regras de cortesia, que é uma virtude bíblica, sem denunciar os excessos dos seus, algumas vozes, no entanto, imputam atos a uma ínfima minoria de fanáticos não mais apoiada pela comunidade ultraortodoxa. Condenando os excessos e as violências de uma pequena minoria para eliminá-la do grupo, essa linha de defesa quebra o isolamento tão desejado (eles são colocados à parte) e imposto (eles são estigmatizados) pela comunidade ultraortodoxa e a apresenta como parte integrante do povo, numa oposição entre todo o país e um grupo de extremistas perigosos contra o qual todos se rebelam. Essa é a linha adotada pelo deputado Moshe Gafni, ao perguntar à imprensa por que ela aponta o dedo e o que ela tem a ver com pequenos *yeshivot* marginais (centros de estudos da Torá e do Talmud) que cometem violências. O deputado menciona que foi, ele próprio, atacado fisicamente em Mea Shearim (o bairro dos ultraortodoxos extremistas que não reconhecem o Estado de Israel) e acrescenta: "Essas pessoas, inimigas do Estado, não atacaram o deputado parlamentar Uri Maclev, quando ele veio comigo [...]?", acrescentando que ele considera que os fanáticos devem ser punidos com todo o rigor da lei. Essas propostas são relatadas em um artigo publicado no *Yated Ne'eman*, intitulado: "O que eles querem de mim?", com uma foto de Gafni.

Seguindo essa linha, acusa-se o adversário de confundir todo um setor da população com um pequeno número de fanáticos. Ao se estabelecer essa ligação, prejudica-se injustamente a comunidade ultraortodoxa.

> Como acontece frequentemente por aqui, a crítica legítima de segmentos marginais que circulam dentro da sociedade ultraortodoxa leva frequentemente a uma crítica injustificada e generalizada de todo um setor da população. Sem nenhuma precaução, todos os seus membros foram taxados de obscurantistas, primitivos e violentos, sem distinção de grupo religioso, de comunidade e de sexo. (doutor Aviad Ha-colhe, *Israël Hayom*, 28/12/2011).

Encontra-se o mesmo raciocínio em *Hamodia*, de 29/12/2011, que fala desses grupos violentos que querem impor sua lei e causam prejuízos materiais e psíquicos. Bynyamin Hinks, um escritor, afirma igualmente que não se pode condenar toda essa parte da população por causa de uma reduzida minoria ativista. Fica-se no tom do ataque polêmico, mas isso, dessa vez, pode tapar um pouco a fresta que foi escavada entre os dois campos.

Na imprensa generalista também tenta-se impedir a guerra fratricida, modificando um pouco o cenário. Afirma-se que o problema não está no conjunto da população ultraortodoxa, mas nos integralistas que aterrorizam igualmente os ultraortodoxos. Na sua intervenção na Knesset, o primeiro-ministro declarou: "Penso que não se deve deixar grupos marginais destruírem nosso denominador comum". Gideon Sa'ar, o ministro da Educação, insistiu no fato de que os "sicários"[2] (os grupos extremistas) não representam toda a população ultraortodoxa. Os incidentes da pequena cidade de Beit Shemesh, onde crianças são expostas aos insultos e às cuspidas dos ultraortodoxos que moram perto de suas escolas, permitiram fortalecer essa tendência. A imprensa laica permitiu que várias vozes críticas, oriundas dos meios religiosos, fossem ouvidas; o qualificativo "extremista" foi apregoado repetidamente. Uma mulher praticante que foi cuspida por um religioso escreveu: "Os extremistas não agem em nome da Torá [...] O que eles fazem é uma profanação, e dão ao judaísmo uma cara que nunca foi a sua" (Alissa Kolman, *Yediot Aharonot*, 27/12/2011). Outros estabelecem ainda uma divisão entre os fanáticos que se colocam em uma posição mais importante e o conjunto dos ultraortodoxos que padece com essa minoria ativista e tem medo dela. Assim, Yair Lapid, célebre publicitário, que mais tarde passou para a política e, em 2013, se tornou ministro da Economia, fala no *Yediot Aharonot* que todos os ultraortodoxos compreendem bem que aqueles que ultrapassam o limite prejudicam a sua comunidade e a estigmatizam aos olhos de toda a população. Os ultraortodoxos sensatos, quer dizer, razoáveis ("e eles são muito mais numerosos do que se pensa"), devem, desde então, segundo Lapid, se voltar contra os extremistas de seu próprio grupo. É, então, em termos de oposição entre os moderados de todos os campos acessíveis à razão e os fanáticos extremistas que se reformula, de forma amena, a polarização. A própria Tanya Rosenblit declara: "Na minha opinião, a melhor maneira de tratar o problema consiste em se deixar ouvir, em alto e bom som, a voz dos moderados e das pessoas racionais tanto do grupo dos laicos, quanto no dos *haredim*. Devemos todos nos unir contra esse fenômeno..." (*Yediot Aharonot*, 27/12/2011).

Portanto, a partir do momento em que a polêmica intensifica uma polarização propícia à luta, mas é carregada de uma ameaça de explosão e de uma irremediável ruptura do tecido social, esforços para modificar os termos dessa realidade vêm surgindo. Reunindo em um mesmo grupo todos os moderados suscetíveis a fundamentar um acordo razoável, a gestão da polêmica pública tenta evitar o risco de uma destruição total da unidade nacional e de uma consequente expansão da violência. Porque, como insiste B. Netanyahou sobre essa questão, quando do episódio de Tanya Rosenblit, "a sociedade israelense é um mosaico complexo de judeus e de árabes, de laicos, de religiosos e de ultraortodoxos, e, até o momento, encontramos um modo de coexistência pacífica graças a um respeito mútuo de todas as partes da sociedade [...]. Devemos procurar o que une e o que permite estabelecer pontes, e não o que divide e separa...". É nessa perspectiva que a jornalista ultraortodoxa Shoshana Chen publica no *Yediot Aharonot* (27/12/2011) uma carta aberta à sua irmã laica:

> Sinto que nos precipitamos em um turbilhão que cria uma atmosfera violenta, impedindo as pessoas de se expressarem e acabando com as interações, o que encoraja a censura. Você me combate, me vê como uma ameaça que pesa sobre seu modo de vida e nem mesmo tenta me compreender e me respeitar... Então, venha, minha irmã, retomemos o bom senso e o partilhamento da palavra...

Essa tentativa destinada a estabelecer um diálogo entre as partes é excepcional. Ela marca, no entanto, a tomada de consciência dos perigos provocados pelo exagero descontrolado da polêmica, mostrando como esta pode suscitar o desejo de restabelecer uma interação. Essa tentativa é ainda mais notável não pelo fato de restabelecer uma interação interrompida, mas, sim, por criar um diálogo quase inexistente entre mulheres laicas e ultraortodoxas. Uma reviravolta no que se refere à polêmica violenta que se mantém evidentemente utópica...

* * *

A polêmica sobre a exclusão das mulheres se estende no espaço público através de dois conjuntos de discursos monogeridos – o dos laicos e religiosos moderados e o dos ultraortodoxos. Em cada um deles, os locutores se dirigem principalmente aos seus e trabalham para persuadir aqueles que pensam como eles. Assim fazendo, eles fortalecem determinado grupo de um lado e do outro e, até mesmo, criam um isolamento identitário em torno da defesa de seus próprios valores. Deve-se ter observado que os diversos atores, globalmente reagrupados em duas partes, se debatem até chegarem ao total desacordo. Os mesmos elementos são objeto de um enquadramento diferente que lhes dá significados opostos, baseados em premissas incompatíveis. Assim, alguns veem uma separação necessária e saudável dos sexos onde outros veem uma discriminação e uma exclusão das mulheres do espaço público. Além dessa incompreensão fundamental, que marca o que Angenot (2008) denomina como uma ruptura cognitiva e o que Fogelin (2005[1985]) denomina como um desacordo profundo, desenha-se, todavia, uma verdadeira simetria. Não é apenas a da interincompreensão na qual Maingueneau (1983) via a chave da polêmica. É também uma similitude das atitudes na distribuição dual dos papéis e na gestão do conflito. É que cada uma das partes antagônicas se sente ameaçada pela outra, na qual ela vê um agressor perigoso (a violência feita contra as mulheres e contra a lei laica em relação à violência feita aos ultraortodoxos e às minorias). Cada uma dessas partes se engaja de forma passional na luta da qual faz depender sua sobrevivência identitária – a de uma entidade democrática participando de uma cultura ocidental progressista ou a de uma entidade judaica submissa à lei divina. Alguns falam de coerção religiosa, outros remetem à noção oposta – a de coerção laica. Em síntese, trata-se, para cada grupo, de lutar verbalmente contra o Outro para manter seus direitos de viver segundo suas próprias concepções em um mesmo Estado. A polêmica se nutre, assim, de uma similitude, ainda que invertida, que a alimenta, em contrapartida.

Nos dois grupos, os discursos publicados nas mídias são retomados, repetidos, acumulam-se e acabam por oferecer argumentos recorrentes que se estabilizam em blocos de argumentos antagônicos. Uma estrutura agonística se desenha, assim, opondo os raciocínios do Proponente aos do Oponente. Contudo, não há diálogo: este só emerge quando ambos os grupos se dão ao trabalho de reconstruí-lo a partir da difusão de enunciados que circulam no espaço público. Na realidade, não se trata de uma troca de fala, de uma interação ao vivo, ou retransmitida, que permite um confronto racional de pontos de vista. O diálogo – caso haja diálogo – permanece virtual e, por isso, não engaja os locutores (que não são verdadeiros interlocutores) em uma busca comum do razoável. Trata-se aí de um dispositivo típico dos meios de comunicação de massa. Ele se afasta muito da deliberação, em que duas instâncias tentam, em uma interação regrada, encontrar uma solução para um problema de sociedade.

Sem dúvida, o discurso polêmico, que visa desacreditar o adversário e construir, contra ele, uma identidade coletiva em torno de uma reivindicação comum, dispensa as duas partes de se engajar em um verdadeiro diálogo. E, principalmente nesse caso específico, trata-se de grupos isolados uns dos outros, que não partilham as mesmas mídias. O que está em causa é um caso extremo, em que duas imprensas se desenvolvem em paralelo para dois auditórios distintos: no limite, é um espaço público dividido onde os pontos de contato entre os grupos são mínimos. Ao investir na totalidade do espaço público, a polêmica faz emergirem, no entanto, arrazoamentos e posições diametralmente opostas que permitem a cada uma das partes deixar ouvir sua voz para influenciar nas decisões coletivas e no futuro da coletividade. Mas há mais: pudemos ver que, além dos discursos que se dirigem a um auditório já conquistado, encontros – embora agonísticos – se delineiam. Além do diálogo intrínseco presente em todo confronto, encontram-se espaços discursivos em que a voz do Outro se faz ouvir livremente – o jornal *Israël Hayom*, que recebe textos de ultraortodoxos, os sites da internet laicos e ultraortodoxos em que as palavras se cruzam, ainda que no sentido de cruzar espadas. As duas partes têm, então, a possibilidade de fazer ouvir ao outro o seu ponto de vista, de expor além do seu próprio campo argumentos que repercutiram e de rebater os argumentos contrários. Elas não conseguem chegar a um acordo, não falam diretamente, mas, de certa forma, se comunicam.

Além disso, em relação à tempestade provocada, essas partes cuidam, de ambos os lados, de evitar os excessos e a violência e de lembrar a necessidade de não colocar a unidade nacional em perigo. A polêmica verbal permite, assim, transformar em adversários os inimigos que devem ser erradicados – quer dizer, nas palavras de Chantal Mouffe, um "inimigo legítimo" com o qual se luta verbalmente em nome de princípios comuns sobre cuja significação a interpretação diverge, às vezes radicalmente. A expressão discursiva do conflito cria uma união social até na polarização. Mesmo se os dois campos não se entendem sobre a noção de espaço público, sobre a noção de respeito aos direitos da mulher, sobre o lugar da religião no Estado, sobre o significado do princípio da liberdade individual na democracia, eles tratam dos mesmos referentes e concordam com o fato de que aquilo deve ser discutido. É que eles partilham, querendo ou não, um mesmo espaço nacional. Paradoxalmente, é, portanto, a polêmica pública, como troca agonística, que permite a coexistência que, em seus excessos, ela parece ameaçar. Além disso, ou mais que isso, por suas funções de protesto, de incitação à ação e de união identitária, a polêmica pública tem como função autorizar a coexistência no *dissenso*.

NOTAS

[1] Todas as citações originalmente em hebraico foram por mim traduzidas.
[2] Termo pelo qual se designava uma seita de judeus fanáticos que usava a violência no tempo da luta contra os romanos (cf. Flávio Josefo [historiador romano-judaico do século I d.C.] sobre a Guerra dos Judeus).

TERCEIRA PARTE
RAZÃO, PAIXÃO E VIOLÊNCIA:
o debate sobre os bônus e a opção de compra de ações

RACIONALIDADE E/OU PAIXÃO
A opção de compra de ações em tempo de crise

Será que a polêmica se situa necessariamente sob o signo da paixão? É o que deixa supor a opinião pública, que vê na paixão a própria marca da polêmica. Essa opinião coloca a polêmica sob os auspícios da paixão em dois sentidos: como *pathos*, em seu sentido retórico, ou seja, como tentativa de suscitar afetos no auditório; e também como sentimento expresso com veemência por um locutor profundamente implicado na sua proposta. Na linguagem corrente e nos jornais, a presença de uma emoção viva é suficiente para que se fale em polêmica. Kerbrat-Orecchioni observa, em relação às definições lexicográficas: "Ao contrário, essa é uma característica (a última) que as definições cristalizadas mencionam quase de forma unânime e que é conveniente admitir como absolutamente pertinente: a polêmica se inscreve num contexto de violência e de paixão" (1980, p. 7); a polêmica é um "discurso de paixão" (1980, p. 16).

A crítica dessa *doxa* realizada no discurso de pessoas cultas investiga se efetivamente a paixão é uma característica intrínseca à polêmica. É verdade que a indignação e a cólera, que são abundantes nos exemplos de polêmicas já citados, aparecem em muitas outras formas de interação verbal. Sua simples presença nesses exemplos não é de modo algum suficiente para provar o caráter polêmico do discurso ofensivo: é necessário ainda que se acompanhem de um embate de opiniões contraditórias. Sob essa óptica, Micheli afirma que "a construção discursiva da emoção" é "um traço *característico* do discurso polêmico, mesmo que esse traço não seja, propriamente falando, *definitório* e não possa, sozinho, servir para distinguir a polêmica de outros gêneros discursivos semelhantes" (Micheli, 2010b, p. 360).

O *pathos* é indispensável à polêmica? Sob quais modalidades ele aparece na polêmica e quais funções desempenha nela? A questão da paixão tem importância na medida em que põe em causa a racionalidade da polêmica e sua capacidade de contribuir para a deliberação, isto é, de construir um espaço público em que as decisões podem ser tomadas com base em um debate aberto. Se nos atemos à opinião corrente, os sentimentos paralisam a reflexão e não permitem avaliar com serenidade os prós e os contras das teses presentes em um debate. A opinião do filósofo da polêmica (Foucault, 1994) e a opinião expressa na imprensa (Koren, 2003) estão de acordo nesse ponto. Fortemente implicado no seu discurso, o locutor corre o risco de se deixar levar pela impetuosidade dos seus sentimentos, desviando-se da linha reta do raciocínio. Se o raciocínio estiver animado pela paixão, é muito provável que esteja enviesado. "Uma propriedade distintiva da lógica dos sentimentos", observa Parret (1986, p. 141), "é que a conclusão é sempre determinada de forma antecipada, pelo menos virtualmente". É essa perspectiva que defende igualmente Michel Meyer em *O filósofo e as paixões*, quando diz que a paixão "incide totalmente nas razões apresentadas, porque essas razões são admitidas previamente como razões anteriores e externas, que não são ditas" (1991, p. 320), embora os argumentos sejam um simples "pretexto para validar crenças prévias, elas próprias fora de questão" (1991, p. 321). Estamos longe da capacidade de pesar os prós e os contras que devem caracterizar um debate. Mesmo no que se refere à capacidade de persuasão, a emoção do locutor pode ter efeitos negativos. Segundo Perelman e Olbrechts-Tyteca (1970 [1958]), o orador levado por sua paixão quase não consegue se adaptar ao seu auditório: tomado por seus sentimentos, ele não se preocupa suficientemente com as premissas partilhadas sobre as quais deve fundamentar sua construção persuasiva.

O mesmo acontece se nos colocarmos no ponto de vista do receptor. Como o discurso polêmico tenta suscitar os sentimentos do auditório, manipulando o *pathos*, esse discurso é acusado de perturbar o julgamento do público: ele apelaria mais para uma identificação espontânea do que para uma reflexão madura. Seria, assim, ao mesmo tempo eficaz – ele carrega o público – e moralmente condenável – ele é manipulador. Encontram-se aí as discussões sobre o *pathos* que atravessam toda a história da retórica e das teorias da argumentação. Sabe-se que Cícero falava sobre esse tema de "perturbar as almas" mais do que sobre "clarear os espíritos" (1966, II, p. 95), numa nítida divisão entre o coração e a razão. Essa divisão quase não perturba os retóricos, que, preocupados, antes de tudo, com resultados, vangloriam-se de alcançar os objetivos de uma arte da persuasão. Ela parece muito mais condenável para todos aqueles que se preocupam com uma ética da discussão respeitosa da liberdade de julgamento do outro e com uma validade lógica que a intrusão do *pathos* afeta ao encorajar os raciocínios falaciosos (*ad misericordiam, ad baculum...*). Na medida em que se permite à polêmica recorrer massivamente ao afeto, ela pecaria tanto em relação à razão quanto em relação à ética.

Como nos capítulos precedentes, exploraremos aqui o aspecto passional da polêmica a partir de um caso concreto. Este foi extraído de um debate polêmico que agitou a França (e o mundo) no período de crise financeira que eclodiu em 2008, e mais particularmente em discussões midiáticas inflamadas que aconteceram em 2009 na França, sobre a questão dos bônus e da opção de compra de ações distribuídas aos donos dos bancos e das grandes empresas – particularmente aquelas cuja situação precária as levou a pedir e a receber ajuda do Estado. Um problema desse tipo coloca, com maior agudeza, a questão da racionalidade na polêmica pública e da contribuição do *pathos* para o julgamento e para a tomada de decisão. As opções de compra de ações ou os bônus advêm de uma regra inerente ao sistema econômico em vigor: nesse domínio, supõe-se que a reflexão se apoie em um raciocínio rigoroso que deixa muito pouco espaço para o emocional. O discurso sobre a crise financeira emana sob o princípio dos dirigentes, dos experts e dos jornalistas especializados, que têm por obrigação apresentar argumentos logicamente válidos sobre o que convém fazer para avaliar a situação. No entanto, a crise que afetou o(s) país(es), e que não deixa de ter efeitos tangíveis nos meios financeiros e nas economias dos cidadãos comuns, alguns dos quais se encontram desempregados, suscitou nas mídias um debate global que ultrapassou de longe as fronteiras profissionais. É o discurso que circula nos artigos de informação e de opinião (fora das páginas especializadas) publicados nos jornais, assim como nos debates de não especialistas que ocorreram na internet. Os locutores se encontram, muitas vezes, sob fortes emoções – sobretudo quando, como nos exemplos que examinaremos aqui, uma onda de indignação se levanta contra os bônus e as opções de compra de ações que continuam a ser distribuídos aos diretores de empresas nesse período de enormes perdas financeiras. Contudo, esses "indignados" pretendem iniciar e participar de uma discussão pública passível de oferecer soluções eficazes para uma situação considerada intolerável. O discurso deles participa, dessa forma, da "argumentação prática" de que tratam Fairclough e Fairclough, isto é, uma argumentação do tipo "meios-fins", "em que a tese ou a conclusão ('deveríamos fazer *A*') é um julgamento sobre os meios que devem ser colocados em prática para atender à finalidade (ao objetivo)" (2012, p. 4). Estamos bem no âmago do debate, quer dizer, do processo que consiste em engajar uma reflexão comum destinada a fundamentar escolhas coletivas através de um exame das razões passíveis de justificar uma opção dentre outras opções concorrentes.[1] A questão do lugar que o sentimento pode ocupar em um raciocínio a ser validado coloca-se aqui em toda a sua urgência.

O LUGAR DO *PATHOS* NA POLÊMICA

Debates polêmicos sem *pathos*

Voltando à noção de polêmica pública como circulação de discursos, é necessário, inicialmente, reconhecer que as discussões racionais isentas de paixão estão longe de existir. Na verdade, a polêmica se funda numa dicotomização de posições que leva a uma polarização em que o outro se encontra desacreditado, mas que não se manifesta necessariamente por marcas discursivas de emoção ou por apelos à paixão.

Assim, no caso de Chevreux, uma filial da corretora de ações do banco Crédit Agricole, que distribui 51 milhões de euros de bônus aos seus executivos ao mesmo tempo em que demite 75 empregados, duas posições antagônicas se confrontam. A primeira estabelece o caráter escandaloso dessas práticas e a necessidade de impedi-las; a segunda estabelece o caráter legítimo da distribuição dos bônus e a natureza errônea do clamor levantado contra ela. A denúncia repousa sobre a crítica da injustiça para a qual Fairclough e Fairclough mostraram diversos recursos em sua análise de um debate paralelo sobre a City na Grã-Bretanha. Um é a justiça como recompensa do mérito: os interessados recebem bônus que não retornam a eles porque não obtiveram o sucesso esperado. Mdp 75 escreve assim: "é isso, agora não é mais necessário obter lucros para manter esses prêmios. Basta apenas demitir uma massa assalariada equivalente ou se beneficiar da ajuda do Estado" (quarta-feira, 25 de março, 15h04). Além dos bônus, alguns se atêm, nessa mesma perspectiva, aos salários mirabolantes, como Jef94: "Como justificar hoje que alguém que ganhe 6 vezes mais que 20.000 euros mensais?" (quarta-feira, 25 de março, 14h41). É, então, o fracasso que se vê injustamente recompensado quando aqueles que têm a responsabilidade de uma empresa e que não conseguem realizar sua missão recebem, no entanto, vultosas somas.

Outro princípio de justiça é aquele que diz que um mesmo tratamento seja aplicado a todos, isto é, aos dirigentes e aos assalariados. Fairclough e Fairclough (2012, p. 190; tradução da autora) resumem isso da seguinte forma: "Se os banqueiros querem conservar os seus ganhos, inicialmente, eles devem absorver as perdas e pagar as dívidas [...] não é justo [fazê-los] receber bônus enquanto os contribuintes, que salvaram o sistema, perdem seus empregos...". É o que se infere claramente do título do artigo redigido por Nicolas Cori: "Chevreux, superbônus, 75 demissões". Jemto31 fala de uma "França em duas velocidades" – a dos patrões remunerados de forma abusiva enquanto os outros têm dificuldades financeiras ou se encontram desempregados (quarta-feira, 25 de março, 11h01). A situação de Chevreux apresenta, então, a imagem de uma injustiça global, uma imagem que reforça a polarização entre os favorecidos e os desfavorecidos. Encontramos aí uma concepção de justiça que repousa sobre a igualdade de todos os cidadãos traduzida em termos de distribuição equitativa de riquezas.

Essas críticas não se dirigem apenas aos diretores de empresa; elas visam também ao governo, que autoriza, ou mesmo favorece, tais práticas:

> Todas essas pessoas que no mundo inteiro extorquem os salários, que demitem para economizar 32 *mids* e gastam 51 por fora para elas mesmas, todos se sentem encorajados por um sistema maluco. Esse sistema sem limite, sem restrição, foi encorajado por uma total ausência de determinação dos políticos. Os verdadeiros responsáveis pela crise são eles. Enquanto eles não se derem conta disso (apesar de todas tendências equivocadas) e não tiverem compreendido que é disso que os cidadãos lhes [*sic*] acusam, não sairemos da crise [...] (Benoitb, 29 de março, 09h08).

Uma acusação que não invalida nem mesmo as reclamações despejadas por Nicolas Sarkozy e seus ministros sobre os bônus e as opções de compra de ações, nem as medidas tomadas pelo governo para enquadrar essas remunerações tão atacadas (um decreto [2009-348], logo julgado insuficiente e ineficaz, foi emitido em 30 de março de 2009 sobre a remuneração dos diretores de empresa que tinham recebido uma ajuda do Estado). É que o Estado tem um compromisso de fazer reinar a justiça, e, recompensando os responsáveis e castigando os inocentes, transgride este "contrato social" (Fairclough e Fairclough, 2012, p. 195). É essa transgressão que é denunciada pelos cidadãos franceses e também pelos cidadãos britânicos, de que fala Fairclough, a partir da polêmica sobre a City.

Esses discursos se agrupam para manifestar uma posição extrema que condena radicalmente a prática dos bônus e aqueles que se beneficiam dela ou aqueles que a mantêm. Uma posição totalmente oposta a esta, que tem mais dificuldade de se fazer entender no conjunto das denúncias, apresenta os bônus e as opções de compra de ações como atitudes justificadas. Mesmo que alguns diminuam o tom nessa apreciação no que concerne à quantidade dos valores em questão, eles defendem a prática incriminada. Para isso, fornecem diversas justificativas. Uma delas é a defesa de um sistema capitalista que, apesar de suas falhas, traz para cada um a liberdade de empreender e de escolher seu tipo de remuneração. Azatothrules assim escreve:

> Estou aberto a qualquer proposta que possa conciliar liberdade de empreender (e assumir riscos) e a repartição mais equitativa de riquezas (porque ninguém assume riscos, mas todo mundo merece ter um salário equivalente a seu trabalho que faz a empresa crescer). (quarta-feira, 25/03/2009, 22h34)

O post coloca em evidência a iniciativa, a tomada de risco, a capacidade de desenvolver a empresa, que justifica a atribuição dos bônus tal como concebida pelo sistema atual, e opõe essa concepção à da luta de classes e do "comunismo/trotskismo, marxismo, chame-o como quiser", que defende Novo, a quem ele responde. Nesse nível, a defesa dos bônus se torna a de um sistema econômico com sua ideologia liberal, contra outras opções econômicas e políticas.

Outra justificativa é dada pelo argumento do mérito compensatório: este estipula que o princípio da justiça não foi infringido. Em um post no blog do *Libé* feito após um texto do mesmo Nicolas Cori que assinou "Chevreux, superbônus, 75 demissões"), Jacks escreve (25/03/2009) que é necessário, para uma avaliação, ver a quem são atribuídas essas quantias e a parte que elas representam no salário de cada um. Ele diz que recebe a metade de seu salário de executivo sob forma de bônus e trabalha, em contrapartida, em média, 70 horas por semana, um final de semana em dois e viaja 40% de seu tempo. No âmbito do sistema existente, o internauta traz um argumento que coloca em causa a compreensão errônea que os críticos têm dos bônus (mesmo se as referidas quantias lhe parecerem, no caso, escandalosas). Não só os bônus podem ser um tipo de remuneração salarial, e não um suplemento, mas também os executivos que se beneficiam deles fornecem um trabalho muito superior ao do assalariado comum, tal como atestam os números informados. Isso é reforçado pelo seguinte post:

> Se, como o penso, essas pessoas trabalham aproximadamente 60 ou 70 horas por semana [...], e se a parte variável constitui, contratualmente, a maior parte de sua remuneração, vejo com certa dificuldade aceitarem renunciar a esses bônus e, francamente, eu os compreendo. (Shadow Captain, 25/03/2009, 12:45)

Um terceiro argumento é o mencionado por Fairclough e Fairclough (2012, pp. 182-3), que afirmam que os lucros a médio e longo prazo do sistema justificam que se crie o impasse sobre seus excessos (ou mesmo sobre suas falhas morais: é necessário suportar alguma forma de injustiça para o bem-estar comum). Pode-se assim dizer:

[...] não é novidade que as atividades de corretagem e de *trading* [comercialização] de produtos diversos... financeiros, petroleiros ou outros sejam muito lucrativas. Por outro lado, a pressão é forte, e a segurança do emprego nulo [*sic*], se não houver resultados. É uma contribuição de um resultado gerado por estas mesmas pessoas, [...] em resumo, impeça esses corretores, *traders*, de receber seus bônus, e eles irão exercer [a mesma prática*] no Reino Unido, na Suíça, na Bélgica etc... espantoso que a França recuse essa parte de mercado lucrativo em termos de taxas diversas para o estado e em termos de emprego. (dutronc19, 25/3/2009, 13:14)

Se, então, as recompensas, que parecem uma infração à regra de justiça, contribuírem para o bem-estar geral, elas devem ser mantidas na medida em que essa produção de riquezas é também uma fonte de empregos, embora, no caso de supressão dessa produção, a população não possa vir a ser prejudicada.

Esses exemplos concernem a apenas uma pequena parte do debate que se desenvolveu no *Libé*, um jornal de esquerda, sobre a questão dos bônus da filial da corretora do Crédit Agricole. Eles mostram, no entanto (no fórum desse jornal diário politicamente marcado, em que a unanimidade está, contudo, longe de reinar), como as oposições se apresentam. Em uma discussão em que se encontram tentativas em comum de pesar os prós e os contras de um problema da sociedade – como reagir às distribuições de bônus e de opção de compra de ações no período de crise – surgem vários momentos polêmicos que dicotomizam as posições e as radicalizam sem esperança de compromisso. De um lado, há aqueles que defendem incondicionalmente a supressão pura e simples dessas remunerações excessivas e desmerecidas, a total condenação moral daqueles que se aproveitam delas, com ataques contra o governo, que não as sanciona – ou não suficientemente – e, eventualmente, a denúncia do sistema como tal ("É isso, continuem a atacar os sintomas, ou seja, os bônus e não as causas...", Antoine, 25/03/2009, 13:28). De outro lado, há os mais moderados e menos radicais frente à circunstância (sobretudo em um jornal de esquerda), com comentários que defendem o sistema e o justificam não apenas em nome da lei ("Se Chevreux não pagar, eles vão aos tribunais e vão ganhar", Shadow captain), mas também em razão dos princípios de recompensa do trabalho investido e do lucro gerado para

---

* N.T.: O acréscimo entre colchetes é sugestão nossa para explicitar o complemento verbal de "exercer", o que consideramos importante para o entendimento do enunciado.

o bem comum. Uma forte oposição defendendo soluções contraditórias envolve, assim, os adversários, o que eles discutem sobre o caso particular de Chevreux, sobre os princípios dos bônus em situação de crise, ou sobre o sistema econômico a adotar. Os exemplos citados mostram bem que essa oposição, que dicotomiza as posições e leva a uma polarização em termos de divisão social, pode acontecer em uma série de interações e de discursos monogeridos que apresentam a sua tese sem qualquer explosão de afetividade.

A PAIXÃO NÃO PRODUZ A POLÊMICA, MAS A EXACERBA

No entanto, algumas posições, mais do que outras, apelam para a emoção. Assim, a injustiça, que consiste em recompensar aqueles que fracassaram penalizando os outros, pode ser exposta de forma relativamente neutra, como nos posts citados, mas desencadeia muito frequentemente uma intensa indignação que é marcada na sintaxe e na pontuação: "Demitem-se 31 pessoas na França e oferecem em bônus... o equivalente a um ano de bom salário a pessoas que apresentaram resultados negativos??? É o fim dos fins!!!! Demite-se um presidente executivo ou este pede demissão e lhes oferecem 3,2 milhões de euros???" (Coline, 25/03/2009, 12h56). E Maxanticapital escreve no fórum de *Libé*:

> **O ódio!!!**
>
> É necessário erradicar os "PDG" [sigla correspondente a presidente executivo] e rever todo o sistema financeiro, pois já há alguns anos, vem se tornando "cultural" ganhar quantias exorbitantes para não se fazer nada e desprezar aqueles que trabalham como idiotas! Quando ouço políticos falarem em "impulsionar" investimentos, então aí vejo "vermelho/preto". Eles estão totalmente desconectados da realidade, pessoas morrem embaixo de pontes e outros se empanturram: quando vai parar essa bulimia de grana? (quarta-feira, 25/03/2009, 12h48)

A paixão que se expressa nesses discursos não cria polêmica. A dicotomização, a polarização e o descrédito lançado sobre o outro, que estão na origem da polêmica, existem tanto nos discursos quanto na amostra de discurso que não transmitem emotividade. Todavia, a inscrição da emoção, e mais ainda da paixão violenta, no discurso confere à polêmica um caráter mais exagerado. Ela lhe transmite um impulso por si só contagiante. Com isso, a paixão radicaliza e intensifica a expressão da oposição (o "impulsionar investimentos" *vs.* "rever todo o sistema financeiro"), da ruptura social ("aqueles que trabalham que nem idiotas" e aqueles que recebem "vultosas quantias para não fazer nada", "pessoas morrem embaixo das pontes e outros se empanturram!"), da desvalorização do adversário ("bulimia de grana" ou ainda das políticas "totalmente desconectadas da realidade"). Se, então, a paixão não for um traço definitório da polêmica, não é menos verdade que ela contribui para o fenômeno, radicalizando os aspectos mencionados nos debates polêmicos, para questões da sociedade que interpelam fortemente os participantes.

A IMBRICAÇÃO DA RAZÃO E DA PAIXÃO

O lugar que a paixão pode ocupar na polêmica, e a grande reviravolta que ela estabelece, suscita a discussão sobre sua racionalidade. No entanto, a dissociação tradicional entre razão e paixão só pode, neste caso, induzir ao erro. Sabe-se que vários trabalhos atualmente defendem uma vinculação estreita entre a racionalidade e o afeto (Parret, 1986; Walton, 1992b; Plantin, 1997, 1998, 2011; Charaudeau, 2000; Amossy, 2010 [2000]; Micheli, 2010, para citar apenas alguns). O estudo de Boudon, que visa mostrar que os sentimentos morais em geral, e o sentimento de justiça em particular, fundamentam-se em razões, é particularmente interessante no contexto de uma reflexão sobre a polêmica pública (e mais ainda sobre o debate em torno dos bônus e da opção de compra de ações). Opondo-se ao ponto de vista de Pareto, que atribui as razões a forças puramente afetivas, "a lógica dos sentimentos morais" avança com a ideia de que "no fundamento de todo sentimento de justiça, sobretudo, quando é sentido com muita intensidade, pode-se sempre, ao menos em princípio, desvendar um sistema de razões sólidas" (Boudon, 1994, p. 30). Trata-se de sentimentos "na medida em que estão facilmente associados a reações afetivas, eventualmente violentas" (1994, p. 32). No entanto, estes se apoiam em razões, e é a solidez destas que dá ao sentimento de injustiça seu "caráter transubjetivo e torna possível o consenso" (1994, p. 47).

Tomemos como exemplo a indignação, tão característica do discurso polêmico. De acordo com Aristóteles, a indignação é "a dor que se experimenta ao ver a sorte de alguém que não a merece; [...] é também a dor de ver alguém sofrer por uma desgraça não merecida" (1991, p. 81). O que choca é o caráter injusto da situação em que alguém prospera sem merecer. Quaisquer que sejam as correções que tragam as perspectivas contemporâneas (voltaremos à questão mais tarde) à definição aristotélica, é realmente do sentimento de justiça de que aqui se trata. Em outros termos, a indignação que se sente ao se ver responsáveis de grandes empresas receberem bônus em tempos de crise pode ser exposta e justificada por argumentos plausíveis, mesmo que o sentimento surja espontaneamente no discurso sem se esforçar para se apoiar em um arrazoado adequado. Supõe-se que essas razões possam ser compreendidas e admitidas por observadores imparciais.

Uma reflexão da mesma ordem se encontra em todos aqueles que se voltam para os "antecedentes cognitivos" das paixões, quer dizer, para "o papel do julgamento na formação das paixões" (Micheli, 2010, p. 49). Apoiando-se nos excelentes trabalhos de Nussbaum (1996, 2001[2]), Micheli defende que as emoções se desenvolvem embasadas em uma atividade da razão, que eu qualificaria de analítica e avaliativa. A indignação contra os patrões que se beneficiam de quantias bastante elevadas, enquanto a empresa deles sofreu perdas enormes, baseia-se em um tipo de situação (uma empresa com má conduta), em uma atribuição de responsabilidade (uma empresa mal gerida pelos seus dirigentes), em uma avaliação das consequências (há vítimas que vão sofrer com isso) e em um julgamento sobre a legitimidade da recompensa (o prêmio não é merecido). Caso se prove que a situação financeira da empresa é boa e que foi bem gerida, o julgamento sobre a legitimidade do prêmio pode mudar, e o sentimento de indignação pode desaparecer. Há, nesse sentido, razões das emoções – o que conduz Micheli a considerá-las passíveis de serem argumentadas (deve-se ou não se indignar com prêmios distribuídos a patrões de bancos em dificuldade?).

Ao contrário, e de forma recíproca, os raciocínios válidos são em alguma medida baseados em sentimentos, que são parte integrante de premissas partilhadas a partir das quais esses raciocínios são construídos. Assim, por exemplo, um silogismo se constrói a partir de uma premissa maior, que deve ser considerada verdadeira pelo auditório (ela deve assumir, em uma determinada época, um caráter de verdade geral). Todavia, no que se refere a questões humanas, a verdade dessas premissas depende de crenças e de opiniões dominantes em uma dada época ou em dado meio social – crenças e maneiras de ver que são inseparáveis de afetos frequentemente fortes e de implicações identitárias carregadas de paixão. Isso acontece (capítulos 3 e 4) com a premissa: a mulher tem os mesmos direitos dos homens. O princípio da igualdade dos sexos não é somente um princípio de direito: é também uma crença profunda e uma visão do mundo que envolve a totalidade das pessoas. Essa crença passional se encontra na base do argumento: o uso de um véu interiço ou a proibição de se sentar na frente do ônibus não dão às mulheres os mesmos direitos dados aos homens (estes não precisam cobrir o rosto e podem escolher o lugar que quiserem); assim, o véu integral e a proibição de ocupar a parte da frente do ônibus são infrações aos direitos das mulheres. O caráter passional da relação com a justiça e da relação com a igualdade de sexos explica a explosão de indignação que provoca a violação da regra. O sentimento perpassa todo o raciocínio.

A INDIGNAÇÃO COMO SENTIMENTO MORAL E COMO PAIXÃO POLÍTICA

É segundo essa perspectiva que privilegiaremos o sentimento de indignação que impregna tão frequentemente a polêmica pública, tal como foi definido por Aristóteles na *Retórica*, mas também tal como foi revisto e comentado nos trabalhos contemporâneos que veem aí uma paixão política, por definição. Primeiramente, a indignação pressupõe que um agente seja designado como responsável pelo estado de coisa escandaloso: "A indignação é uma emoção que requer que se descreva um estado de coisa negativo não como efeito do acaso, porém como *efeito de uma ação cuja responsabilidade se pode imputar a um agente*", escreve Micheli, remetendo à psicologia e à sociologia (2010b, p. 136). Ele cita Boltanski, segundo o qual a indignação "se distancia da ideia de consideração deprimente de uma pessoa infeliz, com seus sofrimentos, para ir buscar um perseguidor e se centrar nele" (Boltanski, 1993, p. 91).[3] Esta particularidade faz da indignação uma emoção privilegiada pelo polemista, que, por definição, ataca um alvo que ele considera estar na origem de um erro – seja esse alvo uma pessoa, uma instituição, um sistema. De maneira mais específica, Ambois-Rendu e Delporte consideram, em *L'Indignation: Histoire d'une émotion politique et morale, XIXᵉ-XXᵉ siècles* [*A indignação: história de uma emoção política e moral, séculos XIX e XX*], que a indignação é a "denúncia das ofensas feitas à justiça e à restauração do direito" (2008, p. 16). "Grito espontâneo de uma consciência ultrajada pelo escândalo" [Bernanos], é "uma emoção provocada por uma degradação qualquer do humano" (2008, p. 9), o que faz dela uma "versão respeitosa da raiva ou da fúria" (2008, p. 12) dirigidas contra os culpados. A indignação é, por isso, uma emoção virtuosa que não hesita em se mostrar e, como tal, "pode constituir um formidável instrumento de persuasão, de manipulação, de propaganda e até de ação" (2008, p. 15) contra os agitadores ou contra as instâncias culpadas. Danblon (2005, p. 177) afirma ainda que "se pode ver na indignação a emoção paradigmática por excelência da ação política, e, a partir daí, o motor das grandes mudanças sociais, como o são as revoluções".

Tais traços fazem da indignação um sentimento moral por excelência, no qual o afeto e o julgamento estão de mãos dadas. Ela nasce da consciência de uma transgressão à regra de justiça: a emoção aí está ligada a uma avaliação da situação em termos cognitivos e éticos. A noção de transgressão pressupõe, é claro, uma norma, e esta é, como toda norma, cultural e social. "Para sentir indignação", define Danblon, "é necessário ter uma concepção consciente da realidade social e do poder de ação e de decisão que os homens têm sobre ela" (2005). É por isso que a indignação é, ao mesmo tempo, um sentimento universal que atravessa todas as épocas e uma emoção que só nasce concretamente em sua ligação com um julgamento concreto situado em dado espaço e em dado tempo. Para que eu sinta indignação, é preciso que eu julgue quais normas, as do meu tempo e as do meu meio, foram violadas por um agente a quem compete a responsabilidade do ato e de suas consequências. É essa avaliação cognitiva da situação que está na origem do sentimento, o qual, quando se exprime, quer se ver compartilhado. Isso acontece preferencialmente na polêmica, que o torna público, fazendo dele um "sentimento que aglutina, que cria consenso, que cimenta os grupos, mobiliza-os [...]" (Ambroise-Rendu e Delporte, 2008, p. 15) – sob a condição, evidentemente, de não esquecer que essa união toma partido, uma vez que é elaborada em oposição ao Outro vilipendiado, numa lógica de polarização.

Nessa perspectiva, examinaremos como a indignação se inscreve em um discurso polêmico, o que lhe dá como fundamento a racionalidade, e examinaremos em que medida o sentimento moral busca reforçar seu substrato racional por argumentos explícitos. Essa reflexão se apoia em uma microanálise. Como no capítulo sobre a burca (capítulo 3), escolhemos um breve discurso jornalístico monogerido, colocado no espaço da polêmica global à qual ele pertence. Trata-se do artigo de 21 de março de 2009, intitulado "Sem pudor", relativo aos bônus e às opções de compra de ações que chegaram às manchetes na França, nos meses de março e abril de 2009 – um texto assinado por François Sergent, diretor adjunto de redação do jornal diário de esquerda *Libération* (<http://www.liberration.fr/economie/0101556920-impudence>).

Sem pudor
François Sergent

Tem-se a impressão desoladora de que os donos do mundo, mesmo alimentados pelo dinheiro dos contribuintes, nada compreenderam. Nos Estados Unidos, foi o assunto dos bônus da que suscitou uma indignação sem precedentes num país muito voltado para o sucesso econômico. Na França, são as "opções de compra de ações" dos quatro grandes diretores da Société Générale que provocam justamente o escândalo. Sim, o banco de Kerval e subprêmios, administrados por esses pequenos gênios das finanças que acabam de conceder a si mesmos alguns milhões de euros ganhos rapidamente. O governo sentiu o perigo e a imoralidade desse cassino, em que alguns ganham sempre. Lagarde finalmente pediu e conseguiu que o bando dos quatro abrisse mão de seus enormes percentuais. Uma manobra que não bastará para acalmar a cólera dos manifestantes, preocupados com seus empregos e seu poder de compra. Não se trata de cair na demagogia simplista de "patrões, todos podres". Alguns, como Carlos Ghosn, têm, ao contrário, a decência de recusar seus bônus quando seu país, sua empresa e seus operários atravessam uma fase difícil. Contudo, numerosos patrões não têm essa autodisciplina. Espera-se ainda que Medef apresente uma versão concreta de seu "código de ética" sobre as remunerações dos grandes patrões. Parisot, pronta para criticar a "demagogia" dos sindicatos, pode começar por varrer sua própria porta. Senão, o governo, tão preocupado com uma pedagogia da crise, deverá rapidamente mostrar que não é mais frouxo com os campeões dos bônus do que com os que recebem salário mínimo.

A RACIONALIDADE DA PAIXÃO: AS RAZÕES DAS EMOÇÕES

Preliminares

O artigo trata de uma questão relativa a um dos maiores bancos franceses, o Société Générale. O assunto aqui não é o bônus, como no caso de Chevreux, mas a atribuição de "opção de compra de ações" diretores do banco, anunciada na quarta-feira, 18 de março de 2009, um dia antes da greve e das manifestações de 19 de março, cujo mote foram as 70.000 "opções de compra de ações" para o presidente Daniel Bouton e 150.000 para o diretor geral Frédéric Oudéa. Essa medida, tomada por um banco que havia sofrido prejuízos consideráveis e recebido ajuda do Estado sob a forma de um empréstimo de 1,7 bilhão de euros, desencadeou uma intensa polêmica na França. O presidente da República, Nicolas Sarkozy, criticou severamente essa medida na sexta-feira, 20 de março; no mesmo dia, a Société Générale divulgou que os diretores renunciavam "a suspender essa 'opção de compra de ações' enquanto a Société Générale não obtivesse um suporte de fundo por parte do Estado". É depois desse primeiro episódio que o artigo de Sergent foi publicado e que, na manhã de domingo, 22 de março, na Europa 1, a ministra das Finanças Christine Lagarde renunciou pura e simplesmente às ações – cabe dizer que os responsáveis pela Société Générale concordaram, aliás, nesta mesma noite, quanto a essa questão.

No contexto da gravíssima crise financeira em 2009 e dos movimentos sociais provocados por ela na França, as implicações da situação – como as da filial da Chevreux – ultrapassam e muito a questão da "opção de compra de ações" de um banco particular. Elas tocam num problema geral: o da remuneração dos dirigentes da empresa, de seus bônus e de "opções de compra de ações", problema que já havia sido discutido e que o "código de ética", ou "os princípios de administração de empresas" elaborados pelo Medef (Movimento das Empresas da França) e pela Afep (Associação Francesa das Empresas Privadas), em outubro de 2008, não foi capaz de resolver. Notemos que o escândalo da Société Générale estourou no momento em que o governo acabava de solicitar ao Medef e à Afep que definissem um dispositivo concreto para incitar os dirigentes de empresas em dificuldades a renunciar a suas gratificações.

O texto é claramente polêmico: trata de um forte *dissenso* que a expressão de indignação radicaliza e exagera. A chamada "falta de pudor", que aparece como uma acusação e como uma exclamação indignada, manifesta logo de início o caráter passional do discurso do jornalista, que se posiciona completamente. Segundo Aristóteles, "a vergonha é um fardo e uma angústia relativos aos vícios que parecem advir da perda da reputação [...]. A falta de pudor é um desdém ou uma indiferença relativos aos mesmos defeitos" (1991, p. 128), sobretudo quando se trata de uma ação covarde ou desonesta. O julgamento moral que cai sobre aquele que se conduz sem pudor está relacionado aqui a uma forte reação afetiva. Ao mesmo tempo, a indignação radicaliza a polarização social. Há, de um lado, os "patrões", os ricos e os privilegiados, e, de outro, os empregados e o conjunto do povo – os pequenos clientes de banco, os operários, "os que recebem o salário mínimo"; de um lado, os exploradores – ainda que uma reserva seja introduzida: "Não se trata de cair na demagogia simplista dos 'patrões, todos podres'" – e, de outro lado, os explorados. Essa divisão está tão marcada que suscita sentimentos violentos, ativando rancores ancestrais (os grandes contra os pequenos) e retomando em surdina uma crítica popularizada do grande capitalismo (o capital contra os trabalhadores).

Como exemplo do conjunto de discursos que circulam no espaço público, para o qual o debate sobre Chevreux deu uma amostra, Sergent fundamenta a polêmica sobre os critérios éticos, tendo como pilar o sentimento de justiça: não se pode estar de acordo com gratificações para os "grandes", enquanto os "pequenos" são apenados pela empresa (justiça baseada na equidade); a recompensa deve levar em conta somente o mérito e não o fracasso (justiça baseada no mérito). Esse enquadramento permite tratar de um problema econômico como se fosse um problema social cuja dimensão axiológica e afetiva é muito valorizada. Vejamos como se aliam, implícita e explicitamente, a razão e a paixão.

Polêmica e racionalidade dos afetos: o jogo das denominações

O "sistema de razões sólidas", "tendo por base todo o sentimento de justiça, sobretudo quando ele é intensamente sentido", é, de acordo com Boudon, alguma coisa que deve ser "detectada" (1994, p. 30). Em outras palavras, não cabe dizê-lo explicitamente: ele existe, mesmo quando se situa no não dito. Pode-se, contudo, perguntar em que medida e, sobretudo, segundo quais modalidades as razões associadas a "reações afetivas [...] violentas" (1994, p. 32), permitindo seu "caráter transubjetivo" (1994, p. 47), manifestam-se explicitamente no texto.

Nesse caso, a paixão que corrobora a dicotomização, e a polarização traduz-se fortemente nas modalidades discursivas do descrédito que se coloca. É mais particularmente nas denominações que se pode ver como as razões justificadas se inscrevem tacitamente na desqualificação do Outro. Vocábulos desqualificadores denunciam os agentes responsáveis: os "donos do mundo", os "quatro grandes chefes da Société Générale", "esses pequenos gênios das finanças", "o bando dos quatro", "numerosos patrões" desprovidos "de autodisciplina" e os "campeões dos bônus". Eles juntam o afetivo ao axiológico, na medida em que manifestam e pretendem fazer com que o leitor sinta indignação, mas também cólera, que corresponde à dos manifestantes – sendo a cólera, para Aristóteles, o "desejo impulsivo e duro da vingança notória de um desdém notório no que concerne à nossa pessoa ou à dos nossos, esse desdém não sendo um mérito" (1991, p. 109). Entretanto, essas denominações que jogam com os sentimentos funcionam como forma de classificação de valor argumentativo, levando-se em conta, é claro, que as "classes são caracterizadas [...] pela atitude adotada em relação a elas, pela maneira de julgá-las" (Perelman e Olbretchts-Tyteca, 1970 [1958], p. 170). O sentimento tem suas motivações, implicitamente colocadas pela escolha das palavras que visam traduzir e provocar indignação.

Sendo assim, a expressão os "donos do mundo" refere-se, no interdiscurso, àqueles que Ziegler, em sua obra *Les Nouveaux maîtres du monde* [*Os novos senhores do mundo*], descreve como "os donos do capital financeiro globalizado", sinônimo de "predador(es)", que "acumula(m) dinheiro, destrói(em) o Estado, devasta(m) a natureza e os seres humanos".[4] A locução nominal com valor de denúncia circula largamente na época, nos textos do meio, e desperta automaticamente o sentimento da massa contra uma potência ilegítima e destruidora. É sintomático, aliás, que os termos "chefes" e "patrões" tenham substituído o termo "diretores" – alguns textos de Jean-François Couvrat, no blog do jornal *Le Monde*, referem-se aos "quatro mais importantes dirigentes" de um banco ou aos "diretores" (é o termo empregado por Nicolas Sarkozy para ressaltar a responsabilidade dos indivíduos em questão). "Chefe", em vez de "diretor de empresa", designa aquele que exerce um comando, uma autoridade – o *"boss"* ou o "patrão", com as conotações "neofeudais" deste último vocábulo, que aponta para uma função ou uma posição social, senão para uma superioridade daquele que remunera o trabalho de quem o realiza (Kolbloom, 1984, p. 100). Não se trata de bons patrões, do tipo patriarcal, que se sacrificam quando "seus operários atravessam uma fase difícil" (reparemos no possessivo de "seus patrões"), mas daqueles que só veem o seu lucro e cometem excessos escandalosos, uma vez que não conseguem pôr freio à sua paixão pelo lucro. Os ataques veiculados com a ajuda dessas denominações são complementados pelo uso de duas qualificações irônicas, "pequenos gênios das finanças" e "campeões dos bônus". Essas expressões vêm desqualificar aqueles que, responsáveis por enormes prejuízos de suas empresas, apenas se destacam por conceder gratificações a si mesmos. Mais do que no exercício imoderado de seu poder, é aqui, na falta de competência, que os dirigentes são flagrados. As remunerações não são merecidas: a noção de justiça em função do mérito (além da justiça como equidade) é ultrajada. Em todos esses casos, os vocábulos usados pelo polemista permitem, ao mesmo tempo, exprimir seu julgamento e marcar a sua indignação.

Notemos, seguindo a mesma linha, que a agressividade chega ao auge na expressão "bando dos quatro", que nomeia os dirigentes da Société Générale, mas que comporta ecos intertextuais muito depreciativos. Ela se relaciona, na cultura política francesa, à fórmula de Jean-Marie Le Pen, presidente do Front National, que assim denominava o conjunto formado pelos quatro grandes partidos que monopolizavam abusivamente o poder – o PCF, o PS, o RPR e o UDF. Contudo, de forma mais abrangente, ela evoca o grupo de dirigentes chineses que instigaram a Revolução Cultural, origem de numerosas vítimas de 1966 a 1969. Não se trata aqui de uma analogia de forma ("bando dos quatro" designa também, no registro cultural, um filme de Jacques Rivette), mas se trata muito mais de uma alusão que relaciona a situação presente às noções de abuso de poder, de excesso e de política nociva com efeitos devastadores.

Se a emoção se traduz indiretamente na escolha dos qualificadores dos dirigentes sem pudor, ela aparece também nas denominações de valor argumentativo da Société Générale (Perelman e Olbrechts-Tyteca, 1970 [1958], pp. 282-8). Assim, "O banco de Kerviel" refere-se a um tema bem conhecido do *trader* (operador de mercado), denunciado em janeiro de 2008 como responsável por um prejuízo fraudulento sem precedentes de 4,8 milhões de euros. Nomear a Société Génerale como o banco "de" Kerviel corresponde a associar a instituição a esse negócio escandaloso e lançar sobre ela, como alguns o fizeram, a responsabilidade de uma operação tornada possível pelo desregulamento do sistema de controle da empresa e pelos atrativos dos prêmios oferecidos aos operadores de mercado. É a mesma coisa com a expressão "o banco dos *subprêmios*", que acusa a Société Générale de estar fortemente implicada na especulação dos empréstimos hipotecários americanos, que desencadeou a crise mundial. Assim estigmatizado por suas operações especulativas sem controle e infelizes (trata-se aí de um exercício de julgamento), o banco só pode provocar indignação contra os responsáveis, que se acham no direito de conceder gratificações a si mesmos.

A mesma denúncia se encontra nas metáforas do jogo de azar que vêm a redefinir a instituição bancária identificada como o cassino e a loteria: "O governo sentiu o perigo e a falta de pudor desse cassino, em que alguns ganham a todo custo. Lagarde, finalmente, pediu e conseguiu que o bando dos quatro suspendesse seus enormes ganhos". A empresa perde, nessa analogia, toda a respeitabilidade e a credibilidade, tanto pelos perigos que traz para seus clientes que se dedicam aos jogos de azar, quanto pelo fato de os jogos serem marcados – alguns jogadores ganhando mesmo quando têm prejuízo. A manipulação polêmica da analogia faz, assim, pairar uma acusação de fraude sobre negociatas juridicamente consideradas legais. O texto ainda reconduz o interdiscurso e a condenação moral dos riscos não considerados assumidos por uma instituição financeira que deve zelar pelos interesses de seus clientes. Foi durante uma reunião nebulosa dos acionistas da Société Générale que os dirigentes foram acusados de ter transformado o banco em cassino, fatos relatados pela imprensa (cf. *Libé* ou *Le Figaro* de 27 e 28 de maio de 2008) e revistos em vários sites: "*Société Générale* – uma economia de cassino" – *L'Hebdo Golias* (<http://www.golias.fr/spip.php?article1886>), ou "A Société Générale: um banco "cassino!", escrito por Henri Pauvert no seu blog *O Escrutinador* (<http://www.lescrutateur.com/article-20480978.html>). A modulação de uma metáfora recorrente fortemente carregada do sentimento de indignação geral permite ainda imprimir marcas axiológicas e afetivas ao discurso, fundamentando-as em uma avaliação razoável da situação. Notemos que o ritmo da frase reforça sua emotividade: em "Sim, o banco de Kerviel e dos subprêmios, geridos por esses pequenos gênios das finanças que acabaram de conceder a si mesmos alguns milhões ganhos rapidamente", o "sim" inicial, em forma de oralidade, numa oração elíptica, confere ao enunciado uma força e um tom enfáticos que traduzem muito bem a indignação que o locutor quer compartilhar com o seu leitor a partir de um julgamento moral.

No todo, é, então, na sua maneira de lançar o mais completo descrédito sobre o adversário e sobre seus atos, por meio da escolha do léxico e mais especialmente das denominações do adversário, que o polemista manifesta seus afetos e tenta compartilhá-los com seu auditório. As qualificações depreciativas que traduzem o sentimento moral mostram que ele está ancorado em uma consciência da justiça e em uma condenação arrazoada da transgressão das normas sociais, mesmo quando essas razões só aparecem em filigranas através da escolha das denominações.

A expressão direta e indireta das razões da paixão

É possível que as razões da indignação sejam enunciadas, como na breve passagem que trata do Medef (Movimento das Empresas da França, representando os empreendedores franceses junto ao Estado e aos sindicatos), diretamente visto como coadjuvante do adversário incriminado. A acusação é expressa de um modo passional através do ataque *ad hominem* que acompanha a constatação: "Parisot, pronta para criticar a 'demagogia' dos sindicatos, pode começar por varrer sua própria porta". A exaltação se traduz no emprego do nome de família amputado da sua forma de polidez "senhora" e no emprego do argumento do *tu quoque*, segundo o qual aquele que critica os outros deveria primeiro se ver e fazer autocrítica. Ele é reforçado pelo retorno do discurso reportado contra aquela que é a fonte deste. A propósito da greve de quinta-feira, 19 de março, Laurence Parisot, presidente do Medef, havia deplorado a atitude "demagógica e irresponsável dos sindicatos", declarando que a greve "não era uma solução, mas uma facilidade". A locução fixa, popular e imagética "varrer sua própria porta" reforça a agressividade do tom. A virulência do polemista deixa ver sua irritação, derivada de um julgamento sobre o comportamento indigno de uma instituição que não cumpre com as suas funções.

Se a acusação é expressa de um modo passional, ela apresenta, contudo, as razões da emoção. "Espera-se sempre que o Medef apresente uma versão concreta de seu 'código de ética' sobre as remunerações dos grandes patrões" refere-se explicitamente à violação das obrigações que deveriam ser cumpridas pela associação das empresas privadas. O "espera-se sempre" designa a má vontade do Medef em se dotar dos meios de impedir os excessos dos dirigentes das empresas, mesmo depois de ter recebido um pedido oficial nesse sentido. Uma construção entimemática se depreende do texto e pode ser facilmente reconstruída: uma associação que não se dá os meios de concretizar as regras que ela emite é condenável (premissa maior tácita); o Medef é reticente em apresentar uma versão concreta de seu código de ética, mesmo que a situação requeira medidas urgentes (premissa menor explícita); portanto, o Medef deve ser condenado (conclusão implícita). E, na fase inicial: uma associação de empresas privadas deve zelar por assegurar um regulamento; o Medef é uma associação de empresas privadas, logo, é responsável pelo regulamento. É a recusa em cumprir com as obrigações passíveis de assegurar um equilíbrio social que é aqui colocada em tela e que desencadeia o ataque passional.

Desde então, por se tratar dos dirigentes da Société Générale, alvo privilegiado do texto, o fundamento da indignação não é apresentado de forma tão explícita. Certamente, o artigo não oferece justificativa razoável para os sentimentos que fazem nascer a oferta da "opção de compra de ações". Um sistema de razões também não está inscrito no texto. Mas ele mesmo o faz de maneira indireta, no sentido de que todos os argumentos que vêm dar razão à emoção aparecem de viés, necessitando de um cálculo interpretativo por parte do leitor. Eles aparecem não apenas nas denominações analisadas anteriormente, mas também nos elementos sintáticos colocados como menos importantes sob a forma de pressuposições, de remissões intertextuais não marcadas e de indexação tácita a blocos de argumentos constituídos.

Assim, desde o início do texto, as razões do caráter revoltante e escandaloso dos atos incriminados parecem ser apresentadas como evidentes. Elas são fornecidas, contudo, em estruturas apositivas e subordinadas que mantêm relações de concessão e de causalidade com os elementos principais da frase. Da mesma forma, acontece com: "Os donos do mundo, *ainda que socorridos pelo dinheiro dos contribuintes*" (grifo da autora). É uma alusão, em um incidente, a um argumento de peso: o banco em cujos fundos os dirigentes generosamente buscaram seus lucros com a ajuda do Estado. A honestidade exige que uma empresa em grande dificuldade, à qual nós salvamos, não se sirva dos fundos fornecidos pelo dinheiro dos contribuintes. Assim, Christine Lagarde, a ministra da Economia, havia julgado "insensato" que, com o apoio financeiro dos poderes públicos, os patrões das fábricas de automóveis pudessem depositar "superbônus"[5] para si mesmos. Estamos exatamente no contexto do não razoável, como o havia definido Perelman (1979, 1984) – além do aceitável, além de tudo aquilo com o qual os indivíduos podem estar de acordo. A concessiva ("ainda que...") se contenta, entretanto, aqui em modalizar "os donos do mundo" e, por tabela, "nada entenderam", que são o núcleo da frase. Nesse contexto, a justificativa do impulso de indignação contra a Société Générale deve ser detectada e reconstruída pelo leitor.

Da mesma forma, o trecho "*preocupados* [...] *com seus empregos e com seu poder de compra*" (grifo da autora), em "não acalmará a cólera dos manifestantes", vem qualificar estes últimos explicando por que as medidas tomadas pelo governo são insuficientes. É, assim, indiretamente que é exposta a segunda razão de protestar com vigor contra a distribuição inoportuna da "opção de compra de ações": a regra de justiça é violada na concessão de somas fabulosas aos grandes patrões, enquanto a massa está sendo ameaçada de desemprego, e é assim que seus meios se reduzem perigosamente. Esse argumento deve ser também reconstruído pelo leitor. Além disso, a subordinada "quando seu país, sua empresa e seus operários atravessam uma fase difícil" vem esclarecer as circunstâncias nas quais os bons patrões, a exemplo de Carlos Gohsn, o presidente executivo da Renault, e os executivos dirigentes da empresa, em janeiro de 2009, decidiram renunciar a seus bônus ("a performance da empresa [não estava]", segundo as palavras de Gohsn, "no nível desejado").

Essas razões devem ser invertidas e completadas para fornecer um argumento suplementar à indignação geral – a que foi levantada pelos dirigentes que, ao contrário de Gohsn, não se preocupam com a saúde da empresa e com a situação dos trabalhadores pelos quais eles são responsáveis, pensando apenas no seu próprio lucro. Enfim, a ironia dos "pequenos gênios das finanças" e a alusão a Kerviel e aos *subprêmios* fornecem ainda um argumento implícito que deve ser reconstituído: é quando se ganha dinheiro para a empresa, e não quando se perde, que se tem direito a recompensas. Nota-se, assim, como todos os argumentos que vêm dar as razões da emoção e que vêm sustentar a justificativa delas só se inscrevem indiretamente no texto, sem oferecer justificativa explícita baseada em provas e raciocínios claramente desenvolvidos. Esses argumentos, fornecidos de viés, não deixam de estar presentes.

Contudo, há mais. O texto (já havíamos visto no capítulo 3, com relação a um post sobre a liberdade de se usar a burca) baseia-se em um conjunto de razões que se situam na rede interdiscursiva da qual ele participa. Essas razões, já enunciadas, são acessíveis a qualquer leitor que se dê o trabalho de seguir o acontecimento e de relatá-lo para o seu exterior. Assim, a reprovação dirigida, logo de início, àqueles que "nada entenderam" faz eco também às declarações largamente difundidas do presidente da República: "Visivelmente, o que dissemos, alguns têm dificuldade em entender. [...] Quando há auxílios públicos, bônus, planos de 'opção de compra de ações', as remunerações excepcionais são inadmissíveis [...]" (quinta-feira, 20/03/09, discurso de Sarkozy na reunião de cúpula de Bruxelas). O raciocínio está claro: as empresas salvas pelos auxílios do Estado não podem receber "remunerações excepcionais"; a Société Générale foi ajudada pelo Estado; ela não pode, portanto, pagar a "opção de compra de ações" a seus dirigentes. É esse raciocínio que os dirigentes do banco "têm dificuldade de compreender" ou, segundo a versão jornalística ainda mais hiperbólica, uma vez que retoma uma expressão popular: eles "não entenderam nada". O argumento está lá, sim, mas ele apela por um cálculo interpretativo que se baseia em remissões ao interdiscurso.

Os índices materiais que fornecem uma rede de argumentos explícitos não são sempre tão evidentes. De fato, um discurso polêmico remete necessariamente a um bloco de argumentos (cf. capítulos 3 e 4) – no caso, aquele que se refere às remunerações dos patrões em tempos de crise. É porque esse discurso polêmico se indexa a esse conjunto de argumentos conhecidos o suficiente para serem repetidos que ele pode se fundamentar na razão, sem explicitamente dar suas razões. Trata-se de um ponto crucial no que se refere à polêmica pública.

Nesse sentido, o artigo polêmico "Sem pudor" trata de um tema social que é, ao mesmo tempo, objeto de múltiplos debates no cenário público e espaço onde aqueles que têm posições antagônicas desenvolveram séries mais ou menos articuladas de posições visando defender suas respectivas teses. São "scripts" ou "estoques de argumentos mobilizáveis", "conjunto dos *topoi* substanciais ligados a uma questão" "passível de ser atualizado um número indeterminado de vezes" (Plantin, 2005, p. 68). Esses blocos de argumentos circulam no discurso político, na mídia e nas discussões correntes, de modo que já são conhecidos do grande público (cf. capítulo 4). O mesmo acontece com o argumento já examinado na formulação dada por Sarkozy a respeito das empresas ajudadas pelo Estado. Também é assim com as acusações despejadas contra os patrões que concedem benefícios a si mesmos, embora tenham causado prejuízos à empresa ("Balanço calamitoso, bônus faraônicos", resume o *Libération*, em 7 de maio de 2009); ou ainda com o argumento que fustiga os dirigentes que gozam de todas as vantagens oferecidas pela empresa, enquanto os outros são demitidos ou perdem seu poder de compra. Todos esses argumentos fazem parte de um arsenal de razões que vêm deslegitimar a distribuição das "opções de compra de ações" e dos bônus. Eles advêm de raciocínios lógicos expostos de maneira mais ou menos elaborada sobre diferentes plataformas, os quais circulam no discurso social.

O resultado de tudo isso é que o texto polêmico repousa sobre a base de um bloco de argumentos conhecido de todos. Ele os retoma e os modula, mas não tem necessariamente de refazer uma demonstração muito frequentemente realizada. O fato de argumentar seguindo uma forma boa e devida corre o risco até de enfraquecer a posição do locutor: essa forma pode não só parecer redundante, como também pode comprometer a tese, sugerindo que tudo que foi dito até então é insuficiente para defendê-la. A irresponsabilidade e a imoralidade das opções de compra de ações da Société Générale (e de outros) são, assim, consideradas um dado indiscutível: a crítica toma aparência de evidência, apoiando-se em uma *doxa*. Ela subtrai, assim, da reflexão a questão – apresentando-a como se ela já estivesse resolvida e não acrescentando diretamente argumentos que possam ser objeto de refutação.[6] O artigo pode, a partir daí, salientar a indignação que alimenta a violência polêmica. Ao mesmo tempo, resta a modulação de um bloco de argumentos que circula no interdiscurso e que é nomeado indiretamente no texto do artigo.

Não é, portanto, porque o polemista experimenta ou provoca sentimentos de maneira irracional que ele não dá as razões, mas porque essas razões foram elaboradas alhures e existem numa memória discursiva sempre vivaz. Em outras palavras, em um debate público em que as posições antagônicas estão estabilizadas em determinado momento da história de uma sociedade, o discurso passional se apoia em blocos de argumentos que são a parte submersa, e contudo sempre presente, do *iceberg*. Nesse sentido, a inscrição não argumentada do sentimento não o priva de razão(ões). Nunca é demais sublinhar a importância dessa indexação ao interdiscurso e aos blocos de argumentos que ele carrega em qualquer avaliação da racionalidade da polêmica.

Com a ajuda desse exemplo particular, podemos, como conclusão, fazer um levantamento e generalizar as diferentes possibilidades da relação paixão-razão, tal qual ela se apresenta na polêmica pública: as razões da emoção são explicitamente argumentadas; as razões da emoção são ditas sem se acompanhar de uma justificativa elaborada; as razões da emoção se inscrevem indiretamente no texto; as razões da emoção passam no silêncio e se situam no interdiscurso e nos blocos de argumentos que circulam no espaço público; as razões da emoção não são ditas: elas estão inscritas no sentimento moral enquanto tal. Em todos os casos, a polêmica alia paixão e razão em um mesmo esforço de dar uma resposta à questão que agita os espíritos.

A RELAÇÃO COM O OUTRO: ACUSAÇÃO, INJUNÇÃO, INSTIGAÇÃO

Contudo, a polêmica desse artigo não pretende ser somente ratificação, ela tem também por ambição propor correções aos comportamentos denunciados. Nos textos impregnados de paixão, a resposta aos problemas debatidos pode apresentar um caráter mais ou menos explícito: ela pode ser óbvia, natural (o que for indigno tem que, necessariamente, ser impedido); ela pode ser desenvolvida (levados em conta os fatos que indignam, convém fazer isto ou aquilo); ela pode ultrapassar o sentimento (sendo admitido que a situação é indigna, deve-se discutir calmamente as reações apropriadas, ultrapassando ou minimizando as reações afetivas). Essas combinações – preeminência da explosão afetiva, injunção, instigação ou debate – clamam por dosagens variáveis de manifestações de paixão e de razão e por um envolvimento mais ou menos forte do locutor em seu discurso.

Na polêmica sobre a Société Générale, incontestavelmente a mais virulenta, a emoção tem a primazia. Sem dúvida, o ataque vem acompanhado de uma instigação para que se adote uma posição mais digna. O adversário principal é apresentado como um ator a quem é permitido seguir o exemplo dos "bons patrões". A diferença (já discutida) entre os atores (as pessoas implicadas) e os Actantes da polêmica (os que têm os papéis de Proponente, Oponente e Terceiro) é aqui esclarecedora. Ela marca bem que o ator pode se confundir com o Actante a ponto de sua identidade se tornar indissociável do papel assumido; mas que ele pode também não se investir de poderosas implicações identitárias na sua tomada de posição e ser, consequentemente, capaz de mudá-la. Não querendo adotar o clichê segundo o qual uma condenação sem recurso tem em vista toda uma categoria social ("Não se trata de cair na demagogia simplista de 'patrões, todos podres'"), Sergent levanta o exemplo positivo dos que souberam agir de maneira responsável. Ele evoca um caso exemplar (Gohsn) que conclama, indiretamente, os dirigentes da Société a fazerem o mesmo. Ao mesmo tempo, os que constituem o alvo da polêmica não são verdadeiramente elevados à categoria de interlocutores, ainda que uma via de salvação lhes seja oferecida. A virulência da expressão do sentimento, o modo indireto e a fraqueza da instigação assinalam a pouca esperança posta na capacidade e no desejo dos dirigentes da empresa de se "autodisciplinar". O polemista apresenta-se aqui mais como um censor severo, ou mesmo como um promotor, do que como um conselheiro.

O jornalista aparece também como um censor quando se dirige ao Medef, interpelado mais diretamente e convocado a fazer o necessário, em vez de criticar os sindicatos. A cólera que provoca o Medef é corroborada por razões destinadas, ao mesmo tempo, a justificar o ataque e a dar um julgamento racional a uma exigência concreta: responder ao pedido do governo de acompanhar o código de ética de medidas concretas passíveis de se fazerem aplicar. Trata-se, assim, de exprimir uma emoção argumentada que se pretende construtiva, uma vez que ela indica a via a ser seguida. Além da denúncia, acha-se uma injunção construída sobre uma estrutura mais manifesta. O jornalista projeta um *ethos* não somente de agressor movido por sentimentos violentos, como também de crítico e de conselheiro sensato.

Enfim, no caso do governo, o autor escolhe não apresentá-lo como alvo, mas como adjuvante. Ele é, realmente, aquele que "sentiu o perigo e a falta de pudor" da atribuição das opções de compra de ações da Société Générale. A assunção da responsabilidade pelo jornalista, no título axiológico "Sem pudor", mostra que o governo de direita acampa aqui nas mesmas posições que o jornal de esquerda, reforçando da mesma forma o bom embasamento da tese defendida (todos os partidos estão de acordo em um ponto indiscutível). A apreciação positiva da reação do Governo e da ministra Lagarde e o fato de se aliar a um consenso, ao abandonar momentaneamente qualquer discurso de oposição, permitem ao jornalista, que conduz, aliás, a fala polêmica, colocar-se como um juiz imparcial, que não se deixa levar por excessos não razoáveis. Essa atitude lhe dá a legitimidade necessária à expressão de um ataque encoberto, duplicado por uma exigência concreta: o governo não fez, sobre isso, o suficiente ao pedir aos gestores para "adiar", mais do que renunciar, a "seus grandes lances financeiros" – é necessário que ele se engaje com mais eficácia.

Trata-se mesmo de uma instigação – instigação que exerce um papel central, porque a atitude do governo é a chave da situação, já que as exortações ao Oponente, figurado pelos dirigentes de banco e pelo Medef, só prometem poucos resultados. É por isso que o discurso que trata do governo Sarkozy se abstém de manifestar emoções violentas e de formular sua denúncia de maneira mais ou menos velada. O artigo atribui-lhe uma "manobra" pela qual se afirma que ela "não será suficiente para acalmar a cólera dos manifestantes". Como "meio ou conjunto de meios utilizados para obter um resultado esperado", ela parece mais uma maneira de "manobrar" os cidadãos furiosos, e de fazer cair o protesto popular, do que uma maneira de corrigir os erros do banco. Além do mais, a lembrança da recusa em aumentar o salário mínimo, medida reivindicada pela esquerda, deixa perceber nas entrelinhas uma desaprovação face à política de um governo liberal, que favorece os mais ricos em detrimento dos desprovidos.

À denúncia velada que substitui o ataque polêmico frontal corresponde uma expressão particular do sentimento, sob a forma de *pathos*. O jornalista lança uma ameaça indireta, ao anunciar que as medidas governamentais não acalmarão a cólera dos manifestantes. A predição de uma perseguição dos movimentos sociais não aponta somente para o fracasso da "manobra": ela faz brandir um espantalho e pretende persuadir pelo medo. Não se trata mais, no entanto, da emoção que agita o locutor, mas bem mais daquela que ele espera suscitar no alocutário. O aviso repousa sobre um raciocínio imerso que não apresenta o polemista como locutor motivado por sentimentos violentos, mas como profeta que lança seus avisos. Lembremo-nos de que o recurso ao medo é, de acordo com Douglas Walton (2000), um argumento pela consequência negativa, em que os resultados funestos da escolha não aconselhada são apresentados de maneira a dissuadir. Além disso, a chamada do governo para fazer mais sobre isso repousa também sobre uma regra de justiça claramente expressa: a exigência e a severidade devem ser exercidas igualmente, a firmeza deve ser a mesma face para todos os cidadãos, por definição, iguais. Além da regra de justiça, achamos um *topos* subjacente, o lugar da quantidade: o que vale para o mais também vale para o menos, pois se é possível queda de braço dos que recebem "salário mínimo" e reivindicam um aumento (pedido rejeitado pelo governo), também é possível aos ricos dirigentes renunciarem a seus privilégios. Os argumentos que apelam para a razão têm primazia. É, portanto, somente a expressão da emoção do polemista que aparece de forma indireta.

Encontramos, assim, uma tripla modalidade de discurso polêmico no seu aspecto ao mesmo tempo crítico e construtivo. A primeira, concernente aos diretores das empresas, exprime emoções fortes concentradas sobre a indignação e a cólera, fornecendo apenas indiretamente as razões das emoções. A segunda exprime as mesmas emoções de maneira menos marcada, fornecendo os argumentos que as justificam. A terceira faz uso de uma denúncia velada, recorrendo a argumentos racionais, e só exprime o *pathos* de maneira indireta. A escolha de cada uma das modalidades é ditada pelo tipo de interação polêmica praticada. No primeiro caso, é o protesto que prevalece: a polêmica permite lutar fortemente contra práticas julgadas escandalosas, ela ataca um alvo que nem espera transformar. No segundo caso, o protesto toma a forma de uma denúncia que se passa por uma injunção – o alvo deve ser executado em nome da ética. No último caso, enfim, o protesto vem em surdina e é a instigação que tem a primazia: o governo é chamado a enquadrar a remuneração dos patrões de forma mais firme.

* * *

Se a polêmica pode acontecer sem paixão, esta não deixa de recorrer um pouco à polêmica, sobretudo quando se trata de sentimentos morais que agitam os indivíduos e os grupos diante que eles consideram infrações à norma e rupturas de contrato. Quando aparece no debate polêmico, a paixão o radicaliza: ela exacerba as dicotomias e a polarização; e a expressão do descrédito é lançada sobre o outro. Essa radicalização, através do que parece ser frequentemente uma explosão de afetos, não deve, contudo, permitir o esquecimento de que a paixão sempre esteve ligada à razão. E isso, antes de tudo, porque a paixão se apoia em razões que estão no coração sem a necessidade de dizê-lo: assim, a infração à regra de justiça, que subentende a indignação, tem bases racionais que a expressão do sentimento pode ignorar, sem, contudo, apagá-las. Além do mais, as razões da emoção estão frequentemente ancoradas no interdiscurso; elas se situam nos blocos de argumentos dos quais se alimenta o discurso novo, a tal ponto que não há necessidade de se mostrar uma vez mais justificativas tão repetidas, percebidas como conhecidas e evidentes. A ausência de raciocínio explícito não faz, portanto, despejar a paixão polêmica no irracional.

Podemos dizer, então, que a paixão reforça a polêmica em seus diferentes níveis e em suas funções mais diversas: acusação e denúncia, protesto, incitação à ação, instigação a adotar soluções dadas pelo locutor. A indignação, já o dissemos, é uma arma política. Até nos excessos, a paixão exerce um papel na deliberação pública, ancorando-a em valores e em crenças que uma ligação afetiva estimula a defender até o fim, e apelando para uma condenação moral, que se supõe modificar uma situação julgada escandalosa.

NOTAS

[1] Para uma análise retórica muito interessante sobre a questão dos bônus da AIG nos Estados Unidos, que põe em relevo a questão do racional e do razoável, deve-se consultar Warnick, 2009. A autora se situa, no entanto, em outra vertente.

[2] Nussbaum fala da "estrutura cognitiva da compaixão". Segundo ela, "mais do que ter uma simples dicotomia entre o emocional e o (normativamente) racional", tem-se uma "situação em que todas as emoções são, até certo ponto, 'racionais', no sentido descritivo – elas são todas, em um certo grau, cognitivas e fundamentadas em crenças [...]" (1996, p. 304; tradução da autora).

[3] E ainda: "Mas, na indignação, a piedade é transformável. Ela nem por isso deixa de ser desarmada e, por conseguinte, impotente, mas se protege com as armas da *cólera*" (Boltanski, 1993, p. 91).

[4] Apresentação, por Michel Vaxès, do livro de Jean Ziegler, *Les Nouveaux Maîtres du monde et ceux qui leur resistente*, disponível em <http://www.michelvaxes.com/spip.php?article 37>, acesso em 04 jul. 2017.

[5] Disponível em <http://www.lefigaro.fr/societes/2009/01/22/04015 – 20090122ARTFIG00302-carlos-ghost-renonce-a-son-bonus-.php>, acesso em 04 jul. 2017.

[6] Meyer (2008) fala a esse propósito de "retórica", em vez de *argumentação* (que olha de frente as questões e as trata sem considerá-las resolvidas).

A VIOLÊNCIA VERBAL: FUNÇÕES E LIMITES
As "discussões inflamadas"* nas conversações digitais

A VIOLÊNCIA É INTRÍNSECA À POLÊMICA?

Discurso de paixão, a polêmica é também acusada de ser um discurso de violência. É justamente por essa característica, mais que pela emoção, que o locutor habitual crê reconhecê-la com frequência. Basta que haja um "aumento de tensão" na interação (Fracchiola et al, 2013, p. 11) ou uma virulência de tom em sua proposta para que ela seja percebida como polêmica. Porém, a polêmica, como vimos, é uma modalidade argumentativa e não um simples discurso agressivo. Ela é um enfrentamento, uma forte oposição de discursos sobre uma questão controversa. O que a fundamenta, como bem salienta Garand, é o conflitual e não a violência. Uma simples troca de insultos entre vizinhos é certamente violenta, mas não constitui, no entanto, uma polêmica.

---

* N.T.: Este vocábulo é utilizado pela autora tanto em francês *flammes*, quanto em inglês *flames*. Será traduzido aqui pela expressão "discussões inflamadas".

Se a violência não faz a polêmica, podemos dizer inversamente (e contrariamente aos clichês) que a polêmica não necessita da violência verbal. Já citamos, por exemplo, o estudo de Gelas sobre François Mitterrand (1980a) (capítulo 2). Para além dos exemplos em que o alvo não é nomeado e em que o discurso polêmico se apoia no implícito, encontramos numerosos casos em que a dicotomização e a polarização, até mesmo o descrédito do adversário, não passam pela violência verbal. Assim, no debate sobre as remunerações excessivas dos dirigentes de empresas, no mesmo momento em que eles demitem os trabalhadores, aparecem comentários polêmicos sobre as "fórmulas" que circulam no espaço público: "Quando eu leio que Sanofi prepara um PLANO DE PROTEÇÃO DO EMPREGO pela supressão de 575 empregos, penso que estou sonhando... ou que estou em outro planeta, em outra civilização... É como as DEMISSÕES VOLUNTÁRIAS... Você compreende esse novo vocabulário que vem do Medef? Eu não..." (Lola, sábado, 21/03/2009, 9h31). Ao que Jean_karim (sábado, 21/03/2009, 10h00) acrescenta: "De modo nenhum, você não está em outro planeta, mas exatamente na França. A imposição de certas expressões visa condicionar os espíritos e fazê-los aceitar o inaceitável [...]. Tudo isso se chama manipulação, e não é novo. Notaremos igualmente que a imprensa repassa de forma muito complacente esse vocabulário enganoso". A crítica do metadiscurso, que produz fórmulas manipulatórias, visa a alvos (as empresas que as emitem, o Medef, as mídias), provoca um choque de teses antagônicas (as empresas enganam o público, demitindo em proveito de seus próprios lucros *vs.* as empresas que demitem para assegurar sua performance ou mesmo para escapar da falência) e polariza os franceses em dois grupos (os exploradores/os explorados, os dirigentes de empresas/os assalariados). O caráter irracional da posição do adversário é enfatizado pela metáfora de outro planeta ou de outra civilização – um mundo onde reina uma lógica não relacionada à nossa. A desmistificação do vocabulário "patronal" que sustenta as políticas irracionais (estas maquiam "o inaceitável"), faz-se, no entanto, através de um discurso isento de violência verbal, que se apoia em argumentos recuperáveis.

Vemos, então, que, para a polêmica, a violência verbal não é nem uma condição suficiente, nem mesmo uma condição necessária. Porém, mesmo quando ela acompanha o discurso polêmico, e o faz frequentemente, a violência aparece mais como auxiliar do que como um traço definitório. É que ela se dá não como uma modalidade argumentativa, mas como um *registro discursivo* (Amossy, 2008). Passamos, assim, do modo como funciona a argumentação para o tom e para o estilo adotados em uma interação agonística: como registro discursivo, a violência verbal acompanha a polêmica, mas não a estrutura. Como o *pathos*, a violência lhe dá mais força, manifestando e intensificando a dicotomização, a polarização e o descrédito que a fundamentam.

Gostaria de defender aqui que a violência verbal, que acompanha frequentemente, mas não necessariamente, a polêmica, não faz um discurso rude ou incontrolável. Ela é funcional e regulada. Como parte da legislação mais ou menos permissiva, que gera diferentes tipos de interação, ela auxilia a polêmica pública a exercer diferentes funções (como o protesto, por exemplo, ou a incitação à ação). Isso não deixa de suscitar a questão de seus eventuais transbordamentos e a dos limites externos que convêm lhe atribuir.

O QUE É A VIOLÊNCIA VERBAL?

Para testar essa hipótese, é preciso, em primeiro lugar, se perguntar o que constrói, no discurso, o tom agressivo que caracteriza a polêmica. Sem dúvida, é preciso reconhecer com Dominique Maingueneau (2008, p. 113) que "a 'violência' verbal é [...] uma noção intuitiva que é muito difícil de traduzir em termos linguísticos". Podemos tentar, no entanto, identificar os parâmetros que permitem observar a violência verbal da qual se alimenta o confronto de teses. No conjunto, podemos falar de violência verbal quando:

(1) uma forte pressão ou uma coerção é exercida para impedir o outro de se exprimir e de expor livremente seu ponto de vista. Elas se expressam linguisticamente por procedimentos como (lista não exaustiva):
    a. Oralmente – a interrupção e as sobreposições de vozes nas interações face a face. O polemista não respeita os turnos de fala e não deixa o outro expor seu ponto de vista.
    b. Na assertividade que Angenot caracteriza como "a modalização enfática de asserção" (1982, p. 238): a afirmação é apresentada de maneira peremptória e acontece mais como uma demonstração de força que prescinde

de justificativa. O polemista chama a atenção do outro para uma verdade que passa a ocupar toda a cena, impedindo-o de avançar e de justificar os seus próprios argumentos.

c. As questões retóricas: o polemista apresenta a seu auditório questões que contêm sua resposta e quase não lhe abre espaço para apresentar as suas próprias respostas. Halsall cita, entre "as figuras de veemência", um tipo de questão retórica particular, a *epiplexis*, ou *percontatio*, que "serve para culpar o enunciatário, colocando-lhe questões cabeludas", destinadas "a salientar aquilo que aos olhos do enunciador constitui defeitos seus" (2003, p. 269).

(2) O ponto de vista apresentado é totalmente desconsiderado, ou ridicularizado, ou seja, é objeto de um ataque destinado a desconsiderar o outro e a colocá-lo fora do jogo.

Linguisticamente, o contradiscurso só apresenta o discurso contrário sob formas fortemente depreciativas, mobilizando todo o arsenal do discurso relatado. A fala do outro é retomada e reformulada de maneira a privá-la de sua própria coerência, ou descontextualizada e deslocada de seu sentido original; ela se torna objeto de um *reductio ad absurdum* ou de um tratamento fortemente irônico ou parodístico que a invalida, tornando-a ridícula.

(3) O polemista ataca a própria pessoa do Oponente.

Temos aqui o caso do argumento denominado *ad hominem*, em que se ataca a pessoa do adversário em vez de se atacar sua tese. Ele compreende muitas variantes, que Douglas Walton (que publicou numerosos trabalhos sobre a questão, sendo o primeiro livro em 1985)[1] resume da seguinte forma: (1) o ataque direto contra a pessoa do Proponente, que ataca seus traços morais e sua personalidade no lugar de refutar os argumentos que ele lança. A lógica do *ad hominem* é, portanto, a de que um argumento proposto por uma pessoa deficiente em moralidade ou em inteligência deve ser considerado igualmente deficiente; (2) o "circunstancial", que supõe uma inconsistência entre o argumento do Proponente e um aspecto circunstancial como seu comportamento, ou uma contradição em suas palavras – daí a desqualificação por incoerência; (3) o argumento distorcido: o Proponente é acusado de ter interesses pessoais, um plano secreto e, consequentemente, de não produzir um raciocínio objetivo e honesto; (4) o *tu quoque* (você também) consiste em voltar contra o outro a acusação apresentada contra você (àquele que o acusa de desdenhar de seus adversários, você responde: você também!). Em todos os casos, parece que a refutação dos argumentos do adversário foi posta à margem por um ataque direto ou indireto contra a pessoa dele. A violência emerge do fato de descreditar o outro para impedi-lo de expor suas posições e, sobretudo no caso do ataque direto, de desaboná-lo de um modo agressivo.

(4) O ponto de vista, a entidade ou a pessoa que o incorporam são assimilados ao Mal absoluto, livrando-o da execração pública.

O discurso polêmico, criado no caso de uma polarização extrema que se transforma em maniqueísmo, resulta na demonização do outro.[2] As qualificações atribuídas ao adversário fazem uma encarnação do Mal absoluto e, como tal, fazem com que o objeto de uma execração seja expulso do círculo de participantes legítimos. Esse caso concreto só tolera, é claro, uma interação direcionada pelo Proponente a um Terceiro, ao qual o mal do Oponente é revelado em toda a sua podridão.

(5) A violência está frequentemente ligada ao *pathos:* o polemista exprime sentimentos violentos que se inscrevem por marcas lexicais, sintáticas e prosódicas.

A agressividade se origina aqui do fato de que o locutor parece agitado por sentimentos fortes suscitados pelo Oponente e dirigidos contra ele. Essa emoção se traduz no plano lexical ou nas exclamações, nas repetições fáticas, no ritmo.

(6) O polemista faz uso de insultos contra seu adversário.

Como ato de fala, o insulto combina o assertivo (atribuindo ao outro qualidades que o desqualificam), o expressivo (manifestando hostilidade contra ele) e o diretivo (solicitando uma reação de sua parte ou da parte do Terceiro) (Chevalier e Constantin, 2009, p. 46). O insulto está relacionado aos argumentos contra a pessoa: ela manifesta um desacordo acentuado em relação ao discurso ou ao comportamento do outro (Vincent e Bernard, 2012, parágrafo 11). A isso, acrescentamos o fato de que o locutor se coloca como aquele que tem o direito de desqualificar o outro, colocando-o em uma posição inferior, e o faz frequentemente diante de um auditório: "caso o insultado não seja convencido de que é um pobre tolo, alguns membros do público poderiam sê-lo, multiplicando a possibilidade de propagação do insulto, às vezes, chegando à sua naturalização no espaço público" (2012, parágrafo 22). Para Goffman (1967), o insulto é um ato agressivo que ameaça a face do receptor – mas que pode se voltar contra aquele que produz o ato.

(7) O polemista incita a violência contra os outros.

A acusação lançada contra aqueles que apoiam a tese contrária e representam o ponto de vista acusado de todos os males (o que Garand chama de Errado) é acompanhada de encorajamentos para o uso de força contra eles – pelas armas, pelo assassinato ou por outros meios mais violentos que os verbais. É, portanto, uma violência *in loco* que incita o polemista, tanto de um modo simbólico (uma expressão verbal que não exige efeitos imediatos), quanto no plano prático (um estímulo para agir concretamente).

Trata-se de uma definição ampla da violência verbal, que inclui tanto as interrupções e a emotividade agressiva quanto os elementos associados de maneira mais evidente à violência, como o insulto ou a incitação ao assassinato. Esses parâmetros são diversamente explorados nas interações polêmicas, e não se trata aqui de fornecer ilustrações sistemáticas. Em vez de explorar, mais adiante, as formas da violência verbal, pretendemos examinar suas ligações com a argumentação e repensar sua função no enquadre regulador da polêmica. A questão que se coloca é a de saber em que medida um discurso exagerado, que enfrenta as normas de civilidade (em que há transgressão às regras de cortesia e ameaça à face do outro), e a deontologia da discussão racional (isto é, as regras da discussão crítica visando à resolução de disputas) podem participar de forma útil do debate público.

A VIOLÊNCIA VERBAL DAS DISCUSSÕES NA INTERNET: DISCUSSÕES INFLAMADAS

Essa discussão será conduzida mais uma vez utilizando-se um *corpus*, a partir de fóruns de discussão do *Libération* sobre as opções de compra de ações e os bônus distribuídos aos dirigentes de empresa em período de crise.[3]

Podemos, assim, ao mesmo tempo, complementar o estudo da polêmica com um problema socioeconômico ardente, que começou a ser tratado no capítulo anterior, e ver mais de perto como a polêmica que utiliza a violência verbal se traduz na internet. Trata-se de um tema sobre o qual se falou muito nos últimos anos. De fato, as interações pelo computador são apontadas por alguns como lugar de livre curso de uma violência desenfreada e perigosa, enquanto outros reconhecem nelas um instrumento de participação cidadã e de democratização.

No que diz respeito à violência na internet, é particularmente uma regra o uso de pseudônimos, pois permite aos participantes intervirem no espaço virtual sob uma identidade emprestada, geralmente posta em causa. Segundo alguns, o afrontamento entre máscaras permitiria um confronto de pontos de vista que não dependeria nem de relações de lugar, nem de restrições de cortesia e nem de manobras que a proteção de interesses privados impõe. Vários são aqueles, no entanto, que insistem nos perigos da não responsabilização. É que, sob o disfarce do pseudônimo, os internautas podem fazer uso da violência verbal e atacar a face do outro sem nenhuma sanção. Notaremos que tal dispositivo é o oposto não somente de uma conversação comum, mas também das interações polêmicas tradicionais – basta pensar na carta aberta, no debate televisivo, até mesmo na discussão política face a face em um bar ou em um café. Tal como praticado nas democracias contemporâneas, o ataque político é assumido por um ator social que se posiciona abertamente e ele próprio se responsabiliza por promover uma causa ou por combater um abuso. É nesse sentido que o polemista assume plenamente sua responsabilidade: se compromete e compromete sua pessoa civil em um combate em que ele pode pagar um preço alto – não apenas por processos judiciais, mas também por prejuízos à sua reputação, por rupturas de laços sociais ou por danos causados a seus interesses privados. Nada disso ocorre nos fóruns de discussão. Se as críticas e os ataques marcam um forte envolvimento pessoal e uma responsabilização da fala política por um indivíduo singular, é no interior de um jogo de máscaras que ocorre uma despersonalização e, por isso, uma "desresponsabilização" tanto na esfera jurídica quanto na esfera social e na ética (a pessoa do internauta não pode ser penalizada). Portanto, o debate polêmico não opõe mais atores sociais, mas "avatares", seres dotados de uma identidade fictícia no cyberespaço. Na carnavalização da fala política, que suscita o jogo de máscaras, o internauta concederia a si mesmo todos os direitos, a ponto de os piores excessos serem temidos. É nesse contexto que se coloca a questão da violência verbal da polêmica no CMP (comunicação mediada por computador) e a forma particular como ela é dita e revestida: as *discussões inflamadas* e as discussões que, além de *inflamadas, são violentas*.*

Comecemos, então, por uma breve apresentação dos trabalhos realizados em ciências sociais sobre as *discussões inflamadas* na internet. Essa denominação metafórica foi utilizada na linguagem corrente para designar as interações hostis e agressivas nas discussões on-line, sendo objeto de reformulações científicas acadêmicas que colocaram em dúvida quanto à sua definição exata, sua pertença exclusiva à CMP, suas fontes sociopsicológicas e suas funções nas interações virtuais. A *discussão inflamada violenta* tem sido geralmente percebida como um componente verbal desregrado libertado de qualquer inibição que tende a emergir nas interações face a face eletrônicas e que compreende injúrias, insultos e uma linguagem ultrajante. A ideia de pertencimento exclusivo das discussões inflamadas à comunicação on-line foi abalada, no entanto, pelas pesquisas experimentais (Lea et al., 1992, pp. 108-9), que mostram que o fenômeno não é em nada restrito às interações eletrônicas, já que é encontrado também em outros espaços (O'Sullivan, Andrew e Flanagin, 2012, p. 71). Essas constatações são acompanhadas de tentativas mais sistemáticas de definições. Se a discussão inflamada violenta representa uma manifestação de hostilidade (Kayany, 1998, p. 1137-8), ela não é menos estreitamente relacionada ao conflito: seriam "reações hostis que levam a um agravamento do conflito" (Rice e Steinfeld in Thompsen, 2003, p. 1). Além disso, esse conflito não é puro fruto de uma interação na internet: ele se relaciona a um contexto político, cultural e religioso, de modo que as discussões inflamadas aparecem como a expressão de conflitos exteriores à internet (Kayani, 1998, p. 1137), que estão se desenvolvendo no espaço virtual. Alguns trabalhos permitem, assim, diferenciar a violência verbal gratuita, frequentemente atribuída às discussões inflamadas, daquela que tem livre curso em uma troca conflitual ligada a questões sociais.

---

* N.T.: No original, é utilizado o termo *flaming* para designar as "discussões inflamadas de cunho violento". Assim, o termo *flaming* será traduzido ao longo da obra por "discussão inflamada violenta".

As ciências sociais se debruçam também sobre a questão da transgressão a normas, que, como vimos, está no coração da definição da violência verbal. Em uma perspectiva sociopsicológica, Thompsen (1993, p. 85) define a discussão inflamada como "uma mensagem na qual o criador/o emissor viola intencionalmente as normas interacionais, e é visto como violador das normas pelo receptor ou pelos Terceiros". Há, então, transgressão a normas de civilidade, o que explica por que a discussão inflamada violenta aparece como um comportamento prejudicial. Esse julgamento é, contudo, rebatido por pesquisadores como Lea, O'Shea, Fung e Spears (1992, p. 109), porque a discussão inflamada violenta é, ao contrário, um comportamento normativo em um contexto social que modela as regras do meio. Nesse caso, ela emerge em grupos sociais que incluem, em suas normas partilhadas, um comportamento livre de inibições (1992, p. 107). Nessa perspectiva, as discussões inflamadas fazem parte de rotinas interacionais – sejam estas não convencionais, sejam irreverentes. Isso explica, sem dúvida, por que, embora as explosões de violência verbal sejam infrações manifestas aos códigos de polidez, os participantes as aceitam ou as toleram, mesmo denunciando-as sem, contudo, abandonar o jogo. Parte integrante da conversação digital, a discussão inflamada violenta parece fazer parte do (bom) funcionamento da interação.

Em resumo, as discussões inflamadas são componentes verbais que violam as regras de civilidade e parecem ameaçar o bom andamento da interação, embora realmente façam parte de uma rotina aceita na comunidade virtual (semelhante às interações que os sociolinguistas estudaram em contextos específicos, como as comunidades de jovens nas periferias). Longe de serem meras explosões individuais de humor, elas estão, ao contrário, relacionadas a conflitos psicossociais que exprimem na internet. Até na sua brutalidade, elas participam, assim, de um ritual que modela as relações agonísticas no fundamento da polêmica. Ainda é preciso acrescentar que elas não fogem a uma regulação formal designada pelo termo "net-etiqueta", frequentemente utilizado, nos fóruns de discussão, por um moderador que suprime os posts demasiadamente grosseiros, difamatórios ou racistas. No *Libération*, encontramos, quando é o caso, nas caixas de comentários este aviso: "Esta contribuição, contrária à política do *Libération*, foi enviada ao cemitério dos comentários".

VIOLÊNCIA E ARGUMENTAÇÃO

Sem dúvida, é preciso, inicialmente, insistir no fato de que, nos fóruns de discussão jornalísticos, a violência das discussões inflamadas não esvazia, como consequência disso, a argumentação.[4] Assim, "deus" lança um ataque pessoal contra o "liberal" destinado a fazer com que ele tenha a face ameaçada e fique desacreditado: "não tenha vergonha de escolher liberal como pseudônimo, quando todo mundo concorda que foi o liberalismo que mergulhou o mundo na crise!!!! Sempre extremistas a defender o indefensável. Com um pouco de sorte, é o fim do capitalismo. Faremos tudo para isso! (sábado, 21 de março, 10h45)". Se o post fere o outro pela escolha de seu pseudônimo, com uma paixão e uma agressividade marcadas pelos múltiplos pontos de exclamação (parâmetro 5), ela não deixa de apresentar suas razões sob um raciocínio em forma de entimema: colocar-se do lado daquele que causa os males sociais é vergonhoso/liberal; com esse pseudônimo, fica-se do lado de uma causa reconhecida como fonte de males sociais/portanto, liberal adota uma conduta vergonhosa. E ainda: o extremismo é condenável, pois ele leva a defender causas que são indefensáveis/liberal defende a causa do liberalismo julgado por todos como insustentável (o consenso sobre a origem da crise podendo ser usado como prova)/portanto, ele é um extremista condenável. Aqui, a argumentação sustenta um ataque *ad hominem*, que oprime o adversário (parâmetro 3).

O mesmo liberal atacado por seu pseudômino e por suas opiniões responde ao jornalista que, em "Ações ruins para os patrões" (*Libération* 29/07/2009), ataca os dirigentes de empresas para que a demissão não seja em si desonrosa, por causa de um post que desencadeia um debate longo e tempestuoso sobre a questão dos planos de demissão:

> De acordo com *Libé*, tirar empregos seria um critério ruim para o patrão. Eles preferem que preservemos os empregos a qualquer custo: vendem-se menos carros: continuemos a fabricá-los para salvar o emprego. Vendem-se menos produtos financeiros: continuemos a preservar o emprego nos bancos. Vendem-se menos jornais: continuemos a proteger jornalistas que não dão satisfação a seus clientes!
>
> O que vão fazer as empresas para ocupar seus empregados? Vamos fazê-los deslocar um grande monte de areia. Quando eles o terminarão [*sic*], recolocarão esse monte no local inicial. É inútil, mas pelo menos o emprego será preservado. (sábado, 21/03/2009, 8h53)

Esse post faz uso da violência verbal não por meio da utilização de uma linguagem insultante ou grosseira, mas pelo recurso a uma desqualificação total do adversário ridicularizado (parâmetro 2). O alvo é aqui tanto o signatário do artigo quanto todos aqueles que, consequentemente, estigmatizam o princípio do desemprego. O internauta utiliza um raciocínio pelo absurdo, que ridiculariza o objetivo de preservar o emprego custe o que custar ("preservar os empregos a todo custo"). Sua própria tese (quando não há muitos pedidos, a empresa deve demitir) resulta desse *reductio ad absurdum* da posição do adversário – a qual confere implicitamente ao polemista uma posição de bom senso (ela representa o razoável *vs.* o não razoável – o absurdo). Aqueles que não pensam como um liberal estão, assim, fora do jogo, por incoerência de seu raciocínio – com uma manifestação em "continuemos a proteger jornalistas que não dão satisfação a seus clientes!".

O fato de que a violência verbal não exclui a argumentação se manifesta até no emprego de insultos (parâmetro 6), os quais constituem, em si mesmos, como bem mostrou Vincent e Bernard (2012, parágrafo 12), uma forma argumentativa particular da ordem do *ad hominem*:

Fazer (x) é desqualificável
B faz (x)
Portanto B é [tratado como] (y^{desqualificação})

"*Podridão do empregador francês!* Não surpreende que a balança financeira da França seja o que é! E dizer que o Governo e o Medef apoiam esse tipo de vândalos" (Boris, quarta-feira, 25/03/2009, 19h11). Esse post está em "Chevreux, superbônus, 75 demissões". O jornalista revela nele que, na filial da corretora do banco agrícola Chevreux, um plano de reestruturação, visando economizar 32 milhões de euros, pressupõe a supressão de 75 empregos, ao mesmo tempo em que oferece 51 milhões de bônus para seus sócios, e mais particularmente aos grandes acionistas (ver capítulo 5). O insulto lançado aos patrões (porcos, vândalos) vem claramente estigmatizar um comportamento de culpa que contraria grosseiramente a regra de justiça. Conceder a eles mesmos grandes vantagens financeiras, desrespeitando os outros, é desonesto e nocivo/os dirigentes se concedem bônus e dispensam os empregados/logo, eles são tratados como "porcos" e como "vândalos". O mesmo se passa com o insulto que é lançado diretamente a um interlocutor em vez de ser dirigido a um adversário, a quem não se dirige diretamente a palavra.

É essa coexistência da argumentação e da violência que permite às discussões inflamadas virtuais não caírem na agressividade pura e se manterem no enquadre contextual da polêmica como modalidade argumentativa caracterizada pelo choque de opiniões antagônicas. Elas não constituem um comportamento verbal desenfreado que permita suscitar todas as inibições, mas um modo de gestão do conflito no qual o dispositivo do fórum de discussão concede um lugar não negligenciável à violência verbal.

A POLÊMICA COMO DISPUTA PESSOAL

Quando nos debruçamos sobre as discussões inflamadas nos fóruns de discussão, percebemos que as polêmicas entre internautas assumem frequentemente a forma de disputas pessoais. Essas disputas são explosivas, mesmo que envolvam indivíduos que usem um pseudônimo ridículo que se atenha aos limites de um encontro virtual. A coisa parece pelo menos paradoxal. Na realidade, esse aspecto de disputa pessoal é devido à conversacionalização* e à subjetivação subsequente que caracterizam as discussões on-line. A conversacionalização é tomada aqui na acepção que lhe atribui Fairclough (1992): a extensão do gênero conversação a outras situações discursivas. Nesse caso, podemos dizer que a conversação migra "da esfera privada para a do domínio público" (Gadet, 2005, p. 240), de modo que o confronto civilizado ganha, a partir daí, o aspecto de uma conversação virtual. Mesmo que o escrito seja não síncrono, o debate ganha, então, a forma de uma interação cotidiana entre particulares, frequentemente (mesmo que não necessariamente) marcada pelo fenômeno linguístico da oralização, que alimenta a virulência das intenções.

A isso se junta a subjetivação do debate: a expressão pessoal das opiniões, das reações e dos sentimentos individuais é quase regra. A noção de subjetiva-

---

* N.T.: No original, *conversationnalisation*. O termo foi aqui traduzido como "conversacionalização", correspondendo à conversação em processo de adaptação a diferentes situações de conversa.

ção é aqui compreendida em sentido amplo: inscrição de subjetividade no discurso; responsabilização linguística – o locutor tomando a responsabilidade por um ponto de vista do qual ele é a fonte ou recusando responsabilizar-se por um ponto de vista com o qual ele não se solidariza (Dendale e Coltier, 2005); e, mais geralmente, toma a posição de um locutor que expressa sua opinião. A "opinião", a qual concordamos em dizer que não é manifestada discursivamente, a não ser que ela seja acompanhada de um metadiscurso – "É minha opinião pessoal", "a meu ver" –, é definida como a posição avaliativa de um indivíduo sobre um estado de coisas. Ela oferece a representação de uma situação exterior embasada em uma apreensão interior dessa mesma situação (Schiffrin, 1990, pp. 244-5). O fórum de discussão permite, assim, simultaneamente, a invasão do espaço jornalístico por uma subjetividade que se marca concretamente no discurso e na trama de interação e na expressão de opiniões pessoais nos debates argumentados tratando de problemas gerais. Essa subjetivação nesse contexto de conversacionalização própria dos debates on-line contribui para dar aos marcados pela violência um aspecto de disputa entre particulares.

A conversacionalização da polêmica na internet pode acontecer em "duelos" em que dois internautas polemizam sem parar num espaço acessível a todos (os outros não são mais que *bystanders**, receptores passivos); polêmicas enviesadas ou bruscas nas quais várias reações violentas se direcionam a um mesmo internauta; desenvolvimentos complexos em que o debate alterna com a polêmica e se bifurca de tempos em tempos em razão de "novos fios" que o atravessam. Em todos esses casos, a violência que emerge nas interações agonísticas lhes dá o aspecto de disputa pessoal, mesmo que se trate de uma conversação virtual entre interlocutores mascarados, que não mantêm nenhuma relação direta entre eles.

Concentremo-nos aqui na primeira situação. Encontramos, no *Libération*, na sequência "*Airbag* em ouro maciço em Valéo" (24/03/2009), assinada por Nicolas Cori, uma polêmica que coloca em debate Minuk e Zythum. Este

---

* N.T.: De acordo com o artigo 17 do Código de Defesa do Consumidor brasileiro: "O chamado 'consumidor por equiparação', ou *bystander*, é aquele que, embora não esteja na direta relação de consumo, por ter sido atingido pelo evento danoso, equipara-se a consumidor no que tange ao ressarcimento dos danos que experimentar".

último, em seu perfil, se diz "o esquerdista mais republicano e democrata de todos", e não defende "a bobagem e a injustiça" (Minuk, quanto a ele, não diz nada em seu perfil). Minuk argumenta tentando pegar em suas próprias contradições aqueles que pensam que "há variações* que não podemos justificar"; ele questiona por que tais diferenças seriam mais justificáveis quando se acentuam entre franceses e cidadãos de países menos privilegiados. Sua troca polêmica prossegue com a intervenção de Zythum, que se manifesta com uma paixão marcada pelo abuso de pontos de exclamação: "E Morin... ele poderia também alimentar quantos cambojanos??? Você fez o cálculo??? (terça-feira, 24/03/2009, às 14h21). Trata-se, portanto, de uma verdadeira discussão argumentada que se engaja sob um tom virulento entre os dois "*libé*nautas", em que Minuk pede que o adversário vá ao fundo de sua lógica: se não deve haver diferença importante de nível de vida entre os humanos, isso é válido também para a França, face aos países desfavorecidos. Esse argumento repousa sobre a regra de justiça, "que exige a aplicação de um tratamento idêntico para os seres ou situações que classificamos em uma mesma categoria" (Perelman e Olbrecht-Tyteca, 1970 [1958], p. 294). Se, recusando a partilha universal, o homem de esquerda não aceita essa regra e a lógica que a segue, ele contradiz seus próprios princípios de igualdade. Ele cai, então, sob a censura de uma das variantes do argumento *ad hominem*, porque ele se contradiz (é o *ad hominem* circunstancial). Notemos que Minuk fundamenta também seu raciocínio no argumento da "evolução negativa" (muitas vezes, considerado um paralogismo), que é um tipo de argumento baseado na consequência (um argumento primeiro leva a uma inevitável cadeia de eventos cujo resultado final será nocivo). Dessa forma, se aceitamos a necessidade de dividir as riquezas na França com base nos princípios de justiça e de igualdade, seria preciso aceitar isso também entre a França e o Camboja, depois com a totalidade do globo. Esse argumento se opõe tacitamente à posição do adversário (no caso, de divisão equiparável dos ricos na França), mostrando as consequências dessa lógica quando ela aparece até o fim, pois, nesse "jogo", os franceses serão perdedores ("Eu acho que, se você aplicar essa teoria ao conjunto do planeta, como

---

* N.T.: No original, *fourchettes*.

querem alguns, haverá muito mais gente nos restaurantes populares do que existe neste momento"). Zythum, por seu turno, admite que somos sempre o "super-rico" de alguém, mas acusa seu adversário de trazer esse argumento para diluir o problema e não atacar a questão das desigualdades escandalosas na França. Ele o acusa, então, de agir de má-fé. Argumenta tentando, por sua vez, pegar seu adversário em uma contradição. "Eu destaco também que, quando a questão é o salário dos patrões, aí, ao contrário, olha-se sempre para o alto." Se admitimos que, adotando uma escala mundial, não se deve reduzir as desigualdades por baixo, por que aceitar fazê-lo pelo alto da pirâmide, tomando como modelo os Estados Unidos, para justificar os aumentos de salário? É, mais uma vez, a regra de justiça que é aplicada de maneira calcada na do Oponente, e é o argumento *ad hominem* que guia o ataque contra aquele que se contradiz.

Nessa interação polêmica que se alimenta de uma argumentação saudável, os adversários não se privam de usar a violência verbal. Eles recorrem, como vimos, ao argumento *ad hominem* circunstancial, que faz o outro cair na armadilha do seu próprio argumento, mostrando que ele se contradiz e provando a incoerência. O *ad hominem,* sob sua forma de ataque pessoal, por definição mais violento, surge igualmente em:

> **O que eu destaco...**
>
> [...] evidentemente, somos sempre o "rico" de alguém em absoluto, se vamos ao outro lado do planeta... mas se é sua maneira de tranquilizar aqueles que aqui na França não têm nem mesmo como se abrigar e têm apenas o suficiente para comer, *desculpe-me, mas eu acho isso uma arrogância... é lamentável!* Os clientes dos restaurantes populares apreciarão sua grandeza de alma... (destaque da autora)

As acusações agressivas personalizam o ataque interpelando diretamente o interlocutor: "Mas aqui, *no caso de você não ter ainda compreendido,* nós falamos de remunerações que são 100, 200, 500 vezes superiores ao salário mínimo!!!" (destaque da autora). As observações do interlocutor são apresentadas como reveladoras da carência de seu raciocínio e, por consequência, de suas capacidades: "Minuk: desolador! Triste reflexão...". Minuk, inicialmente mais comedido, acaba adotando o mesmo tom: "o que eu digo simplesmente é que é fácil, ingênuo e, por que não dizer, infantil exigir como solução 'compartilhar, compartilhar, compartilhar', dando saltos, sobretudo se essa partilha... inclui apenas as pessoas mais favorecidas que você! é lamentável!" Infantilismo contra arrogância – é, entre outros, essa troca de insultos que dá à conversação virtual seu jeito de disputa pessoal.

Além disso, as interações ganham o aspecto de uma disputa baseada em acusações de má-fé na maneira de aludir às propostas do outro, que visam desqualificar o adversário. Minuk: "*Não me faça dizer* o que eu não disse – ou que mal escrevi"; "Pare de procurar chifre em cabeça de cavalo; você entendeu muito bem o que eu queria dizer..."; "Essa frase, você não escutou de mim, então pare de atribuí-la a mim, classificando as pessoas de acordo com o modo como VOCÊ as fantasiou. Tudo bem?!". Zythum, por sua vez, exclama: "Bem se vê que você caricaturiza tudo o que digo..." O protesto do internauta vem refutar a imagem que seu relato traça dele: "Jamais sugeri que a situação das pessoas que frequentam os restaurantes populares deveriam ser deixadas como estão, nem que seria preciso que os necessitados se contentassem com isso [...]. Isso seria completamente estúpido!". Vemos as questões de identidade que se baseiam na manipulação do discurso citado e que explicam, em parte, a violência da troca. A oralização do debate, visível nas expressões familiares ("o que comer", "concorda?!" "Isso seria completamente estúpido!" etc.), reforça a virulência do ataque ao olhar do Oponente. Além disso, a violência verbal é tomada no dispositivo argumentativo de um debate na sociedade. Mas o debate sobre a questão da justiça social em termos de repartição de recursos em partes iguais toma aqui o aspecto de uma disputa entre dois indivíduos que se atacam e se agridem pessoalmente.

Um exame de diversas ocorrências de polêmica, incluindo os numerosos casos em que o debate se passa entre vários locutores (e não somente entre dois internautas), transforma em confronto violento teses antagônicas e confirma que a intricação entre o discurso argumentado e a disputa pessoal virulenta é uma constante no *corpus* dos fóruns de discussão. Os participantes se empenham em uma discussão de forma privada (ela põe em disputa indivíduos) e pública (ela é disponibilizada a todos e trata dos problemas da sociedade). A conversação virtual toma, assim, o espaço de discussão em cafés e restaurantes. Ela introduz, por isso, uma violência que a discussão pública não admite.

Mesmo que a conversacionalização explique o aspecto da disputa pessoal, podemos, em um primeiro momento, nos perguntar por que ela surge em um dispositivo em que os participantes, disfarçados sob seu pseudônimo, não se conhecem e não têm *a priori* nenhuma razão para transformar o debate sobre uma questão pública em uma disputa entre particulares. Refletindo bem, no entanto, a lógica desse fenômeno aparece claramente. Na tela do computador, o adversário é percebido unicamente em função da opinião que ele representa e defende. Ele não possui múltiplas dimensões – institucionais, profissionais, de amizade etc. – que interfiram nas relações humanas comuns e as tornem complexas. O homem e a posição defendida se redescobrem e se confundem na exclusão de qualquer outro fator. Nessa perspectiva, o ator é uma forma vazia que se une naturalmente a um actante, apesar de a tese e a pessoa desacreditada serem uma coisa só. O internauta, por meio de um pseudônimo, torna-se um alvo ao mesmo tempo desencarnado e personalizado – uma opinião contra a qual a violência pode se expressar de forma mais eficaz em um espaço onde o *status* e os títulos estão apagados.[5]

Nesse contexto particular, impregnado de violência, a conversação digital permite aos internautas encontrar virtualmente representantes da posição antagônica que eles não teriam tido, talvez, a oportunidade de enfrentar em outras ocasiões da vida cotidiana, e eles não teriam, certamente, podido se agredir abertamente em um face a face, sobretudo com uma pessoa conhecida e em uma situação social cheia de hierarquias e regras de polidez. Podemos deduzir, como alguns o fazem, que os fóruns de discussão autorizam excessos lamentáveis, removendo inibições, e que têm uma simples função de descarga. Mas podemos também considerar que eles oferecem uma arena necessária aos confrontos polêmicos em que o choque de opiniões antagônicas se manifesta em todo o seu vigor[6] e em que os defensores de posições contraditórias podem se lançar livremente contra o adversário, comparando e confrontando suas opiniões. A persistência dos internautas em cruzar espadas em suas discussões on-line mostra a necessidade, para simples mortais, de se afirmarem, de darem livre curso a uma violência muito frequentemente recalcada, mas também de manter um diálogo com seus adversários, mesmo que seja através de uma interação que se assemelha mais a uma disputa do que a um diálogo em busca de acordo.

A VIOLÊNCIA DIRIGIDA A UM TERCEIRO: CRIAÇÃO DE UMA COMUNIDADE VIRTUAL DE PROTESTO

O tema da disputa pessoal, no entanto, não esgota a questão da violência na internet. É preciso também se perguntar quais são suas funções nas discussões que se apresentam mais frequentemente como polílogos entre um número aberto de participantes que se juntam ao debate plural provocado pelo artigo do jornal ou à cadeia de discussão proposta por um dos participantes. Nesse contexto, as discussões inflamadas na internet são travadas por muitos internautas e são dirigidas seja a um alocutário sobre o qual se concentra o ataque, seja contra uma terceira pessoa ou contra um grupo. Como no caso da emoção, da qual é inseparável, essa prática de crítica mordaz e agressiva exacerba o protesto. Ela contribui, principalmente, para consolidar uma comunidade virtual que une os internautas em um ataque contra um inimigo comum. O Oponente desacreditado é totalmente retirado do diálogo: a polarização extremada torna impossível qualquer negociação sobre o que é proposto e representado. Podemos dizer que, nesses casos, os fóruns on-line constroem *uma comunidade de protesto*.

Em "Ações ruins para os patrões", encontramos, uma série de ataques contra os patrões, ricos em marcas de emotividade e insultos, que se fazem ecoar e se consolidam mutuamente: "Yaguar: *Dinheiro*! Traga contado, eu quero esmola, não estou nem aí para os outros, grana para encher os bolsos, eu quero mais!! Muito, muito, muito!!!" (sábado, 21/03/2009, 08h47); "els2 Incorrigíveis. Decididamente, eles nunca compreenderão (sábado, 21/03/2009, 08h37)"; "pomalo: *não mais...* incorrigíveis, mas corruptos! rapidamente a justiça pois quando se fala de pulhas é isso que se devia dizer" (sábado, 21/03/2009, 08h46).

Nesse mesmo fórum ("Ações ruins para os patrões"), forma-se uma comunidade de protesto a propósito dos equívocos do presidente Sarkozy, cujos pronunciamentos não são seguidos de efeitos. Assim, ramon 78 (sábado, 21/03/2009, 9h02) relata as propostas de Sarkozy: "É preciso implementar as medidas sugeridas para lutar contra a crise", para concluir: "blá blá blá... NADA DE CONCRETO, vento", acrescentando que o presidente está talvez se comportando como "neurótico, agitado, raivoso", "um fraco". Damiendenacy vai mais longe: "se Nico pensa que o simples fato de denunciar as práticas de opções de compra de ação será suficiente para estancar a crescente irritação dos trabalhadores e dos que têm um emprego e dos que estão perdendo, ele está enganado, o cara. A gente pergunta uma coisa: dinheiro, e pronto. Caso contrário, vai se dar mal, é certo!" (sábado, 21/03/2009, 09h04). Tita 84 (sábado, 21/03/2009, 08h54): *"Até quando vai durar a limpeza dos donos dos bancos?* Lamentável, novamente o filme de ação pronto para deixar em silêncio a Assembleia Nacional ou a mídia que pode mudar o comportamento rude e imoral dos seus companheiros banqueiros [...]". Palombe (sábado, 21/03/2009, 14h00): "*moinho de vento* à parte, ele vai devolver os bônus e outras opções de compra de ação recebidas que não estão longe da bandidagem, mas essas pessoas são intocáveis pois são agentes do poder de sarko". A isso, Crinquebille acrescenta que, contrariamente a Barack Obama, "o governo se contentará com a ineficiência para desviar a atenção". O presidente é alvo de uma descrição ofensiva que o retrata como tempestivo, neurótico e agitador que não age. Essa imagem desvalorizante circula no discurso social e se repete em outros fóruns: "SARKO seria um pouco Louis de Funès, muito animado, mas pouco engraçado" (clairandre, quarta-feira, 25/03/2009, 14h20). Ele é também aliado dos patrões em relação ao "comportamento rude e imoral", assimilável ao da "bandidagem" ("seus companheiros banqueiros", seus "agentes"), cujas ações recaem sobre ele. Ele é, então, insultado na medida em que é, ele mesmo, acusado de imoralidade e de clientelismo.

    Os internautas se reúnem diante do computador em um julgamento cuja violência verbal não é apenas um escape. Ela os conduz em um mesmo ímpeto para exprimir um ódio comum e uma rejeição coletiva, capaz de silenciar sobre comportamentos que eles julgam intoleráveis. Nessa explosão coletiva, que é acompanhada, eventualmente, de ameaças ("caso contrário, vai se dar mal, é certo!"), o presidente é deixado de lado, apesar das suas declarações firmes e da sua decisão de tomar medidas para ajustar as remunerações dos dirigentes de empresas em período de crise. Os inúmeros internautas que atacam e insultam Sarkozy se agrupam e formam uma comunidade de contestadores, evidenciando sua falta de confiança na boa vontade do presidente, visto, ao mesmo tempo, como um representante da direita e da sua política liberal, como aliado e amigo das grandes fortunas e como indivíduo de pouca credibilidade, ardiloso, que se contenta com gestos espetaculares. A violência manifestada contra um terceiro através de argumentos *ad hominem*, os insultos e a tentativa de desconsiderá-lo totalmente têm por efeito agrupar e unir locutores que não se conhecem, mas se reconhecem entre si. No contexto da polêmica em que a violência é tomada num dispositivo argumentativo, essa proximidade alia a chama da agressividade coletiva à adesão fundamentada nas mesmas posições. Expressando sua raiva com os termos virulentos que o fórum de discussão autoriza com seu jogo de máscaras, os internautas se reencontram e se confortam mutuamente, construindo uma comunidade virtual de opinião e de protesto.

A INCITAÇÃO À VIOLÊNCIA: VIOLÊNCIA POLÊMICA E RETÓRICA COERCITIVA

O protesto coletivo é, em si, um ato de resistência. Além de exprimir suas frustrações e de juntar sua voz a outras vozes, a pessoa que protesta tenta se opor a um poder do qual ela se considera vítima e tenta contribuir para uma mudança social. No protesto coletivo, como os posts sobre as opções de compra de ação, e também os discursos sobre o estatuto das mulheres, estudados nos capítulos anteriores, a forma de contestar que a polêmica assume pode tomar uma direção oposta à mobilização. Ela se concretiza, às vezes, *in loco*, quando faz as multidões descerem às ruas ou quando suscita atos públicos de resistência. A fala é, então, a alavanca de uma ação da ordem da luta social. Esse aspecto aparece nos posts que conclamam os internautas a reagir e agir: "Voto pela bagunça generalizada, greve geral, barricada, parar com tudo enquanto essa panelinha não tiver sido afastada dessa galinha dos ovos de ouro e do poder [...] CHEGA!". Na mesma direção, Joséphine escreve: "Mas quando, finalmente, o povo bom vai quebrar tudo diante desse cinismo, desse desprezo, dessa violência dos patrões e de outros dirigentes. Com esses bônus e outras esmolas para essa gente, chega-se ao imundo! A luta de classes, isso diz alguma coisa para vocês? Então, o que estamos esperando para pôr fogo?" (quarta-feira, 25/03/2009, 11h01). Passou-se da convocação à ação para uma incitação explícita à violência (parâmetro 7).

Os fervores de violência exaltam com frequência, simbolicamente ou não, a Revolução e se nutrem do imaginário ancestral de 1789 a 1793. Assim, Davidax escreve: "Caso contrário, é a revolução", no fórum do artigo "Os patrões que se entopem": "No século XVIII, quando esse tipo de situação existia (injustiça entre os Aristocratas, os Burgueses e o povo), houve a Revolução..." (quarta-feira, 01/04/2009, 01h11). Essa observação não traz marcas discursivas de violência, mas coloca uma ameaça, deixando aos leitores, e principalmente aos interessados, a tarefa de deduzir as consequências funestas de um processo de injustiça social. Pode-se ver como esse mesmo chamado à Revolução apresenta modos diferentes nos mesmos fóruns de discussão relativos ao lucro dos patrões em tempo de crise. Uma variante se encontra no post de Marc:

> **À luta, cidadãos!**
>
> Visivelmente, uma nova "nobreza" veio substituir a que teve a cabeça cortada em 1789.
> Para as mesmas palavras, os mesmos remédios, façamos picadinho desses superprivilégios que apenas desprezaram o interesse nacional, e que acham normal empanturrar-se enquanto o "povinho" afunda em problemas – provocados por eles. [...]
> CHEGA!
> (Quarta-feira, 25/03/2009, 13h27)

E no post de Claude: "À forca!": "Eles não produzem nenhuma riqueza e se empanturram, então é hora de recomeçar 1789! Os trabalhadores não podem suportar sozinhos o peso da crise, o capital tem que contribuir também" (quarta-feira, 01/04/2009, 08h19). Ela é seguida de um grito indignado de Zorglub: "Você tem razão! Instalemos a guilhotina na Praça da Concórdia! Não mais... (quarta-feira, 01/04/2009, 08h31). Robert, por sua vez, clamava: "Fim dos privilégios. E retorno da Viúva*. É a única solução" (quarta-feira, 25/03/2009, 08h45). Notemos que Pedro recua diante da ideia da guilhotina e recomenda uma forma de violência menos

---

* N.T.: Gíria histórica para a guilhotina.

sangrenta: "A viúva NÃO, mas os trabalhos forçados ou ao rigor da ilha de Salut" (quarta-feira, 25/03/2009, 09h46).

Quando a função de incitar à ação se torna incitação à violência, não faltam questões sobre os limites da polêmica. Na perspectiva de uma retórica como arte da negociação de diferenças e da resolução de disputas, toda fala virulenta que atiça os conflitos e que leva à explosão de violência é condenável. Isso porque ela derruba as barreiras que o compartilhamento do *logos* trabalha para erigir contra a destruição da ordem, a guerra civil, a violência armada e, mais geralmente, o rompimento da ordem e a mudança dos contextos que fundam uma ordem social. Pode-se, no entanto, como fez Simons em 1972, lembrar que a manutenção da ordem não é necessariamente desejável e que o conflito que ameaça a mudança nem sempre deve ser reprimido em benefício do consenso. Apoiando-se em parte em Coser (ver capítulo 1), o estudioso da retórica dos movimentos sociais insiste sobre o valor do conflito. Segundo ele, "quando sistemas alternativos são obviamente preferíveis, o conflito pode ser o único meio de fazê-los acontecer. Portanto, trabalhar para incitar ou exacerbar um conflito pode ser tão ético quanto trabalhar para preveni-lo, geri-lo ou resolvê-lo" (Simons, 1972, p. 239; tradução da autora). Ainda mais quando a violência exaltada aparece como a única resposta possível a outra violência – "essa violência dos patrões e de outros dirigentes", que impõe aos dominados uma lei em que a relação de força se dissimula sob a falta de legitimidade (é a violência simbólica, segundo Bourdieu).

Nos casos, portanto, em que a polêmica ultrapassa as simples diferenças de opinião para tratar de conflitos sociais que envolvem uma estrutura de poder e um sistema de normas, ela pode legitimamente – segundo Simons e a retórica dos movimentos sociais – se armar de violência concretamente traduzida *in loco*. A persuasão não é o oposto da coerção em uma dissociação da razão argumentativa e da força bruta. Ao contrário, a violência de certos atos públicos deve ser compreendida como um meio de comunicação que vem retransmitir as vias ordinárias da fala persuasiva. O poder de persuasão das estratégias coercitivas pode ser superior às abordagens que apostam tradicionalmente em uma colaboração e uma coconstrução argumentativa muito frequentemente deficientes. Estamos, portanto, no domínio da "retórica coercitiva", da qual a violência polêmica é apenas um dos aspectos ao lado de outras formas verbais, como o discurso das manifestações de rua, mas também de atos como as greves, os *sit-in** etc. A passagem de uma retórica da persuasão para uma retórica da coerção aparece, nessa ótica, como o trajeto obrigatório de toda ação que se pretende eficaz.

Essa retórica coercitiva é exercida no contexto de uma jornada de ação que compreende greves e manifestações coordenadas pelas organizações sindicais no dia 19 de março de 2009 (em consequência de greves e manifestações do 29 de janeiro de 2009 contra a crise e a reforma Darcos), uma mobilização que reuniu 2,5 milhões de pessoas de sindicatos de toda a França e que (nos termos da CGT) "desafia muito diretamente o governo e os patrões". Tratava-se de "fazer tanto o governo quanto os patrões e empregadores" ouvirem uma série de reivindicações:

> [...] defender o emprego privado e público, lutar contra a precariedade e a falta de regulamentações econômicas e sociais, exigir políticas de remuneração que assegurem a manutenção do poder de compra dos assalariados, dos desempregados e dos aposentados e, reduzindo as desigualdade, defender o quadro coletivo e solidário da proteção social, dos serviços públicos de qualidade (**Chamada do dia 19 de março de 2009 das organizações sindicais FSU, CFDU, CFTC, CFE-CGC, CGT, FO, Solidaires, Unsa**).

Não se tratava evidentemente de uma jornada de mobilização com alvo nos ganhos abusivos dos patrões distribuídos em tempos de demissão de trabalhadores, nem da negligência do governo em remediar a situação, mas esse protesto encontrava lugar na manifestação geral. E, de fato, cartazes e bandeiras exibiram esse tema. Um *slogan*: "Aumentem nossos salários, não os acionistas". Em Saint-Etienne: "Um outro mundo é possível, vamos sair da economia de cassino". Uma bandeira da CGT: "O capitalismo está doente, que ele se esgote", "Justiça social, Greve geral". E "A crise é deles, não cabe a nós pagar por ela", ou: "A crise não é culpa dos trabalhadores".

---

* N.T.: Protesto em que as pessoas se sentam para bloquear uma determinada via.

Uma faixa retomava uma citação dizendo que, na França, ninguém nota as greves e destacava: "E aí?? Você vê a greve, pobre coitado?". Representações ofensivas a Sarkozy acompanharam os protestos. Ainda, a cabeça de Sarkozy em uma haste:

Desliza-se aqui da polêmica verbal às ações concretas que expressam um protesto e clamam por reivindicações. Quando se fala do conflitual, convém realmente distinguir o conflito de opinião do conflito social. Coser (1970), um dos iniciadores da sociologia dos conflitos armados nos anos 1950, via nos conflitos sociais uma luta que opõe valores e reivindicações a *status*, posições de poder e recursos, em que o objetivo das partes antagônicas era neutralizar, diminuir, até mesmo eliminar o adversário. Especialista em movimentos sociais, Simons (1972, p. 231) marca bem a diferença, assinalando que um verdadeiro conflito não se reduz a uma controvérsia, de modo que os estudiosos da retórica erraram ao ver nos conflitos sociais uma simples divergência de crenças e de atitudes, quando o que importava era levar em conta os jogos de interesse e as relações de força em uma dinâmica de ação (para além do discurso) e de coerção (para além da persuasão).

Nesse sentido, é preciso insistir, a polêmica não advém de uma retórica coercitiva como gestão de um conflito social. Ela permanece como gestão de interações verbais nos conflitos de opinião. Ela não constitui uma luta *in loco* em que a comunicação se reveste de formas de ação simbólica, mas uma modalidade de discussão pública sobre o partido que convém tomar sobre uma questão social. Ao mesmo tempo, o debate polêmico (as discussões inflamadas dos fóruns na internet) trata bastante de assuntos sobre conflitos sociais, como os que se referem à crise financeira de 2008-2009. Ele confronta posições e favorece o choque de opiniões contraditórias, suscitando reagrupamentos que visam protestar, e até mesmo incitar à ação. Nesse contexto, emerge não somente a violência verbal, mas também a incitação à violência evocada anteriormente: as interações sobre as opções de compra de ações e os bônus escandalosos incluem, além das chamas de indignação, da violência protestadora e de insultos, apelos para usar violência física. No entanto, a polêmica não tem por vocação realizar o que ela exalta. Ela permanece nos limites da comunicação verbal, e não se aventura a acontecer *in loco*. Mesmo quando ela clama a agir, ela se mantém no contexto de uma conversa cujo horizonte é a deliberação – a tentativa de chegar a decisões e a ações através do confronto verbal.

Parece que a polêmica pode sustentar as mobilizações sindicais e cidadãs, mas ela não toma partido nelas. Além disso, as manifestações e as greves não acabam com as discussões públicas e nem as substituem: estas as acompanham e continuam a se desenvolver quando o protesto se reveste de formas mais concretas (ela debate, às vezes, até essas formas, como o fundamento das manifestações). Observemos, além disso, que a grande mobilização sindical do dia 19 de março de 2009 é anterior aos fóruns de discussão citados. Longe de ser um prolongamento da manifestação, a polêmica a precede e não põe fim a ela.

A VIOLÊNCIA FUNCIONAL: REGULAÇÃO E LIMITES

A incitação à violência e ao confronto *in loco* demanda repensar as funções e os limites da violência na polêmica. Podemos dizer, mesmo com base no exemplo extremo das discussões inflamadas tão desonrosas, que a violência da polêmica é *funcional*. Por essa expressão entendo que a violência verbal não é aleatória nem gratuita, mas preenche algumas funções numa interação verbal que a enquadra e a regula. Seus modos de expressão dependem da lógica global que subjaz a um dado gênero e aos limites que este permite à agressividade nas interações conflituosas. Em outros termos, como a violência é funcional (porque ela cumpre funções em um sistema de interação), também sofre restrições. Ela acontece de forma diferente nos debates no Parlamento, nos debates de televisão, nas cartas abertas, nos fóruns de discussão na internet, nas assembleias gerais de profissionais ou outras, nas discussões políticas entre amigos etc. Os critérios de legitimação se configuram, então, de maneira diferente em cada um desses contextos – o que é autorizado ou tolerado em um, não o é em outro. As infrações são às vezes sancionadas pela censura (as questões de ordem no Parlamento, as intervenções do jornalista na televisão, a censura do moderador nos fóruns eletrônicos), às vezes denunciadas em um sistema de autorregulação que torna ineficaz e caduca a violência quando ela ultrapassa os limites de uma lei frequentemente tácita.

É, portanto, apenas nos limites de um jogo social e institucional que a violência polêmica pode se expressar livremente, e até mesmo se descontrolar. Não se trata aqui de reconduzir a divisão bem conhecida entre o agonístico e a luta regrada, e entre a erística e o confronto anárquico e desregrado. A questão, de fato, não é tanto saber se estamos na luta sob controle que permite o *agon*, ou na liberdade da erística em que todos os golpes são permitidos, desde que acertem o alvo. O essencial é reconhecer que diversos contextos de comunicação autorizam modos de confrontação diferentes e que a violência, mesmo quando se inflama, está sujeita aos ritos da interação. O insulto, que aparece como culpado porque transgride as regras da polidez e ameaça a face do outro, é autorizado em certos contextos, como o do fórum de discussão. Ele, por outro lado, é proibido em um debate televisivo em que sua agressividade apareceria como intolerável e como prejudicial ao confronto. Essa agressividade só pode, portanto, tomar formas menos brutais das quais fazem parte, entre outras, os argumentos *ad hominem*. Há um ritual da violência verbal com o qual os representantes do Terceiro (o público) estão familiarizados. A amplitude dada aos insultos nos fóruns, a natureza e as formas de expressão desses insultos podem variar em função não apenas dos jornais em que eles aparecem (é então uma questão de regulação interna), mas dos códigos e dos limiares de tolerância dos diversos indivíduos que testemunham isso. Quando um participante da polêmica pública não respeita as regras ou ultrapassa de forma ultrajante os limites, ele atinge sua própria imagem. O *ethos* de mau jogador ou de indivíduo que não obedece aos códigos sociais apropriados tira o crédito daquele que tenta desqualificar o adversário. É preciso notar, no entanto, que essa autorregulação está longe de ser perfeita...

Mas a violência verbal, sobretudo sob a forma de incitação, mesmo simbólica, à violência física não pode também fazer com que os participantes saiam do seu próprio círculo e que os leve voluntariamente à morte ou ao caos da luta armada? O que aconteceu na sequência de certas manifestações não pode se aplicar à polêmica? Em 1995, em muitas manifestações que ocorreram em Israel na sequência após os acordos de Oslo e os ataques suicidas que deixaram muitos mortos, a extrema direita se voltou contra o chefe de Estado, Yitzhak Rabin, e ataques pessoais contra ele, do tipo "Rabin traidor" e "Rabin assassino", ou "A ferro e fogo/Nós vamos caçar Rabin", foram proferidos. Essas violências verbais não deixaram de suscitar a inquietação nos meios de esquerda, levando um jornalista a escrever que a expressão "Rabin traidor" pode levar a um ouvinte da direita a querer prestar conta com o dito traidor. A mesma coisa é a demonização e a nazificação de Rabin, apresentado como uma encarnação do Mal, o que leva Israel à derrota. Os medos se deram além do previsto com o assassinato de Rabin, ao sair de uma manifestação pela paz, por um extremista de direita, Ygal Amir. Vê-se aí um exemplo de violência que, se não é uma incitação direta ao assassinato, corre muito o risco de ultrapassar a agressão verbal em direção à agressão física. É uma fronteira tênue que separa a fala do ato – a linha de divisão entre o espaço dos discursos sociais mais ou menos institucionalizados, em que a violência verbal é regulada, e o espaço extradiscursivo, em que se pode fazer uso desenfreado da força bruta.

Ao se materializar uma violência física no mundo de ação extradiscursivo, a violência verbal perde seu estatuto argumentativo e seus benefícios. Ela infringe a lei da democracia que a autoriza no regulamento para impedir a batalha física – a da agressão contra o outro, a da morte, a da guerra. Não é mais a violência funcional que está em questão – abandona-se o império da retórica, o domínio da argumentação em que a violência é, ao mesmo tempo, uma manifestação passional e um jogo regulamentado, um tiro que fere e um ritual familiar. O argumento *ad hominem* tem o direito de pôr em xeque a credibilidade do outro e de o enterrar simbolicamente. Mas ele não pode servir como uma porta de entrada para uma ação que inclui a violência no corpo no coração dos fatos. A verdadeira ilegitimidade ética, que é a suprema traição do *logos*, é a transformação da violência funcional, que é da ordem do discurso, em violência real.

Sem dúvida, é em razão de eventuais consequências desastrosas que a lei visa reprimir os excessos de violência verbal, sem infringir a liberdade de expressão. Assim todo insulto ou difamação é repreensível na aplicação da lei da imprensa de 29 de julho de 1881.[7] Fala-se de "ultraje" quando se ataca um agente da autoridade pública com ofensa ao chefe de Estado, ao se tratar do presidente da República (como no caso de Hervé Éon, que havia escrito: "Fora, canalha", sob os olhos de Nicolas Sarkozy, em uma manifestação em agosto de 2008 [retomado do *Rue89*]). Isso quer dizer que os excessos de violência verbal são passíveis de processos judiciais – mesmo se eles não pareçam sempre se aplicar às numerosas infrações contemporâneas, geralmente impunes. A necessidade de legislar e de aplicar as leis em vigor, em matéria de violência verbal, é evidentemente problemática sob um ponto de vista que reconhece que a violência é funcional e que seu grau de permissividade depende de regras do gênero no qual ela se expressa. Como, aliás, distinguir o plano simbólico no qual ela se expressa das possibilidades de efeitos mortais *in loco*? Orkibi (2012) analisa, assim, os insultos contra Sarkozy que encontramos nos sites contra o presidente, como os que dizem: "Sarko, um mão-fechada"; outros mostram uma imagem de um enforcado que imita o presidente ou sua foto em um alvo de tiros. Esses apelos aos atos de atirar e de matar são, no entanto, puramente simbólicos, e ninguém jamais imaginou que eles devessem ser seguidos de efeitos...

* * *

Vê-se, no fim do percurso, que a violência verbal que constitui um dos registros discursivos da polêmica não está fora do campo da argumentação. Como a paixão, a violência verbal se inscreve nessa modalidade argumentativa caracterizada pelo choque de opiniões antagônicas; ela contribui para exacerbar a dicotomização, a polarização e, mais ainda, o descrédito lançado sobre o outro, mas não é substituída pelos elementos constitutivos da polêmica nem os engloba. Ela cumpre, nisso, algumas funções que dependem dos dispositivos nos quais ela se inscreve. O exemplo dos fóruns de discussão mostra, assim, que ela favorece o protesto, a formação de comunidades virtuais, a incitação à ação e o encontro entre indivíduos de opiniões radicalmente opostas.

Ela favorece também, como vimos, a incitação à violência. A questão dos limites atribuídos à violência verbal permanece em aberto e continua problemática no que diz respeito não apenas ao julgamento ético, mas também à legitimidade da censura e às medidas que deve tomar o sistema jurídico. Na perspectiva adotada aqui, é preciso lembrar sempre que a polêmica tem por vocação gerir, no espaço regrado das interações verbais, o conflitual entendido como fundamento da vida democrática. Aqui se situa o limite da legitimidade que se pode harmonizar ao registro de violência verbal, da qual ela se acompanha frequentemente. O fato de ser excessiva e infringir as regras do gênero pode fazer da violência verbal uma arma que se volta contra o agressor. Ela permanece, no entanto, na lógica do sistema e continua submetida à sua legislação tácita. Mas, ao deixar esse sistema, tal como ele se traduz nos gêneros de discurso diversos, ela muda de natureza. Toda saída do contexto verbal e institucional no qual ela se desenvolve corre o risco de transformar a polêmica em agressão real, transgredindo, assim, radicalmente o princípio de base da atividade retórica da qual ela participa. A violência verbal sob suas diferentes formas tem o direito de enterrar o outro simbolicamente. Porém, não pode servir de ponte que leva a uma ação que inclui a violência no corpo, no coração dos fatos. A verdadeira ilegitimidade ética, que é a suprema traição do *logos*, é a transformação da violência funcional, que é da ordem do discurso, em violência real. Não, como o temia Douglas Walton, a degeneração do diálogo em disputa, mas a degradação da polêmica em combate ou em luta armada.

NOTAS

[1] A bibliografia sobre o argumento *ad hominem* é abundante. É possível consultar com êxito a bibliografia disponível no site ADARR, disponível em <http://www.tau.ac.il/-addar/indexfiles/bibliographies/adhominem.html>.

[2] Para mais informações sobre o desenvolvimento da demonização, cf. Amossy e Koren, 2010.

[3] Os trabalhos relativos ao discurso político na internet são hoje particularmente diversificados, e é impossível mencionar todos aqueles nos quais me baseio. Citamos, contudo, Marcoccia, 2003, e Cardon, 2010.

[4] Para uma análise aprofundadada argumentação em um contexto de discussão e dissensão on-line, cf. Chaput, 2008 e Lewiński, 2010.

[5] Essa observação soma os resultados de alguns trabalhos sobre o fato de que a falta de complexidade vinda de diferentes facetas da personalidade dos participantes do debate resulta numa falta de flexibilidade e numa dificuldade de encontrar um acordo (Flichy, 2008, p. 163).

[6] Flichy relaciona, assim, os resultados de uma enquete realizada por Jennifer Stromer-Galley com internautas: "[...] os numerosos entrevistados valorizam a diversidade. Eles exprimem o prazer que há em encontrar on-line pessoas diferentes deles por sua origem social ou geográfica, mas também pessoas que pensam diferente. [...] Os trabalhos de Wyatt e Katz sobre as conversações políticas [...] mostram que estas se desenvolvem frequentemente em casa ou no trabalho e que abrem espaço para o social (80% a 85%) com as pessoas com as quais não há desacordos frequentes" (Flichy, 2008, p. 175).

[7] Sobre a relação entre a argumentação e a violência verbal em uma perspectiva jurídica, cf. Dominique Lagorgette (2012).

À GUISA DE CONCLUSÃO
A COEXISTÊNCIA NO *DISSENSO*
As funções da polêmica pública

O mergulho nos discursos que compõem uma polêmica particular tal qual ela aparece concretamente *in loco* revela-se edificante. Para além das teorias que tendem a conceituar um fenômeno social de um ponto de vista puramente abstrato, a análise mostra a complexidade dos debates públicos. Debruçar-se sobre a materialidade da linguagem, sobre a circulação dos enunciados, sobre a construção dos argumentos em determinado contexto permite compreender melhor as múltiplas polêmicas que invadem nosso universo e esclarecer sua lógica subjacente. Ao mesmo tempo, essa atitude permite renovar radicalmente nossa concepção sobre a polêmica pública. No que se refere à questão de saber se, como debate marcado pela exacerbação dos conflitos, a polêmica é suscetível de participar da construção de um espaço público e da deliberação cidadã, a análise do *corpus* permite responder afirmativamente. E isso a despeito dos numerosos preconceitos que continuam a circular sobre esse assunto.

A POLÊMICA PÚBLICA NÃO SE MEDE COM BASE NO DIÁLOGO

Primeira constatação: a investigação põe por terra a ideia de que a polêmica pública é um fracasso porque ela não cumpre a missão de persuasão atribuída ao diálogo. Ela não se define como um diálogo de surdos, na medida em que seu formato não é o do diálogo; consequentemente, seu objetivo não é o consenso. A polêmica pública advém da circulação dos discursos e é como tal que ela constitui um modo de gestão das disputas. Portanto, seu sucesso não pode ser medido com base no debate visando à persuasão. Em outros termos, seu sucesso comunicacional não é aquele que vem coroar a interação entre duas instâncias de locução engajadas numa troca verbal na qual cada parte tenta convencer a outra pelas vias da razão. O fato de não se chegar a uma solução negociada não é símbolo de fracasso. A polêmica funciona de acordo com outras modalidades comunicacionais, e suas funções sociodiscursivas situam-se em outra esfera.

O estudo dos casos concretos mostra claramente que, se a polêmica é profundamente dialógica, nem por isso ela é dialogal. Dialógica ela é no sentido que Bakhtin/Volochinov atribui a esse termo: "toda enunciação [...] é apenas um elo da cadeia dos atos de fala. Toda inscrição prolonga aquelas que a precederam, engaja uma polêmica com elas, espera reações ativas de compreensão, antecipa-se sobre estas etc." (1977, p. 105). Cada enunciado do debate sobre a burca, a exclusão das mulheres ou as opções de compra de ações da Société Générale retoma discursos antecedentes e lhes responde direta ou indiretamente para melhor desqualificá-los. A polêmica é um contradiscurso centrado na refutação e no descrédito, no qual a fala do outro só aparece no esforço feito para contrariá-la. Nesse sentido, ela comporta, em si, múltiplos traços do discurso reportado tomado sob suas mais diversas formas: citação, paráfrase, discurso indireto, antífrase irônica, alusão, negação etc. Ela não é, entretanto, dialogal. Entendo que ela não se submete à estrutura do diálogo no seio do qual dois parceiros respondem simetricamente, face a face ou em interações não síncronas.

Que não nos equivoquemos sobre isso: não se trata de sustentar que, na polêmica pública, não existam duelos verbais em que dois adversários se confrontam diante de um público real ou virtual. Uma afirmação assim seria, evidentemente, contrafactual. A polêmica se desenvolve em dois dispositivos enunciativos que descrevemos longamente no debate sobre a burca: o discurso polêmico no qual apenas um locutor toma a palavra para atacar um alvo; e a interação verbal, face a face ou não síncrona, que pode eventualmente se transformar em polílogo (uma interação verbal com vários participantes, como nos fóruns de discussão). O "discurso polêmico" é monogerido no sentido de que o locutor detém o domínio desse discurso, sem a intervenção do outro. Ele constrói uma oposição de pontos de vista que exacerba, desacredita e ataca o adversário, cavando divisões identitárias. O alocutário direto não é o Oponente, mas o público (o Terceiro), convidado a juntar-se à boa causa. É evidente que cada parte faz circular um número muito grande de discursos polêmicos que modulam, à sua maneira, a dicotomização, a polarização e o descrédito do outro sobre o qual se sustenta a confrontação agonística. Esses discursos se cruzam no espaço público, sem, no entanto, constituírem um diálogo formal: eles só se apresentam, episodicamente, em pares. É o que constatamos tanto na discussão sobre a burca quanto na polêmica sobre a exclusão das mulheres.

O segundo dispositivo é o da interação agonística entre dois ou mais participantes. Ele apresenta uma confrontação verbal na qual o(s) representante(s) de cada campo responde(m) aos argumentos e ataques do outro. Corresponde, nesse sentido, à forma validada do diálogo. Encontramos essa forma de luta verbal em todas as polêmicas que se desenrolam no espaço público. Vimos exemplos delas no debate que opõe Jean-François Copé à jovem mulher coberta pelo véu integral, e ainda nos fóruns sobre a burca ou sobre as remunerações dos patrões em tempos de crise. Essas interações são reguladas – mas suas regras são variáveis, na medida em que elas dependem dos gêneros de discurso dos quais elas advêm. Elas põem em jogo questões de estatuto e de face, mas também de violência verbal, que são ligadas à lógica da interação em geral e à lógica de um tipo específico de interação em particular. A dicotomização e a polarização se mostram nas polêmicas pelo jogo das interações de réplicas em que cada resposta é uma reação direta ao que o outro acaba de dizer. O descrédito lançado sobre o interlocutor em um contato direto (mesmo que ele seja virtual) se junta aos exercícios de refutação, conforme um ritual que ora está preocupado com o protocolo, ora não hesita em atacar a face do outro. Via de regra, essas disputas verbais confrontam e exacerbam as opiniões contraditórias, sem procurar fazer com que o adversário adira à sua causa. Uma vez mais, é a adesão do público que se busca.

Essas interações agonísticas são certamente diálogos, mas, do mesmo modo que os discursos monogeridos, elas são apenas um componente dentro de um conjunto maior. Para dizer de forma simples, a polêmica pública se constrói a partir de uma multiplicidade de discursos polêmicos e de interações polêmicas; ela contém, em seu interior, diálogos e polílogos, debates e discussões eletrônicas – todavia, não é, em si mesma, estruturada como um diálogo. Seu formato próprio é o da circulação de discursos. Ela emerge e se consolida na difusão, dentro do espaço público, de uma profusão de discursos e de interações polêmicas. Essas vozes antagônicas se cruzam e se recobrem, o mais frequentemente, sem orquestração prévia; elas estão longe das interações de réplicas simétricas e organizadas de que necessita um verdadeiro diálogo. Não estamos lidando com dois sujeitos que procuram juntos uma solução por meio de uma interação arrazoada, mas com uma quantidade de discursos que tratam, à sua maneira, em sua plataforma e em seu contexto particular, de uma questão controversa. É nessas constelações verbais tomadas no movimento incessante do fluxo midiático, para além (ou aquém) das regras do diálogo sob as quais se confrontam dois sujeitos pensantes, que se constrói a polêmica pública.

É isso que põe em evidência a confrontação do pesquisador com a massa de documentos coletados da imprensa escrita e dos sites da internet – uma realidade *in loco* que os estudos apresentados procuram evidenciar. Sem dúvida, não é fácil fazer sobressair essa profusão e essa dispersão, na medida em que a análise impõe, necessariamente, uma ordem e encontra uma coerência. A análise recupera as recorrências, as variações, as oposições, para dispô-las num todo organizado. Ela retoma, assim, os textos em movimento para estabelecer séries, eixos que permitem designar não mais a manifestação repentina e a fluidez dos discursos e das interações polêmicas no espaço midiático, mas uma espinha dorsal, que é a dos blocos de argumentos conflituosos. Se estes últimos conferem sentido ao debate polêmico, eles desvirtuam seu modo de aparição e de funcionamento no espaço público.

Colocando frente a frente grupos de argumentos tomados numa oposição lógica, os blocos de argumentos dão, de fato, a ilusão de um diálogo entre duas partes. Todavia, não se pode esquecer que esses conjuntos mais ou menos organizados de argumentos a favor e contra são (re)construções, *a posteriori*, que não devem ser confundidas com uma discussão intensa entre interlocutores que se colocam em posições opostas. O face a face artificial dos blocos de argumentos situa-se no plano abstrato da estrutura; a interação oral ou escrita situa-se no plano da enunciação, isto é, da tomada da palavra e da interação efetiva. A polêmica sobre a exclusão das mulheres, estudada em toda a sua amplitude, evidencia bem esse fenômeno. Ela o faz de tal forma que não comporta quase nenhuma interação direta ente as partes – cada uma tem sua imprensa, seu espaço de discurso, sua racionalidade, seus valores, a ponto de as interações entre os adversários serem quase inexistentes. Nesse sentido, é apenas reconstruindo os blocos de argumentos dos dois campos e explicitando as oposições e as divisões que se tem a impressão de um debate – o qual não acontece *in loco*.

O PAPEL DAS MÍDIAS NA CONSTRUÇÃO DA POLÊMICA

Essa explosão do diálogo e da interação direta na discussão pública tornou-se possível, até inevitável, pela preeminência das mídias. Um problema social é discutido nas páginas de jornais, na televisão, no computador, nas ondas de rádio, num entrecruzamento dinâmico e às vezes um pouco caótico de discursos. Na medida em que é aí que se exprimem e se difundem as opiniões contraditórias, a circulação dos discursos, dos quais as mídias são ao mesmo tempo o suporte e o motor, substitui o modelo ideal de um diálogo cidadão. As mídias desempenham, em consequência, um papel central na construção da polêmica pública – um papel que não basta teorizar ou lamentar. É preciso examinar na prática, sem preconceitos.

Pudemos ver, assim, como um artigo jornalístico lançava a polêmica anunciando em voz alta, e atraindo, desse modo, a atenção do público para uma disputa passível de lhe ser proximamente concernente (ou que se pretende mostrar que lhe atinge de perto). As mídias transformam o conflito em um acontecimento que lhes oferece um "furo de reportagem" – o artigo de

Marianne sobre a burca é um exemplo que prova essa construção discursiva do evento. Sem dúvida, espera-se, com isso, atrair o freguês. Não resta menos dúvida de que a espetacularização de um episódio menor – como o exílio fiscal de Depardieu ou o episódio da jovem israelense a quem os ultraortodoxos contestaram o direito de sentar-se à frente no ônibus – envolve um conflito social. Agindo sobre a atualidade, o jornalista reporta os elementos aos quais ele confere, de bom grado, um aspecto dramático, envolvendo-se mais ou menos no seu discurso: ele pode fingir ausentar-se, mas pode também, nos artigos de opinião, editoriais etc., proclamar, em alto e bom som, seu próprio ponto de vista. O essencial é, no entanto, observar que ele não se contenta em reportar o que se diz e o que se estrutura alhures. O jornalista constrói a polêmica, no sentido de que ele constrói um diálogo virtual entre partes que se pronunciam numa rica variedade de ditos e de escritos. Ele seleciona, ordena e produz uma interação virtual entre os representantes dos prós e dos contras – aqueles que tiveram entre si interações diretas e aqueles que não tiveram. Faz repercutirem as falas dos atores sociais que seleciona, dividindo-os em dois campos opostos – os do Proponente e os do Oponente. Permite, assim, que o leitor se reconheça na massa dos discursos que circulam no espaço público, estruturando essa massa e fazendo com que ela faça sentido para o leitor. Nunca é demais, nessa perspectiva, superestimar o papel do jornalista. Ele lança a polêmica, dando-lhe publicidade, e lhe confere o estatuto de acontecimento; constrói, com a ajuda das diferentes formas de discurso reportado, um diálogo virtual entre detentores de posições em conflito; põe em evidência os blocos de argumentos que estruturam o debate; e contribui para orientá-lo por meio de suas intervenções diretas ou indiretas.

DISSENSO E ESPAÇO PÚBLICO

No que se transforma, nesse contexto particular, o objetivo de persuasão que está na base do empreendimento retórico em geral e deliberativo em particular? Fazendo circularem os discursos a favor e contra, oferecendo o espetáculo de interações que manifestam o choque de opiniões contraditórias, a polêmica pública não tem claramente por objetivo resolver conflitos de opinião. Ela não oferece um diálogo no qual se negociam as diferenças, visando a um acordo sobre o arrazoado. Ao contrário, multiplica os discursos antagônicos que dicotomizam as oposições, sublinhando seu caráter irredutível, e os pereniza, polarizando os adversários em grupos identitários irritados, numa hostilidade mútua. Os discursos que circulam nas mídias mais diversas, da imprensa escrita à internet, mostram bem isto: a polêmica se nutre da dicotomização, da polarização e do descrédito lançado sobre o outro, em um movimento que a presença da paixão ou da violência verbal só pode exacerbar. A partir daí, o debate, que presumivelmente deve gerar compromissos e soluções medianas, aparece como a tentativa de impor valores e uma ordem em detrimento de posições alternativas. Situada fora do dispositivo do diálogo, assim como da lógica do diálogo, a polêmica pública que se constrói e repercute nas mídias não está orientada para a resolução de conflitos.

Se a polêmica é o lugar em que se dão as dissensões que dividem os grupos separados por suas opiniões, suas crenças e seus valores, será que devemos afirmar que ela é incapaz de construir um espaço público? Lembramos que, para Habermas, essa noção repousa sobre um modelo de discussão racional em que os cidadãos chegam a um acordo por meio de uma livre interação verbal. Nessa perspectiva, todas as críticas tradicionalmente dirigidas à polêmica parecem combinar-se para lhe negar o direito de construir um espaço público digno desse nome: sua insistência sobre o conflito no qual cada um tenta apenas fazer triunfar sua própria causa; sua tendência a se fazer espetáculo oferecido como pasto aos consumidores passivos das mídias ávidas por "furos de reportagem". Encarada na perspectiva do diálogo cooperativo de visada persuasiva, a polêmica é, sem dúvida, um fracasso. Entretanto, é precisamente a obstinação para julgá-la à luz do diálogo "clássico", do qual ela não advém, que falseia aqui as perspectivas. Seu funcionamento particular se submete a outras regras, e responde a outras necessidades.

De fato, numa democracia pluralista, as diferenças e as tensões devem poder ser ditas, apesar da utopia de um consenso pacificador. Nela, os cidadãos são divididos por projetos de sociedade frequentemente inconciliáveis: um espaço de liberdade no qual o véu integral é permitido/um espaço de igualdade no qual o véu é proibido; um Estado onde reina uma mesma lei democrática/um Estado onde as leis divinas têm validade; uma sociedade que cuida para que haja uma justa repartição das riquezas/uma sociedade dominada pelas leis da economia liberal etc. Ao mesmo tempo, os indivíduos e os grupos partilham na democracia de um espaço nacional no qual eles devem coexistir não apenas nas suas diferenças, mas também com suas disputas. Na complexidade dos jogos de poder e de interesses, dos estatutos desiguais, das tensões identitárias, das divergências ideológicas e religiosas, é ilusório pensar que todos os desacordos podem ser regrados por uma discussão serena e bem-intencionada. Se os ultraortodoxos não chegam a uma solução comum com os laicos, se os defensores do sistema neoliberal não encontram resposta que satisfaça aos detentores de uma visão econômica do tipo igualitária, não é porque as modalidades de seu debate os conduziram ao fracasso ou porque a persuasão racional falhou ali onde ela deveria ter chegado a seus fins. É porque a sociedade pluralista é, por definição, regida pelo conflito e pela confrontação de posições antagônicas, como insistem estudiosos da política, tais como Taguieff ou Mouffe (cf. capítulo 1). É precisamente aí que intervém a polêmica.

É preciso ressaltar, nesse ponto, que ela exerce seu papel tanto no caso dos dissensos no âmbito de uma visão do mundo partilhada, quanto nos desacordos profundos. Não é porque as duas partes compartilham valores que elas não vão se dividir relativamente às opções a adotar a respeito de um problema da sociedade. Assim, no caso da questão da burca, todos os participantes se apoiam em princípios republicanos (não se encontram intervenções islamitas recusando esses princípios, mesmo que se suponha que eles existam no território francês). Assim também acontece no caso dos bônus e das opções de compra de ações. Os debatedores estão todos de acordo no conjunto para dizer que sua distribuição em um momento de crise aguda é mal vista, divergindo mesmo sobre a amplitude do escândalo e, sobretudo, sobre as soluções que convém apresentar para a crise. A polêmica que acontece onde não existe desacordo profundo ou "ruptura argumentativa", no sentido de Angenot (2008), nunca desemboca em soluções – como ela deveria fazê-lo de acordo com os adeptos da retórica persuasiva ou da lógica informal – não é porque ela não toma as vias da argumentação racional. É porque ela preside a uma gestão do conflito que busca dar voz às diferenças. É porque ela se desdobra em uma democracia pluralista, na qual cada um tem o direito não apenas de manter, mas também de tentar fazer prevalecer sua posição em seus componentes ideológicos e identitários. Nesse sentido, a persuasão do adversário, assim como a adesão a uma resposta comum, não constituem mais o horizonte da confrontação verbal. Trata-se de uma retórica do *dissenso*, na qual a persistência do conflito não é sinal de fracasso, mas uma característica do funcionamento democrático.

Isso é evidentemente válido para os casos extremos de confrontação entre posições inconciliáveis, para as quais o debate sobre a exclusão das mulheres fornece uma ilustração eloquente. Sem dúvida, pode-se lastimar a existência de rupturas cognitivas e argumentativas que impedem comunidades que vivem sobre o mesmo solo de se entenderem. No entanto, em vez de lamentar um diálogo de surdos, é preciso reconhecer a complexidade das opiniões e das divisões sociais em regime democrático. O conflito é, nesse contexto, ao mesmo tempo inevitável e construtivo, na medida em que permite a todas as vozes se fazerem ouvir sem lançá-las na dissidência. Todavia, nos casos de conflito exacerbado, assim como nos casos de desacordo menos radicais, a polêmica, instaurando a possibilidade do debate agonístico, até mesmo erístico, oferece um meio de coexistência que assegura um viver-junto. Mesmo conduzida, nas mídias paralelas, por grupos que não partilham o mesmo regime de racionalidade e não têm absolutamente nenhum contato entre eles, ela permite às partes fazerem ouvir suas reivindicações contraditórias, evitando que a divisão se torne violência física ou intervenção das autoridades nacionais. Esse objetivo é crucial numa sociedade preocupada em preservar uma diversidade de valores, de hábitos, de religiões, de costumes e de cultura. Para que a noção de diversidade, tão valorizada socialmente, não se torne uma palavra vã, é preciso poder gerenciar uma situação na qual um fosso profundo se cave entre populações que lutam por sua diferença. Se os polemistas estão em descordo sobre sua própria visão do que deve ser o Estado onde eles vivem, eles partilham pelo menos uma premissa fundamental: a do direito de cada um, tanto das minorias quanto das maiorias, tanto dos religiosos quanto dos laicos, de fazerem ouvir sua voz e de lutar verbalmente pelo seu ponto de vista em caso de divergência. Encontra-se aí a chave da transformação do inimigo em adversário de que fala Chantal Mouffe, um processo que substitui a luta verbal, da qual se nutre a democracia, pelo espectro da guerra civil.

Nessa perspectiva, é preciso acrescentar que a polêmica pública permite, às vezes, modalizar um pouco as relações de poder, dando voz àqueles que, numa certa hegemonia consensual, nunca têm o direito de se pronunciar. É o caso da minoria ultraortodoxa em Israel (a qual não se pode esquecer, todavia, que goza de uma representação política no Parlamento, senão no governo). É o caso das mulheres vestidas com o véu integral se elas aceitam pronunciar-se publicamente, como a jovem mulher que deu a resposta a Copé, ou como algumas internautas. Se a polêmica não permite uma contestação de grande amplitude, como a da retórica coercitiva, que se traduz em atos simbólicos (manifestações, greves, *sit-in* etc.), contudo, ela permite dar voz aos subalternos e conseguir para eles um enquadre contextual em que eles podem exprimir-se e afrontar o consenso dos dominantes. Assim também acontece, se bem que em graus diversos, nos fóruns de discussão que permitem a todas a vozes cidadãs participarem da confrontação dos pontos de vista, conforme suas capacidades, mesmo num estilo deficiente e fracamente argumentado. Se a internet é mesmo esse instrumento de democratização do qual se regozijam alguns, é em parte porque ela autoriza os choques de opiniões contraditórias até nas discussões inflamadas pelas quais ela é criticada.

Lugar onde são enunciados livremente os dissensos, onde se nutrem hostilidades que não desandam para a luta armada, onde o outro é um adversário a quem damos o direito de manifestar livremente sua opinião e de lutar por ela, mesmo quando a vilipendiamos e tentamos fazê-la fracassar, a polêmica é, portanto, essencialmente, um modo de *coexistência no* dissenso. É como tal que ela se mostra fundamental no seio de uma democracia pluralista regida pelo conflito. As alternativas – consenso forçado, repressão da livre expressão, não aceitação da dissidência daqueles que estão em desacordo com a opinião autorizada, opressão dos grupos minoritários... – são bem conhecidas, e não nos estenderemos a elas.

Nessa perspectiva, a polêmica permite, tanto quanto o debate arrazoado, a construção de um espaço público – sob a condição de rever a definição proposta por Habermas, bem como o ideal clássico da deliberação pelo diálogo. Faremos isso seguindo Eric Dacheux, que redefine sinteticamente o espaço público, "conceito-chave da democracia" (2008, p. 9), como "o lugar de legitimação do político'"; é lá "que os cidadãos têm acesso à informação, que eles podem debater e formar uma opinião, e que eles escolhem as pessoas que exercerão o poder político" (2008, p. 19), tornando-se, eles próprios, atores. É "o fundamento da comunidade política" – "um espaço simbólico que permite ligar entre si indivíduos pertencentes a comunidades [...] diversas (2008, p. 19); e é, enfim, uma "'cena' de surgimento do político", em que "os problemas públicos se tornam visíveis e sensíveis" (2008, p. 20). E ele acrescenta que esse "espaço potencial, aberto da todos os atores [...] é o lugar onde se formulam as visões antagônicas do interesse geral, que não é, portanto, propriedade exclusiva do poder" (2008, p. 20). É mesmo nisso que o espaço público pode ser construído, tanto pela polêmica pública quanto pelo "agir comunicacional" de Habermas; tanto pela discussão que gerencia o *dissenso* quanto pela discussão que é exclusivamente guiada pelo consenso.

POLÊMICA E RACIONALIDADES ALTERNATIVAS

A racionalidade não está excluída da abordagem polêmica, longe disso. Entretanto, ela não se limita, como desejava a nova retórica, ao acordo sobre o razoável ou, como propõe Habermas (2001 [1981]), à racionalidade comunicacional. É que, para além de suas diferenças, Perelman e Habermas se inspiram na noção clássica de *logos* como força da argumentação para levar a um acordo que ultrapasse a subjetividade individual e dê um fundamento à ação coletiva. Ouvir a lição da polêmica demanda admitir, pelo contrário, que as vias do raciocínio podem ser divergentes e suas conclusões, inconciliáveis; e que as definições do não razoável e do inadmissível são, às vezes, numa mesma sociedade, a coisa menos compartilhada do mundo (Amossy, 2012). A racionalidade no trabalho, no âmbito da polêmica, não repousa sobre uma concepção universalista da razão. Ela supõe que um ponto de vista deve fundamentar sua validade em uma argumentação que a ancore em razões e que desenvolva sua lógica interna. Essas razões e essa lógica devem, certamente, receber o aval de um conjunto de pessoas que podem lhe certificar a validade, além da convicção do sujeito falante. Mas não se trata de um auditório universal ou, então, se trata de um auditório universal no sentido atribuído por Perelman e Olbrechts-Tyteca, quando eles escrevem: "cada cultura, cada indivíduo tem sua própria concepção do auditório universal, e o estudo dessas variações seria muito instrutivo, pois ela nos faria conhecer o que os homens consideraram, no curso da história, como real, verdadeiro e objetivamente válido" (1970 [1958], p. 43). Em outros termos, o razoável é relativo e variável porque é sócio-historica e culturalmente determinado. Se partimos da ideia de que, em um mesmo período e em um mesmo território, podem existir modos de pensar divergentes, modelados por diferenças socioeconômicas, ideológicas e políticas, culturais e religiosas, é preciso reconhecer que uma argumentação que recebe a adesão de um grupo, mesmo sendo rejeitada, até julgada aberrante por um outro grupo, pode ser perfeitamente fundamentada em razões.

Pela visibilidade dada a séries antitéticas de raciocínios antagônicos, a polêmica torna evidente o fato de que existem, em uma mesma sociedade, racionalidades alternativas e de que a lógica e a verdade não são o apanágio de um campo único. Encontram-se aí, como Angenot havia observado (cf. capítulo 1), as antilogias dos sofistas. Sem dúvida, é preciso ressaltar que encontramos, de um lado, argumentações que conduzem a conclusões opostas, fundamentando-se no mesmo tipo de raciocínio; e, de outro lado, argumentações nas quais, visivelmente, os debatedores não partilham a mesma forma de pensar. Assim, por exemplo, a resposta à questão de saber se o uso da burca deve ou não ser autorizado repousa, em parte, sobre uma abordagem similar, apesar de invertida, da hierarquização de valores. Entre os grandes princípios da República, uns privilegiam a liberdade individual, outros a laicidade. Daí decorrem demonstrações e refutações antagônicas que são dicotomizadas pela tendência a apresentar como não razoável e chocante qualquer infração ao princípio defendido (Como autorizar o véu integral num país laico? Como legislar sobre a vestimenta dos particulares?) Apesar do caráter incompatível das posições e da polarização que se segue, os polemistas obedecem à mesma lógica. Não acontece da mesma forma no caso da exclusão das mulheres em Israel. Não são apenas as premissas que são incompatíveis – direitos da mulher/proteção da modéstia, espaço nacional submetido a uma mesma lei/espaços comunitários estabelecendo sua própria regra etc. O raciocínio dos ultraortodoxos apoia-se nos escritos santos e na palavra dos rabinos, ou seja, no argumento de autoridade impondo uma estrita separação dos sexos (o que repercute também nas modalidades de troca entre a imprensa ultraortodoxa e seus leitores). Esse raciocínio não corresponde, de maneira alguma, ao da maioria da população, para quem essa argumentação fundamentada na autoridade não tem valor de lei.

Para além dos raciocínios paralelos, há, portanto, racionalidades alternativas postas em prática na polêmica. A partir dessa ideia, não há um só e único tratamento racional da questão levando a uma solução partilhada, a tal ponto que os grupos que não partilham a mesma forma de raciocinar têm o direito de fazer ouvir sua voz no espaço público. É o que sublinha, enfaticamente, o belo artigo já citado de Kendall Phillips sobre os "espaços da dissensão pública": ele afirma que a racionalidade, cujas normas se dão como indiscutíveis, é de fato a racionalidade dominante do consenso público, que exclui as comunidades que se recusam a abandonar suas formas singulares de raciocínio (Phillips, 1996, p. 242). Também é preciso, segundo o autor, se desejamos permitir a diversidade e a resistência, aceitar que "diferentes racionalidades estejam em concorrência e em conflito" (1996, p. 243). Estamos no domínio do pluralismo democrático antagônico, para o qual a polêmica constitui um dos fundamentos.

A isso, acrescenta-se uma visão renovada das relações da paixão com a razão, tal como ela se extrai dos estudos de caso e tal como ela foi conceituada no capítulo 5. Porque, mesmo quando a paixão intervém na polêmica (o que é frequente, mas não é, necessariamente, o caso), ela está sempre fundamentada em razões. E estas são ditas algumas vezes de modo explícito – se apresentam de maneira tanto mais visível e elaborada quanto mais a polêmica se faz instigação e apelo para o reconhecimento dos fundamentos de uma linha de ação. É que – não se deve esquecer – a polêmica não é apenas refutação e rejeição das posições do outro, ela é também tentativa de promover uma tese alternativa. Mas o essencial do que nos ensinam os textos está em outro lugar. Mesmo quando as razões ficam implícitas, elas permanecem presentes na inscrição da afetividade no discurso. Em primeiro lugar, porque elas estão no coração do sentimento moral para o qual a indignação, tão frequente na polêmica, oferece um bom paradigma. Depois, porque, na polêmica pública, as razões do sentimento podem ser tanto mais facilmente tácitas quanto mais elas estiverem inscritas no interdiscurso. É porque o polemista se apoia em argumentos preexistentes que circulam no espaço público, e que são familiares a todos, que ele pode omitir o raciocínio que justifica seu sentimento de indignação ou de cólera. As razões inscritas no discurso que circula e que repercute indefinidamente no espaço público autorizam um discurso passional, no qual os argumentos são a parte submersa do *iceberg*.

AS FUNÇÕES DA POLÊMICA

Se a polêmica pública assegura a coexistência no *dissenso*, o exame dos casos particulares mostra que não podemos nos ater a essa função global. Ela pode também, de acordo com as circunstâncias, cumprir outras funções sociais.

A função persuasiva: influenciar e dominar a parte

A primeira e a mais evidente é, sem dúvida, aquela que se alega o mais frequentemente e que permanece nos limites de uma retórica persuasiva. A polêmica pública se desenvolve na intenção de um público que deve realizar escolhas sociais. É em relação a ela, e não em relação ao adversário, que se desenvolve uma missão de persuasão: o polemista não visa ao Oponente como representante da tese antagônica, mas especialmente ao Terceiro. Sem dúvida, não se trata de um diálogo chamado a levar ao consenso, mas de uma circulação incessante de discursos sobre a questão controversa que se pode reagrupar em blocos de argumentos a favor e contra. Mas há efetivamente uma tentativa de ligar o maior número possível de pessoas à tese desenvolvida pelo polemista. Na democracia, o número de adesões a uma dada posição importa, porque os cidadãos vão às urnas e porque a pressão da opinião pública pode pesar sobre as decisões governamentais. A polêmica toma, então, o bastão do debate: ela é um instrumento de luta pelo qual cada um tenta fazer prevalecer suas formas de compreender e de ordenar uma sociedade para a qual são propostos modelos antagônicos e, às vezes, incompatíveis.

Também não surpreende que a polêmica pública provoque muitas vezes raiva, em circunstâncias nas quais a tomada de decisão é crucial, sobretudo se ela está próxima ou se ela é ligada a um projeto de lei. Este último caso é bem frequente. No caso da burca, por exemplo, a polêmica precede uma proposta de lei; no caso dos bônus e das opções de compra de ações, ela apela por uma intervenção do governo, que assume a forma, por fim, de um decreto, quando ela não exige uma lei enquadrando as remunerações dos dirigentes de empresas (que não acontecerá); no caso da exclusão das mulheres, ela exige que se faça respeitar uma decisão do tribunal que o adversário diz não ter sido acatada. A polêmica pública pode também incidir sobre questões cidadãs que não pedem medidas coletivas: é tolerável que um francês tão rico, como Depardieu, deixe a França por razões fiscais? Aí também a discussão implica o questionamento, ou a defesa, de uma decisão governamental – no caso presente, a política fiscal do novo governo socialista presidido por François Hollande.

Claro, a promulgação de uma medida legislativa não assegura em nada a extinção da polêmica, que continua quando a legislação não resolve o conflito de opinião, ou simplesmente o conflito. O decreto promulgado pelo governo Sarkozy, julgado insuficiente, foi objeto de novas polêmicas. A lei sobre a burca, dificilmente aplicável, provoca novos desenvolvimentos – e, sobretudo, não regula o conflito que opõe os defensores da laicidade e os muçulmanos, que respeitam prioritariamente, na República, a lei do Corão. A polêmica em torno da jovem israelense que se recusou a sentar-se no fundo do ônibus é apenas um episódio do longo conflito que põe em disputa, em diversos dias, os ultraortodoxos e o restante da população. Também a polêmica que pede uma intervenção da lei ou uma ação do governo não se esgota, necessariamente, quando ela entra em vigor. Frequentemente, os confrontos se prolongam depois do anúncio das decisões oficiais sobre a questão controversa. E, de fato, a polêmica persiste enquanto subsistem os conflitos de opinião que dividem dois grupos tentando, cada um, fazer triunfar sua causa. Em outros termos, ela persiste enquanto for necessário gerenciar um problema de sociedade, assegurando o que chamei de coexistência no *dissenso*.

Tecer o elo social:
as funções de estabelecimento de relação e de união

Para além dessa função persuasiva, os casos concretos estudados mostraram que a polêmica cumpre outras funções sociodiscursivas importantes.

Uma delas, pautada na confrontação, consiste em expor os grupos antagônicos aos arrazoados dos adversários e em autorizar encontros mais ou menos virtuais no espaço público. Sem dúvida, as partes podem batalhar em emissões televisivas, até mesmo chegar a discussões face a face em reuniões profissionais ou privadas. Porém, mais frequentemente, os detentores de posições conflituosas não se encontram nunca ou são impedidos de discutir abertamente em razão das regras de sociabilidade dominantes. Expondo cada parte aos argumentos do outro, a polêmica que se faz ouvir na circulação dos discursos impede que um fosso intransponível se cave entre populações que ignoram completamente os arrazoados do outro. Tal como ocorre graças às novas tecnologias, a confrontação permite, além disso, encontros improváveis no mundo real, permitindo, com isso, que simples cidadãos não apenas ouçam indivíduos cujas posições se opõem diametralmente às suas, mas também que desenvolvam com eles intensas discussões. Nesse sentido, a polêmica não resulta em um acordo, mas ela tece um elo social.

Ela o faz também, inversa e complementarmente, ao permitir às partes encontrar indivíduos que partilham seu ponto de vista, fazendo polêmica do mesmo lado que eles, de forma que acabam formando uma comunidade. Esse aspecto foi posto em evidência, com uma agudeza particular, nos fóruns de discussão (capítulos 5 e 6), em que se criam comunidades virtuais. Ele marca a capacidade da polêmica de formar consensos no interior de um enquadre antagonista. A polêmica que cava divisões e favorece preenchimentos identitários é também aquela que suscita ligações. Elas se dão frequentemente contra o outro – nada junta mais do que uma luta contra um inimigo comum. Vimos isso no caso dos reagrupamentos de cidadãos indignados com os dirigentes de empresa que distribuem bônus e opções de compra de ações entre eles, ou indignados com o governo Sarkozy ou com o próprio presidente que não intervém de forma suficientemente enérgica para colocar ordem na situação.

Quando é naturalmente levada por uma mesma causa, a polêmica contribui com frequência para criar uma ilusão de unidade em torno de um princípio comum. Indivíduos e grupos separados por muitas diferenças, que estão longe de concordarem com tudo, se juntam em torno de uma mesma bandeira. A diversidade dos polemistas engajados nessa missão de agressão ao adversário, apontado como a fonte de todos os males, explica a diversidade das vozes que se fazem ouvir do mesmo lado da barreira. Assim, a defesa do uso da burca junta muçulmanos a favor de um costume do Islã, associações de defesa dos direitos humanos, cidadãos focados no princípio republicano de liberdade, feministas que não querem que sua causa seja confundida com a dos perseguidores da burca, responsáveis políticos e sociólogos sensíveis aos problemas das cidades e à boa integração das populações desfavorecidas. A polêmica contra a exclusão das mulheres une laicos e religiosos, para não falar dos partidos políticos divididos entre si que se encontraram nesse episódio numa unidade nacional artificial. Eles não deixam de ter sua agenda e um sistema de valores que se exprime em discursos divergentes. É apenas na unidade da divisão actancial (Proponente/Oponente) que parece reinar uma perfeita similitude de visões. Na realidade da interação, no plano da enunciação no qual agem atores-locutores, as diferenças, até mesmo as divergências, subsistem.

A polêmica como protesto

Vetor importante de acusação e de denúncia, a polêmica favorece o protesto individual e social. Ela permite apontar um erro e levantar-se com força contra seus instigadores, adjuvantes ou defensores. Trata-se de impedir qualquer coisa que se considera como insuportável, como intolerável, que se acredita poder modificar elevando seu grito. O protesto supõe uma recusa e um desejo de mudança; inscrevendo-se numa relação de força, ele acontece como um ato de resistência. Para tanto, ele faz apelo efetivamente àqueles que detêm o poder para os intimar a satisfazer reivindicações ancoradas em valores éticos ou em princípios sociais. Assim que se faz protestador, o discurso polêmico aparece como um meio de ação coletiva, entre outros. Se ele exacerba um conflito de opiniões, é para contribuir para fazer advir uma mudança, levar a uma modificação do *status quo*. É mesmo o que mostram as polêmicas sobre a distribuição de opções de compra de ações aos dirigentes de empresas, nas quais a crítica se intensifica com um forte sentimento de indignação, com uma postura de resistência e com uma incitação à ação.

É necessário, sem dúvida, insistir sobre o fato de que a polêmica permanece, por definição, no quadro da comunicação verbal. Ela não é, em si, ação, e a retórica do *dissenso* se diferencia nisso da retórica coercitiva como ação simbólica conduzida nas manifestações, nas greves, nas ocupações dos lugares etc. Ela não gerencia conflitos sociais, mas conflitos de opinião envolvidos em conflitos sociais. O que explica que ela acompanhe ou continue depois dos movimentos sociais que fazem com que as pessoas vão às ruas e às vezes recorram a violências físicas. Quanto à violência da polêmica, ela não se traduz fisicamente e permanece ao mesmo tempo verbal e funcional: ela se desenvolve conforme as regras autorizadas pelos enquadres discursivos dos quais participa e cumpre neles as funções mencionadas de luta, de protesto ou de reunião.

Decorre daí o problema que representa a incitação à violência, que corre o risco a todo momento (mas quando e em que medida?) de fazer com que a polêmica ultrapasse o espaço da comunicação para o espaço da ação direta (como o apelo ao homicídio, por exemplo). Os riscos de transbordamento problematizam a liberdade a ser concedida aos discursos polêmicos ou às interações polêmicas que abusam sem medida da violência verbal ou que pregam o uso da violência física. Nos dois casos, a possibilidade da coexistência no *dissenso* se encontra ameaçada, a tal ponto que a polêmica corre o risco de, em seus excessos, falhar na sua missão e de se voltar contra ela mesma. Esbarra-se aí numa questão prática que cada sociedade democrática deve regular: quais limites é preciso conferir à violência verbal. O equilíbrio a ser encontrado parece ainda longe de estar garantido. Esse é um senão que não se deve esquecer de colocar em todo elogio à polêmica.

A polêmica como estratégia de posicionamento

Enfim, não nos esqueçamos: a polêmica constitui um jogo cujas regras são conhecidas dos participantes e do público. Nesse contexto, ela realiza uma "encenação da incompreensão pela sua exacerbação discursiva" (Albert e Nicolas, 2010, p. 36). O exercício comporta benefícios, entre os quais a visibilidade dada a cada posição em sua diferença irredutível e o desmascaramento implacável da deficiência do outro. Não se deve deduzir, por essa razão, que essa teatralização transforma *ipso facto* a polêmica pública em um jogo em que os participantes simulam uma radicalização que leva à impossibilidade de acordo, como o queriam Albert e Nicolas:

> Os contraditores, a fim de respeitar o regime de esperas ligado ao jogo, ao pacto polêmico, se empenham, portanto, convencionalmente em acentuar suas dissensões – as quais permanecem bastante reais, não se trata de pôr isso em dúvida –, e engajam-se em fazer "como se" nada lhes pudesse jamais ser comum, "como se" todos se opusessem a eles, "como se" seu desacordo fosse decididamente indissolúvel [...]. (2010, p. 36)

As polêmicas públicas estudadas aqui mostram, ao contrário, que a dicotomização e a polarização são o resultado da distância que separa, efetivamente, as partes de modo tão fortemente antagônico que elas percebem as opiniões discutidas e as identidades postas em causa. Em que medida se pode, então, falar de um "processo de exclusão recíproco [...] em 'como se'" (Albert e Nicolas, 2010, p. 37) que parece esvaziar a polêmica de sua substância? Parece que é principalmente no domínio dos posicionamentos políticos que esse princípio encontra como se concretizar. Nesse sentido, e paradoxalmente, é o jogo político que despolitiza o debate, colocando como pano de fundo a substância dos conflitos de opinião frequentemente apoiados em conflitos sociais, para cumprir essencialmente uma missão de promoção de pessoas e de partidos políticos.

Pudemos, assim, ver que, no momento da polêmica sobre a exclusão das mulheres, suscitada pelo episódio do ônibus, a líder da oposição Tzipi Livni encabeçou uma manifestação e pronunciou palavras polêmicas muito duras contra os ultraortodoxos, as quais seu partido modulou para fazer delas *slogans* afixados nos ônibus. Seus adversários denunciaram uma maneira de dizer e de fazer ligada a lutas de partido. Limos Livnat, a ministra da Educação, pertencente ao partido no poder, tentou impedir a política de ocupar o setor de defesa dos direitos da mulher e do mundo esclarecido, fazendo declarações sobre essa manifestação. Em outros casos, os homens e as mulheres políticos podem apropriar-se de uma oposição de peso, ou inflada pela circunstância, a fim de promover sua imagem às custas do outro. A confrontação televisionada sobre a burca não era estranha à construção do *ethos* de Copé (UMP), tanto que Roland Dumas (PS) fazia parte do debate no qual ele tomou o contrapé das posições do ministro. Esses posicionamentos no campo político podem, no limite, ser o objetivo último, até mesmo único, da polêmica pública – Maria Brilliant o mostrou claramente em seu artigo sobre o uso da fórmula "imigração escolhida", por ocasião de sua emergência: a polêmica, nesse momento inaugural, se "apresenta preferencialmente como um jogo sobre o tabuleiro político: ela traduz mais estratégias de posicionamento do que afrontamentos ideológicos" (Brilliant, 2011, p. 127). O fato de que, no campo político, a polêmica se traduza em termos de construção de *ethos* e de poder, tornando-se, assim, um ritual de posicionamento, chama a atenção para o fato de que a polêmica põe sempre em jogo imagens de si, que se inserem nas estratégias de promoção da sua própria pessoa. Mas esse aspecto de colocar em evidência seu domínio e sua superioridade não deve esconder as outras funções, essencialmente sociais, da polêmica pública.

POR UMA APOLOGIA DA POLÊMICA

No fim das contas, é exatamente de uma apologia da polêmica pública que trata esta obra. Não que seja necessário iludir-se sobre seus poderes ou sua moralidade, ou fazer deles um elogio incondicional. O essencial aqui é que ela fornece uma modalidade de interação certamente limitada e imperfeita, mas que preenche funções construtivas, precisamente em razão de seus limites e de seus defeitos. Numa sociedade dividida, na qual o conflito de opiniões permanece como regra, caso se deseje preservar seu pluralismo e sua diversidade, a polêmica pública proporciona um meio de lutar por uma causa e de protestar contra o que é percebido como intolerável, de realizar reagrupamentos identitários, provocando trocas mais ou menos diretas com o adversário, e de gerenciar os desacordos, bastante profundos, sem lhes permitir degenerar em manifestações sociais e em violência fratricida. É nesse sentido que ela constrói um espaço social à semelhança da deliberação clássica, que visa assegurar o consenso. Isso não significa, evidentemente, que o ideal deliberativo não deva permanecer no horizonte das democracias contemporâneas. Ele continua indispensável, como modelo, visando reger o corpo social pelo verbo em um espaço no qual a discussão é esperada. Mas a realidade da democracia pluralista, que se nutre das diferenças e do conflito, pede uma retórica suscetível de associar a retórica do consenso aos inúmeros casos em que o acordo sobre o arrazoado é impossível. É isso que justifica, a meu ver, a fórmula com a qual eu gostaria de terminar: a "coexistência no *dissenso*".

BIBLIOGRAFIA

ALBERT, Luce; NICOLAS, Loïc (eds.) *Polémique(s)*. Modalités et formes rhétoriques de la parole agonale de l'Antiquité à nos jours. Bruxelles: De Boeck-Duculot, 2010.
AMBROISE-RENDU, Anne-Claude; DELPORTE, Christian. L'indignation, un sentiment au prisme de l'histoire. In: AMBROISE-RENDU, Anne-Claude; DELPORTE, Christian (eds.) *L'indignation*. Histoire d'une émotion politique et morale, XIXe-XXe siècles. Paris: Nouveau Monde, 2008, pp. 5-19.
AMOSSY, Ruth. *L'Argumentation dans le discours*. Paris: Colin, 2010 [1 ed. 2000].
_____. Les enjeux du "déraisonnable". Rhétorique de la persuasion et rhétorique du *dissensus*. In: FRYDMAN, Benoît; MEYER, Michel (eds.) *Perelman (1912-2012): de la nouvelle rhétorique à la logique juridique*. Paris: PUF, 2012.
_____; BURGER, Marcel (eds.) *Semen*. Polémiques médiatiques et journalistiques. Le discours polémique en question(s). n. 31, 2011.
_____; KOREN, Roselyne. La "diabolisation": un avatar du discours polémique au prisme des présidentielles de 2007. In: DENIS, Delphine; HUCHON, Mireille; JAUBERT, Anna; RINN, Michael; SOUTET, Olivier (eds.) *Au corps du texte*. Mélanges en l'honneur de Georges Molinié. Paris: Champion, 2010, pp. 219-36.
ANGENOT, Marc. *La parole pamphlétaire*. Typologie des discours modernes. Paris: Payot, 1982.
_____. "Doxa and Cognitive Breaks". *Poetics Today*. 23:3, 2002, pp. 513-37.
_____. *Dialogues de sourds*. Traité de rhétorique antilogique. Paris: Mille et une nuits, 2008.
_____; CÔTÉ, Marcel; DESROSIERS, Diane; GARAND, Dominique (eds.) *Discours social*. Rhétorique des controverses savantes et des polémiques publiques. Montréal, n. 43, 2012.
ARISTÓTELES. *Rhétorique*. Trad. Dufour. Paris: Gallimard, 1991 [Ed. brasileira: *Retórica*. Trad. Edson Bini. São Paulo: Edipro, 2011].
BAKHTIN, M. *Le Marxisme et la philosophie du langage*. Trad. Marina Yaguello. Paris: Minuit, 1977 [Ed. brasileira: *Marxismo e filosofia da linguagem*. São Paulo: Hucitec Editora, 2009].
BOLTANSKI, Luc. *La Souffrance à distance*. Paris: Métailié, 1993.
BOUDON, Raymond. "La logique des sentiments moraux". *L'Année sociologique*, 44, 1994, pp. 19-51.

BRILLIANT, Maria. "L'émergence de la polémique autour de la formule 'immigration choisie' dans la presse française (janvier-juillet 2005)". AMOSSY, Ruth; BURGER, Marcel (eds.) *Semen*. Polémiques médiatiques et journalistiques. n. 31, 2011, pp. 113-28.

BURGER, Marcel; JACQUIN, Jérôme; MICHELI, Raphaël (eds.) *La parole politique en confrontation dans les médias*. Bruxelles: De Boeck, 2001.

CARDON, D. *La Démocratie Internet*. Paris: Le Seuil, 2010 [Ed. brasileira: *A democracia Internet*. São Paulo: Forense Universitária, 2012].

CHAPUT, Mathieu. "Analyser la discussion politique en ligne. De l'idéal délibératif à la reconstruction des pratiques argumentatives". *Réseaux*. 4:150, 2008, pp. 83-106.

CHARAUDEAU, Patrick. Une problématisation discursive de l'émotion. À propos des effets de pathémisation à la télévision. In: PLANTIN, Christian; DOURY, Marianne; TRAVERSO Véronique (eds.) *Les émotions dans les interactions*. Lyon: Arci/Presses Universitaires de Lyon, 2000.

CHEVALIER, Yannick; CONSTATIN, Hugues de Chaney. Savoir être insulteur, ou les marqueurs verbaux et non verbaux de l'insulte: quelques exemples de "pédé". In: LAGORGETTE, Dominique (ed.) *Les Insultes em français*: de la recherche fondammentale à ses applications. Chambéry: Université de Savoie, 2009, pp. 45-74.

CÍCERO. De l'orateur. Livro II. Trad. E. Courbaud. Paris: Les Belles Lettres, 1966.

COSER, Lewis A. *The Functions of Social Conflict*. New York: Free Press, 1964 [1. ed. 1956].

_____. *Continuities in the Study of Social Conflict*. New York: Free Press, 1970.

CRAMER, Peter. *Controversy as New Discourse*. London/NY: Springer, 2011.

DACHEUX, Éric. L'espace public: un concept clé de la democratize. In: _____. *L'espace public*. Col. Les Essentiels d'Hermès. Paris: CNRS, 2008, pp. 7-30.

DANBLON, Emmanuelle. *La Fonction persuasive*. Anthropoligie du discours rhétorique: origines et actualité. Paris: Colin, 2005.

DASCAL, Marcelo. Types of Polemics and Types of Polemical Moves. In: ČMEJRKOVÁ, S.; HOOMANNOVA, J.; MULLEIRVA, O.; SVETLA, J. (eds.) *Dialogue Analysis*. VI, 1. Tübingen: Max Niemeyer, 1988, pp. 15-33.

_____. Dichotomies and Types of Debates. In: EEMEREN VAN, Frans; GARSSEN, Bart (eds.) *Controversy and Confrontation*. Amsterdam/Philadelphia: John Benjamins, 2008, pp. 27-49.

_____; KNOLL, Ammon. "Cognitive Systemic Dichotomization" in Public Argumentation and Controversies. In: ZENKER, Frank (ed.) *Argumentation*: Cognition and Community. Proceedings of the 9th International Conference of the Ontario Society for the Study of Argumentation (OSSA), May 18-21, 2011. Windsor, ON (CD ROM), 2011, pp. 1-35.

DECLERCQ, Gilles. Rhétorique et polemique. In: _____; MURAT, Michel; DANGEL, Jacqueline (eds.) *La Parole polemique*. Paris: Champion, 2003, pp. 17-21.

_____; MURAT, Miche; DANGEL, Jacqueline (eds.) *La Parole polemique*. Paris: Champion, 2003.

DENDALE, Patrick; COLTIER, Danielle. La notion de prise en charge ou de responsabilité dans la théorie scandinave de la polyphonie linguistique. In: BRES, Jacques; HAILLET, Patrick Pierre; MELLET, Sylvie; NØLKE, Henning; ROSIER, Laurence (eds.) *Dialogisme et poliphonie*. Approches linguistiques. Bruxelles: De Boeck/Duculot, 2005, pp. 125-40.

DUCROT, Oswald et al. *Les Mots du discours*. Paris: Minuit, 1980.

DUFOUR, Michel. *Argumenter, cours de logique informelle*. Paris: Colin, 2008.

FAIRCLOUGH, Isabela; FAIRCLOUGH, Norman. *Political Discourse Analysis*. London/NY: Routledge, 2012.

FAIRCLOUGH, N. *Discourse and Social Change*. Cambridge: Polity Press, 1992 [Ed. brasileira: *Discurso e mudança social*. Brasília: Editora UnB, 2016].

FELMAN, Shoshana. "Le discours polemique (Propositions préliminaires pour une théorie de la polemique)". *Cahiers de l'Association internationale des études françaises*. La polémique à l'École romantique. 31; 1979, pp. 179-92.

FLICHY, Patrice. "Internet et le débat démocratique". *Réseaux*. 4:150, 2008, pp. 159-85.

FOGELIN, Robert. "The Logic of Deep Disagreements". *Informal Logic*. 25:1, 2005, pp. 3-11 [1. ed. 1985].

FOUCAULT, Michel. Polémique, politique et problématisations. In: _____. *Dits et Écrits 4*. Paris: Gallimard, 1994, pp. 591-8.

FRACCHILOLLA, Béatrice; MOÏSE, Claudine; ROMAIN, Christina; AUGER, Nathalie. *Violences verbales*: analyses, enjeux, perspectives. Rennes: PUR, 2013.

GADET, Françoise. Mélange des genres dans un JT "innovant". In: BROTH, M.; FORSGREN, M.; NORÉN, C.; SULLET-NYLANDER, C. e F. (eds.) *Le français parlé dans les médias*. Université de Stockholm, 2005, pp. 221-41.

GARAND, Dominique. *La griffe du polemique*. Le conflict entre les régionalistes et les exotiques. Montréal: Hexagone, 1989.
_____. Propositions méthodologiques pour l'étude du polemique. In: HAYWARD, Anette; GARAND, Dominique (eds.) *États du polemique*. Montreal: Nota Bene, 1998, pp. 211-68.
GELAS, Nicole. Étude de quelques emplois du mot "polémique". In: _____; KERBRAT-ORECCHIONI, Catherine (eds.) *Le discours polemique*. Lyon: Presses Universitaires de Lyon, 1980a, pp. 41-50.
_____. L'hyper-polémique. In: _____; KERBRAT-ORECCHIONI, Catherine (eds.) *Le discours polemique*. Lyon: Presses Universitaires de Lyon, 1980b, pp. 75-82.
GOFFMAN, Erving. *Interaction Ritual*: Essays in Face to Face Behavior. New York: Phanteon Books, 1967.
GREVISSE, Benoît; DUBIED, Annick. "La polémique journalistique". *Recherches en Communication*. 20, 2003.
HABERMAS, Jürgen. *L'Espace public*. Archéologie de la publicité comme dimension constitutive de la société bourgeoise. Trad. M. B. De Launay. Paris: Payot, 1993 [1. ed. 1962].
_____. "The Public Sphere: an Encyclopedia Article". *New German Critique*. 3, 1974, pp. 49-55 [1. ed. 1964].
_____. Théorie de l'agir communicationnel. t. II. Paris: Fayard, 2001 [1. ed. 1981].
HALSALL, Albert W. Figures de la véhémence chez Shakespeare et Hugo. In: DECLERCQ, Gilles; MURAT, Michel; DANGEL, Jacqueline (eds.) *La parole polemique*. Paris: Champion, 2003, pp. 263-82.
HAYWARD, Annette; GARAND, Dominique (eds.) *États du polemique*. Montreal: Nota Bene, 1998.
HEINICH Nathalie. "Pour une neutralité engagée". *Questions de Communication*. 2, 2002, pp. 117-27.
IVIE, Robert L. "Democratic Dissent and the Trick of Rhetorical Critique". *Cultural Studies – Critical Methodologies*. 5, 2005, pp. 276-93.
KAYANY, J. M. "Contexts of Uninhibited Online Behavior: Flaming in Social Newsgroups on Usenet". *Journal of the Association for Information Science and Technology*. 49, 12, 1998, pp. 1135-41.
KERBRAT-ORECCHIONI, Catherine. La polémique et ses définitions. In: GELAS, Nicole; KERBRAT-ORECCHIONI, Catherine (eds.) *Le discours polemique*. Lyon: Presses Universitaires de Lyon, 1980, pp. 3-40.
KING, Andrew A.; FLOYD, Douglas Anderson. "Nixon, Agnew, and the 'Silent Majority': a Case Study in the Rhetoric of Polarization". *Western Speech*. 1971, pp. 243-55.
KOCK, Christian. "Constructive Controversy: Rhetoric as Dissensus-Oriented Discourse". *Cogency*. 1, 1, 2009, pp. 89-111.
KOLBOOM, Ingo. "Patron et patronat. Histoire sociale du concept de patronat en France au 19e et 20e siècle". *Mots*. 9, 1984, pp. 89-112.
KOREN, Roselyne. "Stratégies et enjeux de la 'dépolitisation' du langage". *Recherches en Communication*. La Polémique journalistique. 20, Louvain, 2003, pp. 65-84.
_____. (ed.) *Analyses du discours et engagement du chercheur*. Argumentation et analyse du discours. 11, 2013.
KRIEG-PLANQUE, Alice. *La notion de "formule" en analyse du discours*. Cadre théorique et méthodologique. Besançon: Presses Universitaires de Franche-Comté, 2009.
LAGORGETTE, Dominique. "Insulte, injure et diffamation: de la linguistique au Code pénal?". *Argumentation et analyse du discours*. 8, 2012. Disponível em: <http://aad.revues.org/1312>. Acesso em: 3 jul. 2017.
LEA, M.; O'SHEA, T.; FUNG, P.; SPEARS, P. "Flaming" in Computer-Mediated Communication. A Recursive Review. In: LEA, M. (ed.) *Contexts of Computer-Mediated Communication*. New York: Harvester Wheatsheaf, 1992, pp. 89-112.
LEBOHEC, Jacques. *Dictionnaire du journalisme et des médias*. Rennes: Presses Universitaires de Rennes, 2010.
LEWIŃSKI, Marcin. *Internet Political Discussion Forums as an Argumentative Activity Type*. Amsterdam: Sicsat/Rozenberg Publishers, 2010.
LIOGIER, Raphaël. "Burqa: lorsque méconnaissance fait loi, ou la vraie victoire possible des fondamentalistes". *La pensée de midi*. Actes Sud, n. 29, 3, 2009, pp. 155-210.
MAINGUENEAU, Dominique. *Sémantique de la polemique*. Lausanne: L'Âge d'Homme, 1983.
_____. Les trois dimensions du polemique. In: GAUDIN-BORDES, Lucile; SALVAN, Genevieve. *Les registres*. Enjeux stylistiques et pragmatiques. Louvain-la-Neuve: Academia-Bruylant, 2008, pp. 109-20.
MARCOCCIA, Michel. "Parler politique dans un forum de discussion". *Langage et Société*. 104, 2003, pp. 9-55.
MEYER, Michel. *Le philosophe et les passions*. Esquisse d'une histoire de la nature humaine. Col. Le livre de poche. Paris: Librairie Générale Française, 1991.
_____. *Principia Rhetorica*. Une theorie generale de l'argumentation. Paris: Fayard, 2008.
MICHELI, Raphaël. *L'émotion argumentée*. L'abolition de la peine de mort dans le débat parlementaire français. Paris: Le Cerf, 2010.

_____. Qu'est-ce qu'une polémique affective? Réflexion sur les liens entre la polémique et la construction discursive de l'émotion. In: ALBERT, Luce; NICOLAS, Loïc (eds.) *Polémique(s)*. Modalités et formes rhétoriques de la parole agonale de l'Antiquité à nos jours. Bruxelles: De Boeck-Duculot, 2010b.
MOUFFE, Chantal. *The Democratic Paradox*. London/New York: Verso, 2000a.
_____. *Deliberative Democracy or Agonistic Pluralism*. Vienna: Institute for Advanced Studies/Political Sciences Series 72, 2000b.
NEHAMAS, Alexander. "Eristic, Antilogic, Sophistic, Dialectic: Plato's Demarcation of Philosophy from Sophistry". *History of Philosophy Quarterly*. 7, 1990, pp. 3-17.
NUSSBAUM, Martha C. Aristotle on Emotions and Rational Persuasion. In: RORTY, Amelie Oksenberg (ed.) *Essays on Aristotle's Rhetoric*. Berkeley/LA/London: University of California Press, 1996, pp. 303-23.
_____. *Upheavals of Thought*: The Intelligence of Emotion. Cambridge: Cambridge University Press, 2001.
OLÉRON, Pierre. "Sur l'argumentation polémique". *Hermès*. Argumentation et Rhétorique II, 16, 1995, pp. 15-27.
ORKIBI, Eithan. "Ethos collectif et Rhétorique de polarisation: le discours des étudiants en France pendant la guerre d'Algérie". *Argumentation et analyse du discours*. 1, 2008. Disponível em: <http://aad.revues.org/438>. Acesso em: 3 jul. 2017.
_____. "L'insulte comme argument et outil de cadrage dans le mouvement "anti-Sarko". *Argumentation et analyse du discours*. 8, 2012. Disponível em: <http://aad.revues.org/1335>. Acesso em: 3 jul. 2017.
O'SULLIVAN, Patrick; ANDREW, B.; FLANAGIN, J. "An Interactional Reconceptualization of 'Flaming' and Other Problematic Messages". 2012. Disponível em: <http://my.ilstu.edu/~posull/flaming.htm>. Acesso em: 3 jul. 2017.
PARRET, Hermann. *Les Passions*. Liège: Mardaga, 1986.
PERELMAN, C.; OLBRECHTS-TYTECA, L. *Traité de l'argumentation*. La nouvelle rhétorique. Bruxelles: Presses de L'Université de Bruxelles, 1970 [1. ed. 1958] [Ed. brasileira: *Tratado da argumentação*. A nova retórica. São Paulo: WMF Martins Fontes, 2013].
_____. "The Rational and the Reasonable". In: _____. *The New Rhetoric and the Humanities*. Essays on Rhetoric and Its Applications. Dordrecht: Reidel, 1979, pp. 117-23.
_____. *Le raisonnable et le déraisonnable en droit*. Au-delà du positivisme juridique. Paris: Librairie Générale de Droit et de Jurisprudence, 1984.
PHILLIPS, Kendall R. "The Spaces of Public Dissension: Reconsidering the Public Sphere". *Communications Monographs*. 63, 1996, pp. 231-48.
_____. "A Rhetoric of Controversy". *Western Journal of Communication*. 63: 4, 1999, pp. 488-510.
PLANTIN, Christian. "L'argumentation dans l'émotion". *Pratiques*. 96, 1997, pp. 81-100.
_____. Les raisons des émotions. In: BONDI, M. (ed.) *Forms of Argumentative Discourse/Per un'analisi linguistica dell'argomentare*. Bologne: CLUEB, 1998.
_____. Des polémistes aux polémiqueurs. In: DECLERCQ, Gilles; MURAT, Michel; DANGEL, Jacqueline (eds.) *La Parole polémique*. Paris: Champion, 2003, pp. 377-408.
_____. *L'Argumentation*. Paris: PUF, 2005 [Ed. brasileira: *A Argumentação*. São Paulo: Parábola Editorial, 2008].
_____. *Les Bonnes Raisons des émotions*. Principes et méthode pour l'étude du discours émotionné. Berne: Peter Lang, 2011.
ROELLENBLECK, George (ed.) *Le Discours polémique*. Tübingen/Paris: Gunten Narr Verlag/Jean-Michel Place, 1985.
SALAVASTRU, Constatin. *Argumentation et débats publics*. Paris: PUF, 2011.
SIMONS, Herbert. W. "Persuasion in Social Conflicts: a Critique of Prevaling Conceptions and a Framework for Future Research". *Speech Monographs*. 39: 4, 1972, pp. 227-47.
SIMMEL, Georg. *Conflict*. Glencoe Ill: Free Press, 1955 [1. ed. 1912].
SCHIFFRIN, Deborah. The Management of a Co-Operative Self during Argument: the Role of Opinions and Stories. In: GRIMSHAW, Allen D. (ed.) *Conflict Talk*. Cambridge: Cambridge University Press, 1990, pp. 241-59.
SCHOPENHAUER, A. *L'Art d'avoir toujours raison*. Belval: Circé, 1999 [Ed. brasileira: *A arte de ter razão*. São Paulo: WMF Martins Fontes, 2009].
TAGUIEFF, Pierre-André. "L'argumentation politique. Analyse du discours et nouvelle rhétorique". *Hermès*, 8-9, 1990, pp. 261-78.
THOMPSEN, Phillip A. "A Social Influence Model of Flaming in Computer-Mediated Communication". 2003. Disponível em: <http://files.eric.ed.gov/fulltext/ED355572.pdf>. Acesso em: 3 jul. 2017.
VAN EEMEREN, Frans H.; GROOTENDORST, Rob; SNOEK HOEKMANS, Francesca. *Fundamentals of Argumentation Theory*. New Jersey/London: Lawrence Erlbaum, 1996.

_____; GARSSEN, Bart. Controversy and Confrontation in Argumentative Discourse. In: _____. *Controversy and Confrontation*. Amsterdam/Philadelphia: John Benjamins, 2008.

VANDERFORD, Marsh L. "Vilification and Social Movements: a Case-Study of Pro-Life and Pro-Choise Rhetoric". *Quarterly Journal of Speech*. 75, 1989, pp. 166-82.

VICENT, Diane; BERNARD, Barbeau Geneviève. "Insulte, disqualification, persuasion et tropes communicationnels: à qui l'insulte profite-t-elle?" *Argumentation et analyse du discours*. 8, 2012. Disponível em: <https://aad.revues.org/1252>. Acesso em: 3 jul. 2017.

VLAD, Daciana. *La Polyphonie* – De l'énoncé au discours, l'exemple du discours polemique. Orléans, 2008. Tese (Doutorado) – École Doctorale Sciences de l'Homme et de la Société/Université d'Orléans.

WALTON, Douglas N. *Arguer's Position*. A Pragmatic Study of Ad Hominem Attack, Criticism, Refutation, and Fallacy. Westport/London: Greenwood Press, 1985.

_____. "Types of Dialogue, Dialectical Shifts and Fallacies". In: EEMEREN, Frans H.; BLAIR, Anthony; WILLARD, Charles A. (eds.) *Argumentation Illuminated*. Amsterdam: SICSAT, 1992a, pp. 133-47.

_____. *The Place of Emotion in Argument*. University Park: Pennsylvania State University Press, 1992b.

_____. *The New Dialectic:* Conversational Contexts of Arguments. Toronto: University of Toronto Press, 1998.

_____. *Scare Tactics*. Arguments that Appeal to Fear and Threats. Dordrecht: Kluwer Academic Publishers, 2000.

WARNICK, Barbara. "The Rational and the Reasonable in the AIG Bonus Controversy". *Argumentation and Advocacy*. 2009, 46:2.

YANOSHEVSKY, Galia. "La polemique journalistique et l'impartialité du tiers". *Recherches en Communication*. 20, 2003, pp. 53-64.

Nota: a presente obra é fundamentada numa série de trabalhos publicados em outros lugares, alguns dos quais foram inteiramente revisados e reescritos no âmbito desta obra e de outros que foram integrados ao presente volume.

AMOSSY, Ruth. L'argument ad hominem dans l'échange polemique. In: DECLERCQ, Gilles; MURAT, Michl; DANGEL, Jacqueline (eds.) *La Parole polemique*. Paris: Champion, 2002, pp. 409-23.

_____. Modalités argumentatives et registres discursifs: le cas du polemique. In: GAUDIN-BORDES, Lucile; SALVAN, Geneviève (eds.) *Les Registres*. Enjeux pragmatiques et visées stylistiques. Col. Au Cœur des textes. Louvain-la-Neuve: Academia Bruylant, 2008, pp. 93-108.

_____. The Functions of Polemical Discourse in the Public Sphere. In: SMITH, Michelle; WARNICK, Barbara (eds.) *The Responsibilities of Rhetoric*. Long Grove: Waveland Press, 2010, pp. 52-61.

_____. "O intercâmbio polémico em fóruns de discussão online: o exemplo dos debates sobre as opções de acções e bónus no jornal *Libération*". *Comunicação e Sociedade*. 16, 2010, pp. 67-83.

_____. "L'argomento "ad hominem": riflessioni sulle funzioni dela violenza verbale". *Altre Modernità*. 2010. Disponível em: <http://riviste.unimi.it/index.php/AMonline/article/view/575/767>. Acesso em: 4 jul. 2017.

_____. "La indignación frente a las 'stock-options' de la Société generale. Emocion y argumentación en el discurso polemico". *Versión*. 24, México, 2010, pp. 17-40. Disponível em: <http://version.xoc.uam.mx./tabla_contenido.php?id_fasciculo=502>. Acesso em: 4 jul. 2017.

_____. La rhétorique des photos de guerre dans les polémiques électroniques. L'exemple de a@si. In: MIGLIORE, Tiziana, (ed.) *Retorica des visibile*. Stratie dell'immagine tra signicazione e comunicazione. Roma: Aracne, 2011, pp. 25-40.

_____. "La coexistence dans le dissensus. La polémique dans les forums de discussion". *Semen*. 31, 2011, pp. 25-42.

_____. "Polemical Discourse on the Net: 'Flames' in Argumentation'". *ISSA Proceedings CD-ROM*. Amsterdam: Sic Sat, 2011.

_____. "From National Consensus to Political Dissent: the Rhetorical Uses of the Masada Myth In Israel". *RILF*, 6:3, 2012, pp. 1-15.

_____. "Repenser la construction discursive de l'espace public. Bush à Massada, ou comment on discute de l'événement dans le cyberspace", "Pratiques du débat: la constitution d'un espace public par le discours". *Bulletin VALS-ASLA*. 94, 2013.

A AUTORA

Ruth Amossy

Professora emérita da Universidade de Tel Aviv, diretora de um grupo de pesquisa em Análise do Discurso, Argumentação e Retórica, ligado à mesma universidade, além de editora da revista digital *Argumentation et analyse du discours*. Pela Contexto publicou como organizadora *Imagens de si no discurso*.